思维导图

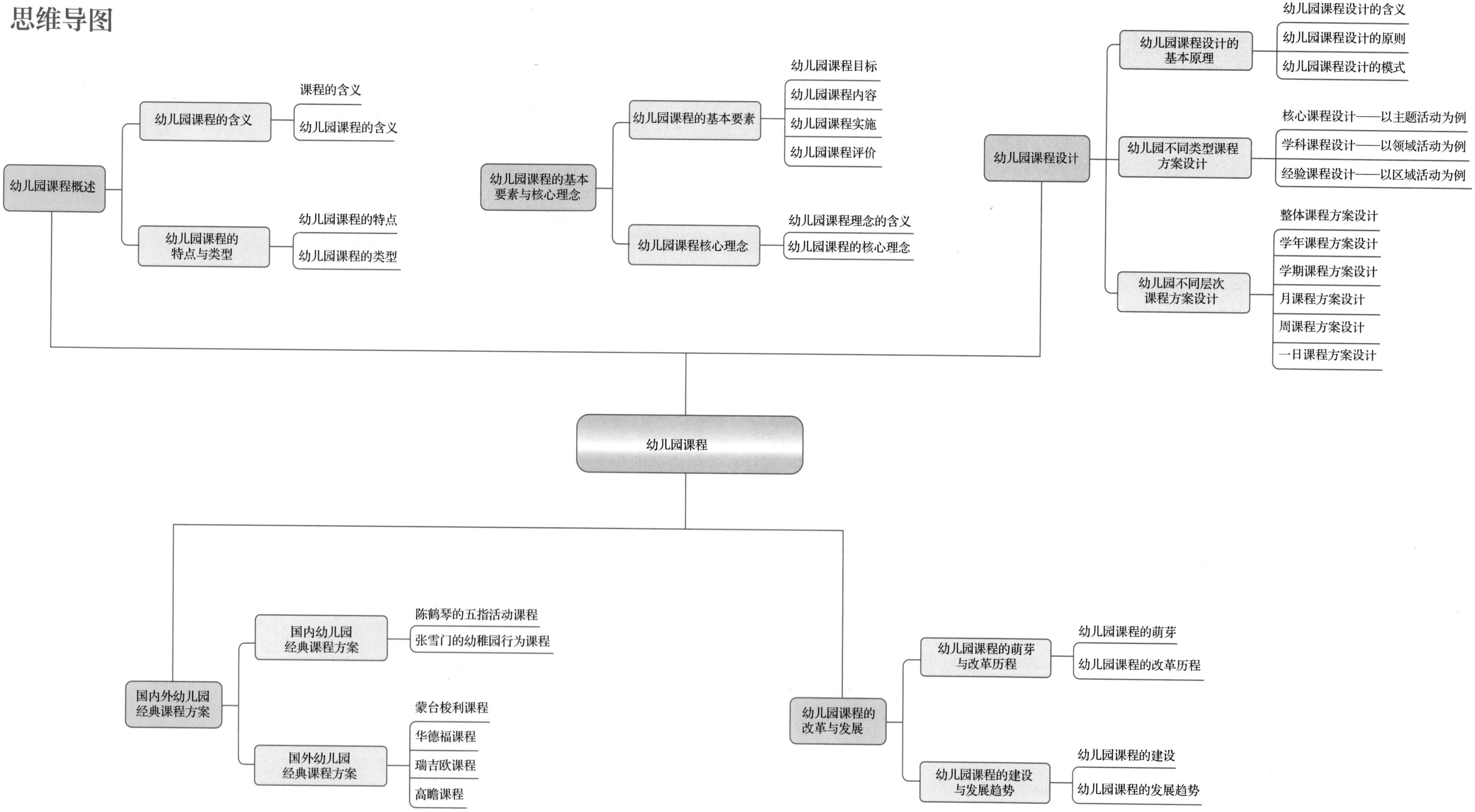
幼儿园课程
幼儿园课程概述
幼儿园课程的含义
课程的含义
幼儿园课程的含义
幼儿园课程的特点与类型
幼儿园课程的特点
幼儿园课程的类型
幼儿园课程的基本要素与核心理念
幼儿园课程的基本要素
幼儿园课程目标
幼儿园课程内容
幼儿园课程实施
幼儿园课程评价
幼儿园课程核心理念
幼儿园课程理念的含义
幼儿园课程的核心理念
幼儿园课程设计
幼儿园课程设计的基本原理
幼儿园课程设计的含义
幼儿园课程设计的原则
幼儿园课程设计的模式
幼儿园不同类型课程方案设计
核心课程设计——以主题活动为例
学科课程设计——以领域活动为例
经验课程设计——以区域活动为例
幼儿园不同层次课程方案设计
整体课程方案设计
学年课程方案设计
学期课程方案设计
月课程方案设计
周课程方案设计
一日课程方案设计
国内外幼儿园经典课程方案
国内幼儿园经典课程方案
陈鹤琴的五指活动课程
张雪门的幼稚园行为课程
国外幼儿园经典课程方案
蒙台梭利课程
华德福课程
瑞吉欧课程
高瞻课程
幼儿园课程的改革与发展
幼儿园课程的萌芽与改革历程
幼儿园课程的萌芽
幼儿园课程的改革历程
幼儿园课程的建设与发展趋势
幼儿园课程的建设
幼儿园课程的发展趋势

京师学前

| 学前教师教育系列教材 |

幼儿园课程 第2版

主　编：张晓辉（长沙师范学院）
副主编：崔玉芹（长沙师范学院）
　　　　薛婷婷（长沙市教育科学研究院）
参　编：周君红（合肥幼儿师范高等专科学校）
　　　　何惠丽（陇南师范高等专科学校）
　　　　宗秀秀（焦作师范高等专科学校）
　　　　徐晓燕（川北幼儿师范高等专科学校）
　　　　周　冉（长沙师范学院　）

YOU'ERYUAN KECHENG

北京师范大学出版集团
BEIJING NORMAL UNIVERSITY PUBLISHING GROUP
北京师范大学出版社

图书在版编目(CIP)数据

幼儿园课程 / 张晓辉主编. —2 版 .—北京：北京师范大学出版社，2021.8(2024.6 重印)

ISBN 978-7-303-27095-8

Ⅰ.①幼… Ⅱ.①张… Ⅲ.①幼儿园—课程—高等学校—教材 Ⅳ.①G613

中国版本图书馆 CIP 数据核字(2021)第 129335 号

教 材 意 见 反 馈 gaozhifk@bnupg.com 010-58805079
营 销 中 心 电 话 010-58802181 58805532

YOU'ERYUAN KECHENG
出版发行：北京师范大学出版社 www.bnupg.com
北京市西城区新街口外大街 12-3 号
邮政编码：100088
印 刷：唐山玺诚印务有限公司
经 销：全国新华书店
开 本：787 mm×1092 mm 1/16
印 张：14
插 页：1
字 数：260 千字
版 次：2021 年 8 月第 2 版
印 次：2024 年 6 月第 12 次印刷
定 价：43.80 元

策划编辑：苏丽娅 张丽娟 责任编辑：张丽娟 钱君陶
美术编辑：焦 丽 装帧设计：焦 丽
责任校对：丁念慈 责任印制：陈 涛 赵 龙

前　言

学前教育是基础教育的组成部分，不仅关系每一个幼儿的身心健康发展，而且关系千千万万个家庭的幸福、民族的振兴、祖国的未来。党的二十大报告中提出，深入贯彻以人民为中心的发展思想，在幼有所育、学有所教等方面持续发力。新时代的中国教育踏上了新征程、面临新使命、需要新担当，即办好人民需要和满意的学前教育。

随着2020年全国基本普及学前教育目标的实现，确保学前教育有质量的发展，给每一个幼儿提供真正令人向往的、富有价值的学前教育机会是当下和将来非常艰巨的挑战和追求。

而要提高学前教育质量，关键在建立高素质教师队伍。《幼儿园教师专业标准(试行)》的颁发及教师资格全国统一考试的实施，为实现幼儿园教师培养的专业化和资质准入提供了有效的保障，也促使学前教师教育加快了改革与发展的步伐。特别是《教师教育课程标准(试行)》《学前教育专业认证标准》的实施，更为学前教师教育指明了方向、明确了要求，与之相适应的课程和教材建设亟须加强。

随着学前教师教育改革的不断深入，与学前教育事业发展形势相适应的幼儿园课程已成为学前教育专业人才培养中不可或缺的内容。其在学前教育专业课程体系中，在学前教育基本原理和幼儿园健康、语言、科学、社会、艺术五大领域教育中，以及在幼儿园游戏、幼儿园一日生活的组织与保育中发挥着重要的桥梁和纽带作用。在对已有《幼儿园课程》相关教材版本的深入研讨的基础上，我们结合师范院校教师的教学实践以及一线幼儿园教师工作实际的困惑和需求，本着力求科学性、时代性和适应性的原则编写了本书。本书共五单元，具体包括幼儿园课程概述、幼儿园课程的基本要素与核心理念、幼儿园课程设计、国内外幼儿园经典课程方案、幼儿园课程的改革与发展。

本书力求实现如下三个方面的创新：一是编写体例方面。与一般教材按章节安排内容的体例习惯做法不同，本书进行单元模块设计，既保证相关内容的全面、逻辑的清晰，又便于教师的教学设计与实施，还便于学生对知识架构的系统梳理和把握。二是理论与实践密切结合方面。教师和学生通常认为幼儿园课程偏理论，不好教、难学、用不上，与应用型人才培养强调实践导向、能力导向以及师范类专业认证强调的产出导向难以一致，其关键在于理论不能很好地指导实践，观念不能很好地转化成行为。对此，本书以单元思维导图为引领，以实际问题情境组织头脑风暴导入学习，接着进行理论学习，再进行实践运用及拓展，形成理论与实践闭环。其中还穿插各种案例和练习进行强化。以第三单元为例，我们从幼儿园一线教师工作逻辑出发，对不同类型、不同层次的课程设计进行了专门阐述，实用性极强，便于学生模仿、借鉴和实践操作。三是内容方面。各单元相关链接内容都反映了最新的研究和实践改革成果，尤其是幼儿园课程的改革与发展部分，融入了幼儿园课程管理、幼儿园课程领导等内容及其成果，应该说在现有同类教材中开了先河。

本书的编写团队成员来自各本科师范院校、专科师范院校及科研院所。从学科背景上看，既有教育学的专家，又有管理学的专家；从实践经历上看，全具有普通高校教学和研究经验，并且有近一半同时具有幼儿园一线教学和管理经验。团队成员在学前教育研究、教学方面富有见地，在所在省域及全国是有社会影响的专家教授。经团队成员共同努力，整体上确保了本书思想站位高、问题思考深、内容涵盖广、方法手段新、适应方面宽。

本书为湖南省“十三五”教育科学研究基地——学前教育研究基地成果。本书作者有长沙师范学院张晓辉(第一单元)、合肥幼儿师范高等专科学校周君红和长沙师范学院崔玉芹(第二单元)、陇南师范高等专科学校何惠丽和长沙市教育科学研究院薛婷婷(第三单元)、焦作师范高等专科学校宗秀秀和川北幼儿师范高等专科学校徐晓燕(第四单元)、长沙师范学院周冉 (第五单元)。

尽管我们汲取了众多学者专家的成果，书中仍不免存在考虑不全面、理解不到位、表达不精准之处，恳请各位读者海涵并批评指正。相信经各位读者的帮助支持，本书将不断得到完善，从而更好地服务于学前教育专业人才培养、学前教师教育和学前教育发展事业。

编　者

目　　录

第一单元

幼儿园课程概述

思维导图

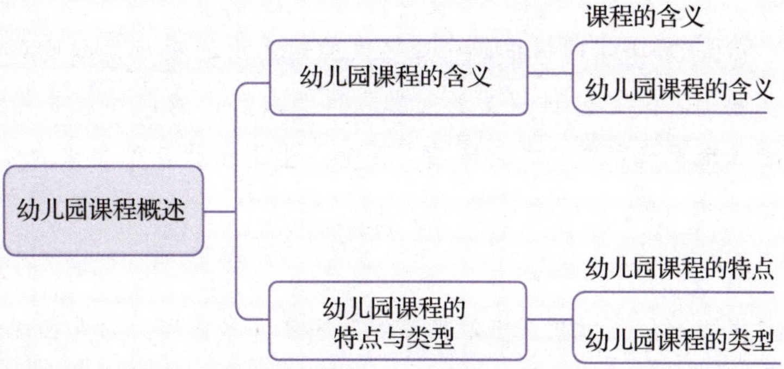

学习目标

1. 了解课程与幼儿园课程的含义。
2. 掌握幼儿园课程的特点。
3. 理解幼儿园课程的类型。

第一讲

幼儿园课程的含义

头脑风暴

“几根有叶子和果实的树枝，一只可以听到其中的颗粒发响的罂粟壳，一根既可以供他砸、又可以供他嚼的甘草。这些东西，同那些漂亮的小玩具一样，也能使他玩得挺高兴，并且还没有使他一生下来就习于奢侈的弊害。”①自然即课程，你怎么看？

导入语

幼儿园课程是幼儿园教育中最重要的研究领域和内容。幼儿园课程研究的逻辑起点是幼儿园课程的本质问题，即什么是幼儿园课程。要回答什么是幼儿园课程，首先必须清楚什么是课程。

一、课程的含义 ●●●

课程是一切教育和教学活动的核心，是教育目标、教育内容、教育方法及教育评价等教育现象最本质内容的集中体现。课程是教育理论与教育实践相联系的桥梁与中介，是教育实践的行动指南，是反映和体现教育改革的重要标志。

尽管人们经常和普遍使用“课程”这一概念，但从不同的视角往往会做出不同的界定，课程概念呈现出多样性。其原因一方面是课程本身的复杂性，另一方面则是界定者研究的出发点和角度的差异。事实上，“每一种课程定义都隐含着某种哲学假设和价值取向，隐含着某种意识形态以及对教育的某种信念，从而标明了这种课程最关注哪些方面”②。整体而言，课程概念经历了从狭义到广义的变化过程，其中包含了课程内涵从客观到主观、从静态到动态、从结果到过程的重心转移。

---

① ［法］卢梭：《爱弥儿》，李平沤译，68页，北京，商务印书馆，2016。
② 施良方：《课程理论：课程的基础、原理与问题》，1页，北京，教育科学出版社，1996。

(一)课程的词源

在中文中,"课程"一词始见于唐代。唐代学者孔颖达为《诗经·小雅·小弁》中"奕奕寝庙,君子作之"句作疏:"维护课程,必君子监之,乃依法制。"全句的喻义为:"伟大的事业,需要有德者来维持。""课程"即指"伟业",其含义与我们今天所用之意相去甚远。宋代朱熹在《朱子全书·论学》中多次提及"课程",如"宽着期限,紧着课程""小立课程,大作工夫"等。虽然他对这里的"课程"没有明确界定,但含义是很清楚的,即指功课及其进程。其所包含的学习内容的安排次序和规定的意思,已与当今课程含义相接近。

在英语中,"课程"一词最早出现在英国教育家斯宾塞的《什么知识最有价值?》(1859)一文中。"课程"是从拉丁语"currere"一词派生出来的,其意为"跑道"或"奔跑"。"跑道"是名词形式的词义解释,即指"学习的进程",简称"学程"。这一解释在各种英文词典中很普遍,《牛津词典》《韦氏大词典》等都是这样解释的,但这种解释在当今的课程文献中受到越来越多的质疑。且对课程的拉丁文词源也有了新的理解,即认为课程是为不同学生设计的不同轨道,"奔跑"动词形式的词义解释即指"学习的过程"。这种理解使课程的着眼点放在个体认识的独特性和经验的自我建构上。

(二)课程界定的维度

随着人们对课程认识的发展变化,涌现出了多种不同的课程界定维度。

1. 学科维度

从学科维度界定的课程,包含了以文化遗产和科学为基础组织教学的各种课程形态。

把课程视为所教的科目,这是一种较早、影响较为深远的观点,也是比较传统的观点。我国古代的礼、乐、射、御、书、数"六艺",就是六门课程。西方中世纪学校的文法、修辞、辩证法、算术、几何、音乐、天文学"七艺",就是七门课程。西方现代学校在此学科基础上增加其他学科,形成了完整的课程体系。最早使用"课程"一词的斯宾塞,就认为课程是知识的系统组织。他强调以系统化的知识为中心,以学科(科目)为构成形式,注重教学的范围与进程。曾引用"课程"一词的教育家夸美纽斯,为泛智学校设计了三类课程,指出在泛智学校可以学习当前和将来生活上所需要的一切学科。"可见,夸美纽斯把课程理解为一切学科,他是从学科的角度理解课程的。"①我国的《辞海》将"课程"一词定义为:"课程即教学的科目,可以指一个教学科目,也可以指学校的或一个专业的全部教学科目,或一组教学科目。"②《袖珍

① 廖哲勋、田慧生:《课程新论》,30页,北京,教育科学出版社,2003。
② 《辞海》(教育心理分册),5页,上海,上海辞书出版社,1980。

牛津词典》将“课程”定义为“课”，主要是指一所学校或大学的一门常规的学习科目。

学科课程注重知识系统化，以形成一定的科目或学科。通常具体化为课程标准、课程(教学)计划、教学大纲和教科书等，即把课程视为外在于学习者的静态的知识或知识体系。教育的目的就是把经过选择并系统化的知识传递给学生，学生的任务就是掌握系统的学科知识，发展自身的认识能力。

2. 经验维度

与从学科维度界定的课程不同，从经验维度界定的课程将课程视为学习者所获得的经验。这种观点是在对“课程科目说”进行批评和反思的基础上形成和发展的。人们发现，“课程科目说”很容易忽略学习者实际的学习体验和学习过程。而事实上，只有那些真正为学习者所经历、理解和接受的东西，才称得上是课程。于是，在20世纪初期，受进步主义思潮的影响，一批西方课程学者开始从经验的维度来界定课程。杜威是这种观点的集大成者，他认为教育是在经验中，由于经验、为着经验的一种发展过程。儿童的经验应该是课程的起点和基础，儿童需要在经验中学习，而由成人和专家编制的教材是比较抽象的，需要把各科教材转化为儿童的直接经验，才容易被儿童理解和掌握。他主张把各门学科的教材中各个部分的知识恢复到原来的经验。受杜威的影响，许多专家都从经验的维度来界定课程，如卡斯威尔和坎贝尔认为课程是儿童在教师指导下所获得的一切经验，福谢依认为课程是学习者在学校指导下所获得的一切经验。多尔也指出，公认的课程定义已从学程的内容、科目及学程表变为在学校领导或指导下给学习者提供的一切经验。

经验课程注重学习者的经验，把课程的出发点放到了学习者身上，实现了课程由“物”到“人”的转变，也将课程由“静态”变成了“动态”。教育的目的是开发和培养学习者内在的、内发的价值，培养具有丰富个性的主体。学习者的任务就是从自身的兴趣、需要、个性出发，与环境互动以建构不同的经验。

3. 活动维度

以学科为维度容易导致“见物不见人”，以经验为维度容易因为经验的抽象性导致教学实践中一线教师难以理解把握，它们各自难以克服的局限迫使人们试图从活动维度来审视课程。欧用生认为，课程是指有计划的学科或其他活动。王策三认为，课程自然不等于学科，课程不仅包括学科，还有其他内容如劳动和其他各种活动。《中国大百科全书》定义课程时，在从学科维度界定的同时，也从活动维度作了阐述：“课程广义指所有学科(教学科目)的总和。或指学生在教师指导下各种活动的总和。”这种观点在当前广受关注和认同。

活动课程强调学习者通过自身的活动获得发展，教育的目的、学习的任务都依赖活动得以实现、完成。

4. 目标维度

从目标维度来界定课程，是英美课程专家比较普遍的做法。奥利瓦认为，课程是一组行为目标。约翰逊指出，课程并不关心学生在学习的情境中将要做什么，关心的是其行为的结果——他们将学到什么或将能做什么，而不管新发生了什么事。依照事实，课程与学习过程保持着预期关系，而不是报告关系，它所处理的是期待和意象。更具体地说，即通过教学，亦即经验的提供，通过所发生的事情及学习者的所为而达成预期的学习结果。他将课程界定为"预期行为的结构序列"。波法和贝克更是明确课程就是目的，他们认为课程是学校所担负的所有预期的学习结果。

目标课程强调教育的目的性、可操作性，其核心任务就是选择和确定教育教学的目标。目标既是教育追求的方向和目的，也是评价的标准。当今课程编制中影响极大的"目标模式"，就是由这种观点演化而来的一种课程编制模式。

5. 计划维度

区别于学科、经验、活动及目标维度的单一规定性或描述性方式对课程的界定，计划维度试图以综合性的倾向来界定课程。20 世纪 50 年代以来，人们逐渐把课程视为"教育计划"或"学习计划"，这里所言及的计划往往包括目标、内容、活动和评价等方面。课程专家塔巴指出："所有的课程，不管是什么样的特殊设计，都是由一定的元素组成的。课程通常包括多目的和特定目标的阐述，对内容的选择和组织；它或者是暗含、或者是显示一定的学和教的类型，不管是因为目标的需要还是因为内容组织的需要；最后还包括对结果的评价方案。"因此，塔巴将课程定义为"一种学习计划"。① 奥利瓦也认为，课程是"学习者在学校指导下所获得全部经验的计划和方案"②。

计划维度把课程看作"教育计划"或"学习计划"，即从"教"或"学"的角度强调课程的计划性和目的性。这是一种静态的课程观。

上述不同的课程含义，是人们在不同历史时期从不同视角和层次对课程进行研究的成果。从一定意义上说，每种含义都能给人以启迪和深思，都有助于人们了解和把握这一复杂对象。既然课程存在于不同层次，如若我们只注意某一层次而完全忽略其他，则不但见不到课程的全貌，更有扭曲课程的危险。甚至可以说，只有通过不同视角和层次的研究，才有可能比较全面和正确地认识课程。

观照前面述及的种种课程界定维度，不难发现：学科维度关注的是课程客观存在的物质形态，目标维度关注的是课程具有的功能，计划维度关注的是课程实施和

---

① Taba, H., *Curriculum development: Theory and Practice*, New York: Harcourt, Brace, Jovano Vich, 1962, pp. 10-11.

② Oliva, P. F., *The Secondary School Today*, New York: Harper and Row, 1972, p. 81.

管理的需要，都存在一定的局限性。相比较而言，经验维度、活动维度关注的是课程的本质属性，是最接近课程本体意义的。尽管二者对课程的内涵界定不够精准，并且在实践中难以把握，也难以达成系统的成效，但在相当程度上决定和影响着其他维度的界定。

由上文可见，对课程的理解一方面应回归课程的本源"跑道"的意义。如果侧重于"道"，就会更关注课程的内容；如果侧重于"跑"，就会更关注课程实施的过程。必须把两者完整地结合起来，强调学生的学习是在一定情境中的一种经历、体验。另一方面更应尊重课程的发展与演变。课程还应该是学生、教师、教材、环境四因素动态交互作用的生态系统，在这个生态系统中，学生与教师的经验即课程、生活即课程、自然即课程。分门别类的教材只是课程的一个因素，这个因素只有在和其他因素整合起来、成为课程生态的有机构成的时候，才发挥它应有的作用。

（三）课程内涵的层次

人们对课程的理解还存在层次上的差异，美国著名课程专家古德莱德对其有较好的总结。他认为，在课程发展史上存在五种层次的课程①。

1. 观念层次的课程

这往往是由一些研究机构、学术团体和课程专家提出的应该开设的课程，是专家头脑中的课程，是一种尚处于观念之中的课程，也称作理想课程。

2. 社会层次的课程

这是由教育行政部门规定计划、目标和教材的课程，例如学校课程表中的课程，即正式课程。该层次的课程目标、教学科目的确定是一个社会政治的过程，国家和地方经常通过各种政策规定和课程指南来确立教学科目、教学内容、教科书和其他材料。

3. 学校层次的课程

这是在国家和地方确立的社会层次的课程的基础上，学校有关人员根据学校的特色和需要进行选择和修改形成的课程，也称作领悟课程。

4. 教学层次的课程

这是教师规划并在课堂上实际实施的课程，也是教师在社会层次的课程和学校层次的课程的基础上理解的课程。它既体现了教师对课程的理解，也体现了教师在课堂上对课程的实际运作，因此也称作运作课程。不同的教师对课程有不同的理解，教师必须根据具体教育情境的变化对"理解的课程"作出调整。

5. 体验层次的课程

这是学生实际体验到的课程。尽管经历了同样的课程学习，但不同的学生会获

---

① 张华：《课程与教学论》，300页，上海，上海教育出版社，2000。

得不同的学习经验或体验，也称作经验课程。古德莱德认为，体验层次的课程是所有层次的课程中最重要的课程，是被内化和个性化了的课程。其他各层次的课程只有转化为体验层次的课程，才是真正有意义的课程。体验层次的课程是对课程组织的最终检验。

古德莱德的分析不仅拓展和深化了对课程内涵的理解，也更新了传统的课程含义。他深层次地触及了课程实施的实质——通过学校对课程的组织和教师的实际运作，使课程对学生产生影响，从而让课程内容变为学生的精神财富。因此，课程含义的根本在于教师和学生的经验和体验。

(四)课程内涵的发展态势

历经时代的发展变化，课程内涵也发生了重要变化，主要呈现出以下发展态势。

1. 由重“物”到重“人”

人们开始认识课程时，更多地是从学科知识的角度，将课程视同于外在于人的“物”。后来，人们逐渐把儿童置于课程的核心，越来越重视儿童的现实的、活生生的、直接的经验和体验，更强调在儿童现实经验和体验基础上整合的人类长期积累下来的学科知识。“人”成了课程的关键所在。

2. 由重结果到重过程

人们将课程定位为目标和计划时，更多地是注重教育目标的达成或计划的按部就班的实施。后来，人们逐渐摆脱了预期目标和事先计划的限制，更加注重教育过程本身的价值，更加关注教育过程中儿童的创造性和实际表现，更加强调把预期目标和事先计划整合到具体的教育情境之中。

3. 由重局部到重整合

人们一开始只把教材看作教育系统中的主要因素，甚至将课程等同于教材。后来，课程内涵开始强调教师的作用，之后又开始注重学生、空间环境、家长及家庭场所、社区资源等各方面因素的影响，随即更加强调教师、学生、教材、环境等因素的整合及它们持续交互作用的情境。

4. 由重显性到显性与隐性并重

最初人们只关注教师有计划、有组织地实施的显性课程，对学生在学习环境(包括物质环境、社会环境和文化体系)中学习到的非预期的、计划外的知识、价值观念、规范和态度没有给予重视。后来，人们逐步认识到非预期的、计划外的隐性课程也是学生发展不可忽视的重要课程，进而强调教育过程中应注重谋求显性课程与隐性课程的和谐统一，二者同样重要。

二、幼儿园课程的含义 ●●●

在不同的教育阶段，课程既存在诸多共同之处，又存在区别于其他各级各类教育课程的独特之处。幼儿园作为一种正规的特定教育机构，拥有自己特定的课程。

(一)国内幼儿园课程的含义

在我国，自20世纪上半叶起，幼教界开始普遍使用"课程"一词。1928年5月在南京召开的全国第一次教育会议上，著名教育家陶行知先生针对当时国内幼儿园没有一个基本的课程标准，以及课程和教材是舶来品、不符合中国实际的情况，提出了《审查编辑幼稚园课程与教材案》。提案出台后，教育部聘请陈鹤琴先生等相关专家拟定了《幼稚园课程标准》，并于1932年10月正式颁布。幼教界对于幼儿园课程进行了比较深入的研究，取得了非常丰富的研究成果。幼儿园课程的含义也历经了时代的变化，具有代表性的主要有以下几种表述。

陈鹤琴认为，幼儿园应该给儿童一种充分的经验，这种经验的来源有二：一是与实物的接触，二是与人的接触。应该把儿童能够学而且应该学的东西有选择地组织成系统，应该以儿童的两个环境——自然环境和社会环境为中心组织幼儿园课程。

张雪门认为，课程是经验，而幼儿园课程就是给三足岁到六足岁的孩子所能够做而且喜欢做的经验的预备。

张宗麟认为，幼稚园课程是幼稚生在幼稚园一切之活动，它包括一切教材、科目及幼稚生的活动。

陶行知认为，儿童的生活就是儿童的教育，儿童的生活进程就是幼稚园的课程。全部的课程就是生活，没有课程外的生活，也没有生活外的课程。

《幼儿教育百科辞典》将幼儿园课程定义为为实现幼儿园教育目标而组织安排的全部教育活动，或指规定的全部教学科目及其目的、内容、范围和进程的总和。狭义上指某一门学科课程，主要包括教育目标、教育内容、教育方法、教育评价等。

王静珠认为，幼稚教育课程就是指幼儿在幼稚园有目的、有计划的安排下及教师的辅导下，为达成幼稚园教育目标而依循一定程序所进行的各种学习活动。①

香港的《学前教育课程指引》将幼儿园课程界定为儿童在园内的一切活动，包括健康检查、排洗、进食、休息、音乐、故事、美劳、分组学习、集体游戏及在户内外进行的各式各样的活动。

冯晓霞认为，幼儿园课程是幼儿在幼儿园教育环境中进行的旨在促进其身心全

---

① 王静珠：《幼稚教育》，58页，台北，台湾五南出版社，1991。

面和谐发展的各种活动的总和。或者换一个角度简单明快地表述，即为：幼儿园课程是幼儿园教育好的总和。①

袁爱玲认为，幼儿园课程是指在幼儿园安排下所进行的一切有组织、有系统、有意义的园内外学习经验或活动。②

虞永平认为，幼儿园课程是指从幼儿身心发展的特点和特定的社会文化背景出发，有目的地选择、组织和提供的综合性的、有益的经验。③

(二)国外幼儿园课程的含义

在国外，课程一词指的是学习计划、活动、学校科目、材料及学习的主题等，幼儿园课程则是指影响儿童的所有与学校有关的经验。当前很少把幼儿园课程界定为学科知识。具有代表性的观点主要有以下几种。

在美国，全美幼教协会和美国国家教育部全美幼教专家协会将幼儿园课程定义为一种有组织的框架，它描述了儿童学习的内容、儿童达到规定课程目标的过程和教师为帮助儿童达到这一目标所负担的责任，以及教与学所发生的环境。他们认为，幼儿园课程是多层次的实践活动，范围十分广泛，儿童每天的每一种经历甚至每一分钟的经历都是课程的一部分。唱歌、游戏、观察和运动是课程的一部分，吃饭、洗漱和休息也是课程的重要组成部分。课程不仅仅是计划好的提供给幼儿的经验，也可指未计划好的幼儿在潜移默化中接受的经验。课程可以是正规的，也可以是非正规的。

在日本，幼儿园课程就是儿童自发性的游戏活动和一些有目标、有组织的系列活动，课程的结果就是儿童获得的经验。

在英国，幼儿园课程是指幼儿在机构中所做、所见、所听或所感受到的任何事情，包括经过计划的和未经过计划的内容。

从以上阐述中可以看出，幼儿园课程作为课程存在的一种特殊形式，其界定也不外乎是学科、经验、活动、目标与计划几个维度，并且人们对其的认识越来越趋于一致。一方面，幼儿园课程是由教师、幼儿、教育情境以及活动四大要素构成的一个生态系统，其目的是使幼儿获得有益的经验；另一方面，这个生态系统是动态的，是在一定的教育思想指导下形成的，是教育思想转变为教育实践的桥梁。因此，我们不妨把幼儿园

· 陈鹤琴等人的幼稚园课程观 ·

① 冯晓霞：《以好的理论为基础建构幼儿园课程》，载《学前教育研究》，1997(4)。

② 袁爱玲：《学前创造教育课程论》，26页，北京，北京师范大学出版社，2000。

③ 虞永平：《试论幼儿园课程及其特质》，载《幼儿教育》，2001(1)。

课程定义为旨在促进幼儿身心健康发展且能帮助幼儿获得有益经验的一切活动。

学以致用

结合自身学习经历，谈谈幼儿园课程与其他各教育阶段课程相比有哪些独特之处？

本讲要点

课程含义界定的维度主要有5种：课程即学科、课程即经验、课程即活动、课程即目标、课程即计划。课程内涵有5种层次：观念层次的课程、社会层次的课程、学校层次的课程、教学层次的课程、体验层次的课程。课程内涵随时代发展变化主要呈现出以下态势：由重“物”到重“人”、由重结果到重过程、由重局部到重整合、由重显性到显性与隐性并重。

幼儿园作为一种正规的特定教育机构，拥有自己特定的课程。幼儿园课程是指旨在促进幼儿身心健康发展且能帮助幼儿获得有益经验的一切活动。

模拟练习

(1)“课程”一词最早出现在哪里？

(2)界定课程含义的代表性维度有哪些？

(3)将课程通常具体化为课程标准、课程(教学)计划、教学大纲和教科书等是从哪个维度来界定的？有怎样的局限？

(4)杜威主张从哪个维度来界定课程？

(5)课程内涵具体包括哪些层次？

(6)课程内涵的发展态势呈现在哪些方面？

(7)何谓理想课程？

(8)古德莱德认为哪一个层次的课程是所有课程中最重要的课程？

(9)什么是幼儿园课程？

(10)陈鹤琴先生是怎样界定幼儿园课程的？

课外拓展

调查某一区域范围内的幼儿园教师、家长对幼儿园课程的理解现状。

第二讲

幼儿园课程的特点与类型

头脑风暴

“说实在的，现在有些幼儿园里学习的课程简直匪夷所思！”“背的是《论语》的内容，我一个中文系毕业的大学生都没见过。”“每周一三五做作业，拼音要抄3页，5岁多的孩子，边抄边哭。”“大家都在提前学，我们不学怎么办？这么小的孩子正是爱玩的时候，却被逼着在教室里学奥数。”……

幼儿园学《论语》、奥数，你怎么看？

导入语

幼儿园课程是专门为幼儿的学习与发展设计开发的。与其他各教育阶段的学习者相比，幼儿的学习与发展有着自身的特点、规律及需要，这就决定了幼儿园课程的特点。从不同的角度出发，幼儿园课程可以分为不同的类型。

一、幼儿园课程的特点

（一）基础性

幼儿园教育是整个教育体系的基础，幼儿园课程作为幼儿园教育的载体，在整个幼儿教育体系中处于奠基石的位置。幼儿园课程不仅直接影响幼儿在这一教育阶段所获得的经验及当时的发展，而且影响幼儿今后乃至一生的发展，因而具有基础性。

（二）启蒙性

幼儿阶段是人一生的启蒙阶段，是幼儿懵懵懂懂地迈开脚步走出家门、走向社会的开始。幼儿园课程只需要让幼儿获得关于自然、社会与人类最浅显的知识和观念，不求多么系统、多么专业、多么深奥、多么高远，关键在于帮助幼儿在原有发展水平上获得初步的萌发与启迪。所以启蒙性是幼儿园课程的又一大特点。

（三）整合性

“完整的儿童”(whole child)是现代教育理念。幼儿园课程应指向培养“完整的儿童”，即全面发展、和谐发展的儿童。在幼儿期，儿童身心各方面发展迅速并相互影响、相互促进，幼儿园课程必须是高度整合的课程。《幼儿园教育指导纲要(试行)》(简称《纲要》)也明确指出，幼儿园的教育内容可以划分为健康、语言、社会、科学、艺术五个领域，也可作其他不同的划分。各领域的内容相互渗透，从不同的角度促进幼儿情感、态度、能力、知识、技能等方面的发展。正如李斯利所言，在幼儿教育领域，“课程”与“完整的儿童”这两个概念通常是密不可分的。并且整合性的学习有利于知识、经验以及相应学习策略的迁移，有利于学习成效的提高。因此，幼儿园课程应涉及多个学科、多个领域，并使之相互联系、相互促进，从而构成一个有机的发展整体。也就是说，幼儿园课程必须充分整合学习资源来更好地促进儿童发展。

(四)活动性

对幼儿来说，学习主要来源于生活而不是书本、更需要运用感官而不是语言，他们必须借助于具体的情境、具体的事物，在与环境的互动中获得直接经验。也就是说，只有在与幼儿生活紧密联系的活动中通过游戏获得直接经验的学习，才是幼儿最为有效的学习。从这一意义出发，幼儿园课程的关键在于为幼儿提供丰富的活动情境，创设有益于幼儿自主性发挥的活动氛围，为幼儿提供各种自发探究与实践的机会，让幼儿在活动中获得发展。故幼儿园课程具有活动性。

事实上，幼儿园课程的各特点之间有着非常密切的联系，在各特点的基础上还可以进行更为深入的分析。比如活动性特点，可以进一步细化出生活性、游戏性等特点，这就取决于对幼儿园课程不同程度的理解和把握。

二、幼儿园课程的类型

幼儿园课程的类型，是指幼儿园课程的存在或表现形式。透过对幼儿园课程类型的认识，在一定程度上有助于人们加深对幼儿园课程的理解。整体而言，幼儿园课程类型的划分越来越彰显出复杂性。作为课程的一种特殊形式，幼儿园课程的分类基本遵循课程的一般分类标准。

(一)课程类型

从不同的分类标准出发，可以划分出不同的课程类型。

1. 以课程组织形态为分类标准的课程类型

课程组织是指在一定的教育价值观指导下，把课程的各种要素组织成动态运行的课程结构系统。不同的教育价值观指导下的课程结构系统有很大区别，主要体现在课程组织是以客体为核心还是以主体为核心(即是以学生经验为核心还是以学科知识为核心）、主张把学科知识分得越细越好还是综合起来好（即是分还是合）。

从主体与客体的层面看，学科课程与经验课程是一对对应的范畴，或者说是两个对立的课程类型。①学科课程又称分科课程，是依据知识的门类分科设置的。学科课程是将人类活动经验加以抽象、概括、分类整理的结果，往往是相对独立的、自成体系的，通常按特定知识领域内在的逻辑体系来加以组织。逻辑性、系统性和简约性是学科课程最大的特点。学科课程以分门别类的方式组织和编排，各学科相互分离，彼此孤立，造成学习内容相互分离甚至脱节，而学生的现实生活却是完整的。这种课程上人为的割裂，造成学生认知结构的支离破碎，不利于学生综合能力的培养和发展。②经验课程又称活动课程，是以学生的主体性活动经验为中心组织的。经验课程着眼于学生的兴趣和动机，主张通过一系列由学生自己组织的活动帮助学生获得经验、培养兴趣、解决问题、锻炼能力。经验课程对于调动学生的积极性、主动性和创造性，培养学生的兴趣特长，丰富学生的精神生活，促进学生的个性发展和思想品德的形成具有重要意义。但经验课程缺乏系统的科学知识基础和严格的教学计划，破坏了知识的逻辑结构，因而不可避免地会影响学生对基础知识的掌握。同时，受教师水平、物质环境条件、学生人数等制约，当条件不匹配时，经验课程容易使学生的自主、探索、实践流于表面。

从分与合的层面看，分科课程与综合课程是一对对应的范畴。①分科课程坚持以学科知识及其发展为基点，是学科课程的原始形态，强调本学科知识的优先性和本学科自成一体。随着近代科学的发展，科学分支越来越多，促成了基本学科门类的分化，如把数学分为算术、代数、集合、三角、微积分等，把生物学分为动物学、植物学、解剖学等，而且越分越细，门类越来越多。分科课程有助于突出学科知识的逻辑性和连续性，是学生简捷有效地获取学科系统知识的重要途径。但是，分科课程容易导致轻视学生的需要、经验和生活，忽略当代社会生活的现实需要，将学科与学科之间彼此割裂，从而限制了学生的视野、束缚了学生思维的广度。②综合课程是合并有关联的几门学科，成为跨越更广泛的共同领域的课程。随着分科课程弊端的彰显，出现了合并学科的尝试，学科合并后组成综合课程。

在综合课程观念的影响下，根据课程合并的学科范畴，演变出了以下三种课程类型：一是相关课程（Correlated Curriculum），就是在保留原来学科的独立性的基础上，寻找两个或多个学科之间的共同点，使这些学科的教学能够相互照应、相互联系、穿插进行。二是融合课程（Fused Curriculum），也称合科课程，就是把部分科目统合兼并于范围较广的新科目，选择对于学生有意义的论题或概括的问题进行学习。三是广域课程（Broad Curriculum），就是合并数门相邻学科的教学内容而形成的综合性课程。

在经验课程观念的影响下，根据课程组织的依据，演变出了以下两种课程类型：一是活动课程(Activity Curriculum)。活动课程是一系列儿童自己组织的活动，是以儿童从事某种活动的兴趣和动机为中心组织的课程。儿童通过活动获得经验、培养兴趣、解决问题、锻炼能力，即儿童通过主体性活动获得直接经验。二是核心课程(Core Curriculum)。考虑到活动课程仅以儿童的兴趣和需要作为课程组织的依据不足以反映社会生活需要，而学校教育的社会角色必须协助学生澄清及维持共同的社会价值观，从而主张以社会问题为核心，即基于人类生活活动的基本领域来设计课程。这种课程围绕一些重大的社会问题组织教学内容，社会问题就像包裹在“果肉”(教学内容)里的“果核”一样，又被称为问题中心课程。其领域一般为维护生命和健康、家庭生活及其改善、维持及改进物质条件、美的享受及表达、从事休闲活动等，问题一般包括职业问题、公民问题、家庭成员问题、健康问题、休闲时间利用问题、怎样更好地生活的问题、怎样改进写作和口语的问题等。

相关课程、融合课程、广域课程这三种课程都是在学科领域的基础上进行的知识综合的课程形式，它们打破了原有的学科界限，是旧的学科课程的改进和扩展，在一定意义上属于综合课程。但它们实质上仍然以学科为中心，只不过所言及的“学科”已经不是几门小学科的合并，而是将“学科”的外延扩大了，所以在一定意义上属于学科课程。活动课程、核心课程这两种课程都是强调通过活动获得经验，前者是以儿童心理的逻辑顺序为主线组织课程，后者是以解决实际问题的逻辑顺序为主线组织课程，都必定要打破学科界限，在一定意义上属于综合课程。

所有课程类型划分都是相对而言的。随着课程理论与课程实践的发展，在课程演变的过程中，经常出现各种课程类型相互交织的现象(见图 1-1)。

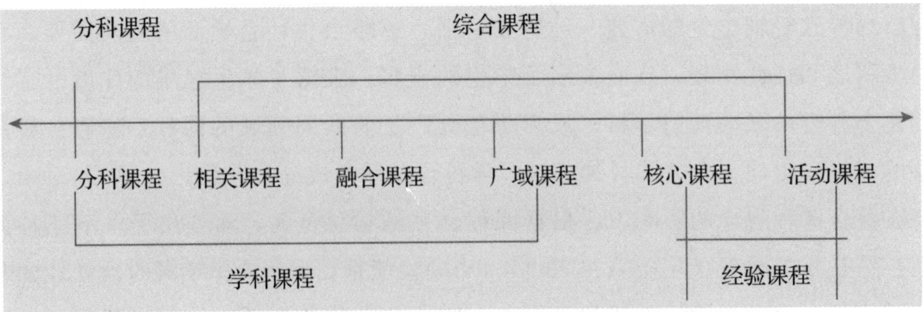

图 1-1　以课程组织形态为分类标准的课程类型

2. 以课程功能为分类标准的课程类型

美国斯坦福大学的艾斯纳教授从课程功能的角度出发，将课程分成显性课程、隐性课程和悬缺课程三种类型。①显性课程，又称“正规课程”。即学校教育中按计划开设的、由专门的教师负责组织实施的正式课程。②隐性课程，又称“隐蔽课程”“无形课程”“潜在课程”等。即在学习环境(包括物质环境、社会环境和文化环境体系)中以间接的、内隐的方式呈现给学生的课程。具体来说，隐性课程是指那些在学校政策和课程计划中没有明确规定，但对学生身心发展产生重要影响的教育因素，即学生在学习环境中所学习到的非预期的或非计划性的知识、价值观念、规范和态度。③悬缺课程。即学校理应教导却未教导的东西，诸如学校未能提供给学生的对学习的选择机会、看法、概念及技能等。这是一种存在于“理想的课程”和“实际的课程”之间的流失的课程。

在这三类课程中，隐性课程对学生发展的影响不容忽视。这些影响既可以是积极的，也可以是消极的。一般来说，隐性课程会在三个方面发挥作用：第一是物质空间方面，校园的建筑、活动场地、绿化、设施设置等物质条件会以潜移默化的方式影响学生心理；第二是组织制度方面，学校的管理制度、生活制度、评价制度、奖惩制度无形中与学生的发展紧紧相连；第三是文化心理方面，从某种意义上说，学校的文化价值观、师生关系、教师的教育观与其行为表现对学生发展的影响大大超过了学校、教师为学生开设的正规课程。

(二)幼儿园课程类型

在幼儿园课程理论与实践中，上述课程类型都有，只是存在出现早晚或多少的差异。

从课程组织形态来看，目前我国最常见的幼儿园课程类型是领域课程。《纲要》将幼儿园教育内容划分为健康、语言、社会、科学、艺术五个领域，《3～6岁儿童学习与发展指南》(简称《指南》)也是从这五个领域来描述幼儿的学习与发展，幼儿园课程通常就分为这五个领域。事实上，领域课程在一定意义上就是学科课程，不过，领域课程在强调按知识的内在联系及其结构组织课程的同时，也强调领域范围内学科之间的融合，如科学领域将原来的数学与科学进行综合、艺术领域将原来的美术与音乐进行综合，所以它在一定意义上又是综合课程。

其次较为常见的是活动课程，即以实际问题解决为组织形式、以幼儿自主学习和直接体验为基本学习方式、以幼儿个性养成为基本目标组织的课程。根据问题解决的情况不同，其称谓有所区别，主要有主题活动课程、区域活动课程等。主题活动课程是指在一段时间内围绕一个中心即主题来组织教育教学的活动课程，它使各种学习内容围绕一个问题、一个事件或是一个节目等有机衔接起来，让幼儿通过该主题的学习获得与主题有关的比较完整的经验。区域活动课程是指以幼儿的兴趣、需要为主要依据，结合幼儿园教育的目标、正在进行的其他教育活动等因素，设置相应的活动区域如阅读区、建构区、美工区、表演区等，并投放一些适合的活动材料，明确活动规则，让幼儿自由选择区域，与材料、环境、同伴积极互动，满足幼儿个性化学习与发展的活动课程。

从课程功能来看，相对而言，幼儿园课程更为注重显性课程，隐性课程往往被忽视。但随着教师队伍素质的整体提升、幼儿园环境的改善、师幼互动的加强，隐性课程积极作用的发挥越来越突出。

当然，每一种类型的幼儿园课程都有自身的优势与不足，课程改革绝不是一种课程类型取代另一种课程类型那么简单。对实现全面和谐发展的育人目标而言，任何单一的课程类型都存在某种结构性的功能缺失，需要用其他课程类型加以弥补。因此，合理的幼儿园课程体系必将是多种课程类型之间的吸收、融合、改造和重组。

· 幼儿园课程的特点与类型 ·

学以致用

结合幼儿园课程特点，分析某一幼儿园现有课程的适宜性。

本讲要点

幼儿园课程区别于其他各级各类教育机构的课程，具有基础性、启蒙性、整合性、活动性等特点。

课程依据不同的分类标准，可以划分为不同的类型。以课程组织形态为分类标准，可以分为学科课程与经验课程、分科课程与综合课程；以课程功能为分类标准，可以分为显性课程、隐性课程和悬缺课程。幼儿园课程因自身的特点，其类型划分又有特殊性，目前我国最常见的类型是领域课程，其次是活动课程，后者主要包含主题活动课程、区域活动课程等。

模拟练习

(1)幼儿园课程的特点有哪些？

(2)幼儿园课程为何具有基础性的特点？

(3)怎样理解幼儿园课程具有启蒙性的特点？

(4)幼儿园课程为何具有整合性的特点？

(5)怎样理解幼儿园课程具有活动性的特点？

(6)从课程组织形态的角度出发，课程类型有哪些？

(7)美国斯坦福大学的艾斯纳教授认为课程类型有哪些？

(8)怎样认识相关课程、融合课程、广域课程？

(9)怎样认识活动课程、核心课程？

(10)目前我国最常见的幼儿园课程类型有哪些？

课外拓展

调查所在地区某一幼儿园的课程类型的情况。

· 第一单元检测题 ·

第二单元

幼儿园课程的基本要素与核心理念

思维导图

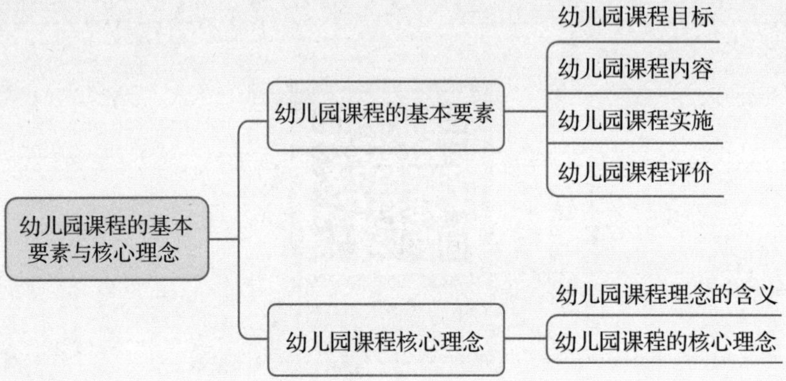

学习目标

1. 了解幼儿园课程基本要素的构成及其之间的关系。

2. 了解幼儿园课程目标的内涵、类型和结构，领会目标的制定依据及要求，并能熟练掌握各层次幼儿园课程目标的制定。

3. 了解幼儿园课程内容的含义、类型和范围，领会内容选择的依据和原则，学会选择合适的幼儿园课程内容。

4. 了解幼儿园课程实施的特点，领会实施的原则和方法。

5. 了解幼儿园课程评价的类型、主体和主要模式，领会评价的原则和方法。

6. 把握幼儿园课程的核心理念。

第一讲

幼儿园课程的基本要素

头脑风暴

陆老师推荐家长给孩子听睡前故事《凯叔讲故事》，很多小朋友都很喜欢里面的黑猫警长，大家经常谈论里面的情节、模仿里面的对话。自由活动的时候小朋友还把自己想象成黑猫警长，掏出警棍，拿出手枪，一把抓住偷东西的老鼠。于是有小朋友报告老师："他拿枪对着我，我不是坏老鼠。"陆老师意识到，从小朋友对黑猫警长的兴趣中可以挖掘出这样的教育目标：帮助幼儿了解黑猫警长的职责。陆老师及时调整了语言领域和社会领域的活动内容，组织开展了"我最喜欢的黑猫警长"故事情节讲述活动，并请幼儿表演了故事中的精彩环节，同时开展了社会活动"了不起的警察叔叔"，帮助幼儿了解警察是怎么保护大家的，并请家长到班级里讲警察的故事。小朋友非常感兴趣。

结合以上案例，请分析该如何制定幼儿园课程目标、选择幼儿园课程内容。制定了目标，选择了内容，又该如何去组织实施？怎样评价幼儿园课程的效果？幼儿园课程的目标、内容、实施、评价之间是怎样的关系？

导入语

不管课程概念如何演变，课程结构始终存在一些共性，通常由课程目标、课程内容、课程实施、课程评价四大基本要素构成。幼儿园课程属于课程系统，具有其他学段课程的共性，通常由幼儿园课程目标、幼儿园课程内容、幼儿园课程实施、幼儿园课程评价四大基本要素构成。这四个要素密不可分，互相影响。幼儿园课程目标引领和决定着幼儿园课程的内容、实施和评价，是幼儿园课程内容选择和组织的重要依据，也是幼儿园课程实施的向导，其实现程度和水平是幼儿园课程评价的标准。幼儿园课程内容是幼儿园课程实施的中介和载体，是实现幼儿园课程目标的依托。幼儿园课程实施是落实幼儿园课程内容、完成幼儿园课程目标的途径。幼儿园课程评价是对幼儿园课程目标实现程度、幼儿园课程内容适宜性、幼儿园课程实施效果的价值判断。

同时，幼儿园课程实施过程以及最终的幼儿园课程评价会影响幼儿园课程内容的选择和调整，幼儿园课程内容的选择和调整会影响幼儿园课程实施的方法和手段，幼儿园课程评价的反馈结果会促使幼儿园课程的目标、内容和实施作出修改和调整。所以，幼儿园课程的四个要素处于不断循环的有机动态过程中。

一、幼儿园课程目标

【情境讨论】

某幼儿园正在进行说课评课活动，李老师的说课内容是大班综合活动“有趣的报纸”。其活动目标为：①幼儿在各种形式的活动中获得多方面的知识经验，感受玩报纸的乐趣；②培养幼儿运用活动中探索到的经验解决生活中问题的能力；③幼儿能够积极探索，并乐于与同伴分享、合作。一些老师认为活动目标太模糊了，不够具体；有的目标太大了，无法实现。李老师却认为活动目标包含了情感态度、能力方法、知识经验三方面的内容，是一个比较全面的目标。

大家都认为自己的想法有道理。你觉得呢？

> 想一想
>
> ▶为什么说幼儿园课程目标的制定使幼儿园课程要素形成一个有机的整体？

幼儿园课程目标在幼儿园课程中处于核心地位，它引领幼儿园课程内容的选择、指导幼儿园课程实施的过程、决定幼儿园课程评价的标准，使四个要素形成一个有机的整体。

(一)幼儿园课程目标和幼儿园教育目标的关系

要明确幼儿园课程目标的含义，必然要解决一个问题：教育目的、教育目标、幼儿园教育目标和幼儿园课程目标之间的关系。

教育目的是“教育的总体方向和价值，教育培养人的规格”。教育目标是依据教育目的制定的，体现的是不同性质的教育和不同教育阶段的教育价值。

幼儿园教育目标是整个教育目标在幼儿园阶段的具体化，是幼儿总体的发展要求。幼儿发展目标的实现必须落实到具体的幼儿园课程上。具体关系如图 2-1 所示。

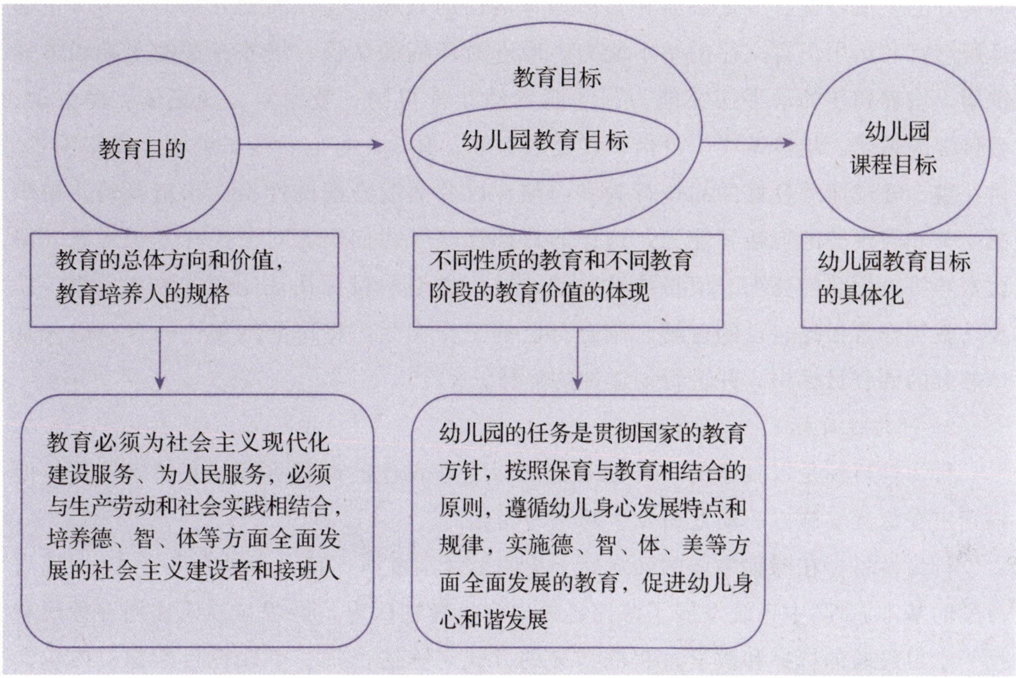

图 2-1　教育目的、教育目标、幼儿园教育目标、幼儿园课程目标关系图

(二)幼儿园课程目标的含义

幼儿园课程目标是幼教工作者对幼儿在一定学习期限内(一般指 3～6 岁)学习效果的预期，即通过幼儿园课程的实施使幼儿可以达到的社会预期的标准。例如，《纲要》规定，幼儿艺术领域教育的目标为：①能初步感受并喜爱环境、生活和艺术中的美；②喜欢参加艺术活动，并能大胆地表现自己的情感和体验；③能用自己喜欢的方式进行艺术表现活动。

(三)幼儿园课程目标的类型

根据美国课程论专家舒伯特的观点，课程目标的形式取向主要分为四种类型，即普遍性目标、行为性目标、生成性目标、表现性目标。

1. 普遍性目标

普遍性目标将一般教育宗旨直接运用于课程领域，成为课程领域一般性、规范性的目标。它体现了一定国家和社会的意识形态和政治需求，具有普遍性、方向性和指令性。

例如，我国《幼儿园工作规程》(简称《规程》)规定，幼儿园保育和教育的主要目标是：①促进幼儿身体正常发育和机能的协调发展，增强体质，促进心理健康，培养良好的生活习惯、卫生习惯和参加体育活动的兴趣。②发展幼儿智力，培养正确运用感官和运用语言交往的基本能力，增进对环境的认识，培养有益的兴趣和求知欲望，培养初步的动手探究能力。③萌发幼儿爱祖国、爱家乡、爱集体、爱劳动、爱科学的情感，培养诚实、自信、友爱、勇敢、勤学、好问、爱护公物、克服困难、讲礼貌、守纪律等良好的品德行为和习惯，以及活泼开朗的性格。④培养幼儿初步感受美和表现美的情趣和能力。这样的目标反映了我们国家对公民在意识形态、国民素养等方面总的要求。值得注意的是，这一类型的目标往往比较抽象和模糊，需要幼教工作者根据自己的理解，结合自己的工作实际，将这些纲领性的目标融入具体领域的课程目标中，并进行创造性的解释。

2. 行为性目标

行为性目标是以具体的、可被观察的行为来表述的课程目标，它精确、具体地描述出在课程实施以后幼儿所发生的行为变化。

行为性目标在课程领域的确立始于美国教育学者博比特，泰勒在其著作《课程与教学的基本原理》中系统发展了博比特的理念。泰勒认为，课程目标应该用一种最有助于学习经验的选择和教学过程的指导的方式来陈述。每一个课程目标都应该包含“行为”和“内容”两个方面，“行为”是指要求学生表现出来的行为，而“内容”是指这种行为所适应的领域。泰勒主张用“行为方式”表述课程目标。

例如，《指南》健康领域学习与发展的目标3“具有一定的适应能力”，关于3～4岁年龄阶段幼儿的表述是：能在较热或较冷的户外环境中活动；换新环境时情绪能较快稳定，睡眠、饮食基本正常；在帮助下能较快适应集体生活。这样的目标反映了幼儿具体的行为变化，表述精确、具体、客观，可操作性强。幼儿园教师容易把控，通过观察幼儿行为上的变化，可以获得准确的评估。

值得注意的是，行为性目标强调的是那些可以观察的外显的行为变化，但幼儿的发展是多方面的，有些方面的发展是无法用外显的行为变化来衡量的，如幼儿的个性、心理的发展难以转化为具体的行为指标。因此，需要考虑其他方面，对行为性目标进行补充。

> 想一想
>
> ▶请查阅《指南》举例说明哪些目标的表述是行为性目标取向的表述？

3. 生成性目标

生成性目标是在教育情境中随着教育过程的展开而自然生成的课程目标，也叫发展性目标或形成性目标。相对于行为性目标关注行为产生的结果来说，生成性目标关注幼儿探究和学习的过程、关注幼儿经验生长的内在要求。

生成性目标强调幼儿、教师与教育情境的交互作用，在这个过程中产生的目标是幼儿自己的目标，而不是由课程设计者或教师编制的目标。生成性目标强调幼儿主动活动的过程，关注为幼儿个体自由发展提供支持。

例如，语言活动“美丽的合肥”的目标是：能够用完整、连贯的语言讲述合肥的特点，感受家乡的美。又如音乐活动“捉迷藏”的目标是：欣赏安徽地方戏曲黄梅戏婉转动听的旋律，初步了解黄梅戏；在游戏中与同伴友好合作，遵守游戏规则，共同体验边游戏边唱歌的乐趣。这样的目标是在活动过程中，从让幼儿获得经验的目的出发构建的。

生成性目标能充分发挥幼儿的主动性，使幼儿能够根据自己的兴趣、能力、水平主动选择自己认为有价值的知识去学习。当幼儿所参与的活动与自己自发产生的目标相吻合的时候，就会产生浓厚的探究学习的兴趣。

但生成性目标有一定的不确定性，同时幼儿有很大的个体差异性，因此生成目标也是因人而异，需要教师有较高的专业素养和教育能力。

4. 表现性目标

表现性目标是指在教育情境中的种种际遇中学生个性化的创造性表现，这种目标取向的提出是与艺术教育实践有关的。艾斯纳在他自己所从事的艺术教育中发现，预定的行为性目标不适合艺术领域，因此需要表现性目标作为补充。应该让每个幼儿在艺术活动中产生个性化、多元化的表现。

艾斯纳认为课程编制中存在两种目标——教学性目标和表现性目标(见图 2-2)。

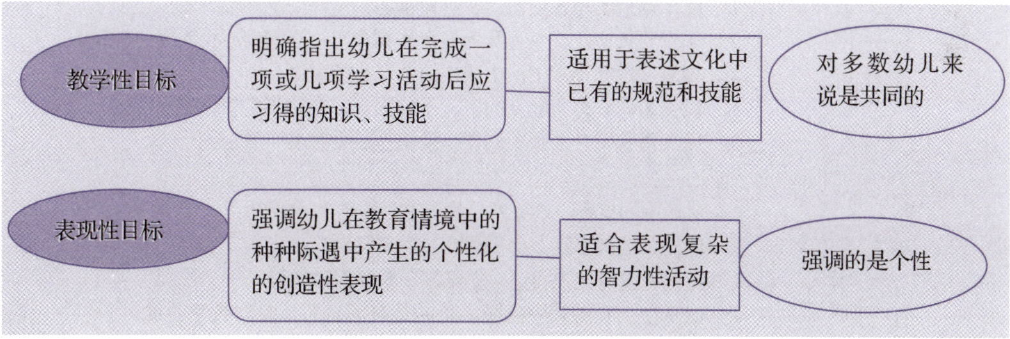

图 2-2　艾斯纳提出的课程编制目标

例如，大班科学活动“有趣的尾巴”的目标是让幼儿在日常生活中观察各种动物的尾巴，并讨论不同尾巴的特点。这样的目标没有统一标准的答案和结论，每个幼儿会根据自己在教育情境中的种种际遇有独特的表现。

表现性目标追求幼儿反应的多样化和个性化，学习的结果是开放的。但由于幼儿之间有明显的个体差异，并非所有的幼儿都能够达到创造性表现的要求。

综上所述，课程目标的各种形式取向都有自己的优势和不足。在教育实践中，幼教工作者应该根据课程中具体要解决的问题确定课程目标的形式取向，既有所侧重，又能使不同取向互为补充。

(四)幼儿园课程目标的结构

幼儿园课程目标的结构主要有横向结构和纵向结构两种。

1. 幼儿园课程目标的横向结构

(1)以学习内容为框架

幼儿园课程目标可以根据幼儿不同学习领域的内容来确定结构，如我国的《幼儿园教育指导纲要(试行)》的目标结构体系就是以学习内容为框架(见图 2-3)。

健康	1. 身体健康，在集体生活中情绪安定、愉快； 2. 生活、卫生习惯良好，有基本的生活自理能力； 3. 知道必要的安全保健常识，学习保护自己； 4. 喜欢参加体育活动，动作协调、灵活。
语言	1. 乐意与人交谈，讲话礼貌； 2. 注意倾听对方讲话，能理解日常用语； 3. 能清楚地说出自己想说的事； 4. 喜欢听故事、看图书； 5. 能听懂和会说普通话。
社会	1. 能主动地参与各项活动，有自信心； 2. 乐意与人交往，学习互助、合作和分享，有同情心； 3. 理解并遵守日常生活中基本的社会行为规则； 4. 能努力做好力所能及的事，不怕困难，有初步的责任感； 5. 爱父母长辈、老师和同伴，爱集体、爱家乡、爱祖国。
科学	1. 对周围的事物、现象感兴趣，有好奇心和求知欲； 2. 能运用各种感官，动手动脑，探究问题； 3. 能用适当的方式表达、交流探索的过程和结果； 4. 能从生活和游戏中感受事物的数量关系并体验到数学的重要和有趣； 5. 爱护动植物，关心周围环境，亲近大自然，珍惜自然资源，有初步的环保意识。
艺术	1. 能初步感受并喜爱环境、生活和艺术中的美； 2. 喜欢参加艺术活动，并能大胆地表现自己的情感和体验； 3. 能用自己喜欢的方式进行艺术表现活动。

图 2-3 《幼儿园教育指导纲要(试行)》中的目标结构体系

(2)以幼儿心理发展结构为框架

美国著名教育心理学家布鲁姆等在《教育目标分类学》中，以人的身心发展的整体结构为框架，将教育目标划分为认知、情感、动作技能三大领域(见图 2-4)。

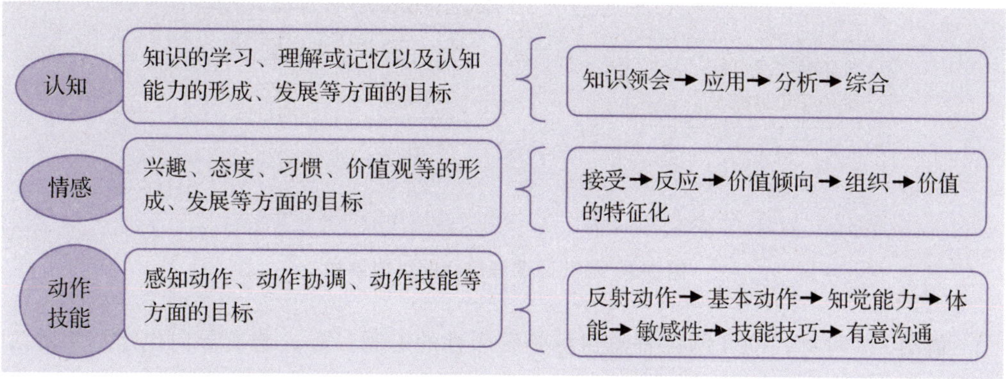

图 2-4 布鲁姆等人对教育目标的划分

布鲁姆等人的教育目标分类标准体现了对人的全面发展的重视，对于幼儿园课程目标的制定有重要的参考价值。因为幼儿年龄小，正处在发展的关键期，幼儿园教育、幼儿园课程目标的制定的出发点和立足点都应该放在促进幼儿身心的健康发展上。

我国比较成熟的各领域课程目标就是在借鉴布鲁姆等人的教育目标分类标准的基础上制定出来的，表 2-1 是音乐领域的打击乐器演奏目标。①

表 2-1 打击乐器演奏目标

认知目标	能够认识、辨别各种常用打击乐器及音色特点；掌握一些简单的节奏类型；了解有关打击乐器的一些基本知识；能够理解指挥的手势含义并与指挥相配合
情感与态度目标	喜欢参与打击乐器演奏活动；乐意探索乐器的不同演奏方法和尝试创造性的表现；积极体验并享受与他人合作演奏的快乐
操作技能目标	熟练掌握一些常用打击乐器的演奏方法；能够在集体的演奏活动中有意识地控制、调节自己奏出的音色，使其与集体的演奏相协调；能够学习并掌握使用、整理和保护乐器的一些简单规则

2. 幼儿园课程目标的纵向结构

幼儿园课程目标的纵向结构指的是幼儿园课程目标的层次。

① 王惠然：《幼儿音乐教育》，111 页，北京，北京师范大学出版社，2012。

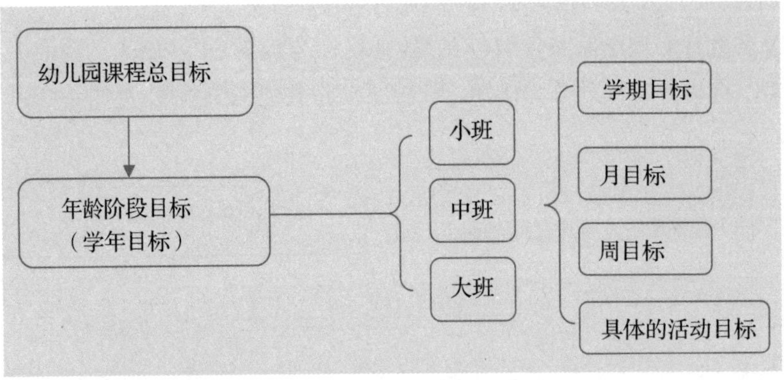

图 2-5 幼儿园课程目标的纵向结构

由图 2-5 可见，幼儿园课程总目标是统领性的宏观目标，起着导向作用。年龄阶段目标是以时间为单位制定出的目标，是对幼儿园课程总目标的分解。年龄阶段目标就是学年目标，又具体依次分解为学期目标、月目标、周目标、具体的活动目标，这些目标常见于幼儿园学年计划、学期计划、月计划、周计划、日计划。

(1)幼儿园课程总目标

幼儿园课程总目标是在幼儿园教育目标指导下确定的。在我国，《规程》规定了幼儿园保育和教育目标，《纲要》规定了幼儿园教育内容即五大领域的目标，《指南》规定了五大领域幼儿学习与发展的目标。这些目标是引导幼儿园教育各方面工作的纲领性要求。幼儿园课程总目标往往是按照上述国家层面的指导性文件精神，结合各幼儿园实际制定的。

(2)年龄阶段目标

年龄阶段目标就是学年目标，是对幼儿园课程总目标的分解，通常由小班、中班、大班三个年龄段目标构成。《指南》各领域目标部分分别对 3～4 岁、4～5 岁、5～6 岁三个年龄段末期幼儿应该知道什么、能做什么、大致可以达到什么发展水平提出了合理期望，指明了幼儿学习与发展的具体方向。也就是规定了各年龄段幼儿学习与发展的目标。各年龄段目标相互衔接，会随着幼儿身心发展水平的提高、年龄的增长发生相应的变化。前一年龄段目标是后一年龄段目标实现的基础，后一年龄段目标会在前一年龄段目标的基础上逐步提高。例如，科学领域数学认知方面的目标 1“初步感知生活中数学的有用和有趣”，在小班(3～4 岁)、中班(4～5 岁)、大班(5～6 岁)的目标如表 2-2 所示。

表 2-2　科学领域数学认知方面的各年龄段目标

3～4 岁	4～5 岁	5～6 岁
1. 感知和发现周围物体的形状是多种多样的，对不同的形状感兴趣。 2. 体验和发现生活中很多地方都用到数。	1. 在指导下，感知和体会有些事物可以用形状来描述。 2. 在指导下，感知和体会有些事物可以用数来描述，对环境中各种数字的含义有进一步探究的兴趣。	1. 能发现事物简单的排列规律，并尝试创造新的排列规律。 2. 能发现生活中许多问题都可以用数学的方法来解决，体验用数学解决问题的乐趣。

(3)学期目标

学期目标是对学年目标的分解。按习惯，一学年可以分为上下两个学期，故有小班(3～4 岁)上学期目标和下学期目标、中班(4～5 岁)上学期目标和下学期目标、大班(5～6 岁)上学期目标和下学期目标。

(4)月目标

月目标是对学期目标的分解。一学期一般包括 5 个月的时间。

(5)周目标

周目标是对月目标的分解。一个月可以分为 4 周。

(6)具体的活动目标

具体的活动目标即某一教育活动所预期达到的效果，是更为微观和具体、可操作性强的目标，如小班健康活动《口渴了喝什么》的目标：①愿意在口渴时主动饮水；②能区分白开水与其他饮料；③知道多喝白开水对身体好。

(五)幼儿园课程目标的制定

1. 幼儿园课程目标的制定依据

幼儿园课程目标的确定需要考虑多种因素，通常主要依据以下三个方面：幼儿发展需要、社会发展需要、人类知识发展需要。

(1)幼儿发展需要

幼儿园课程目标是对幼儿在一定期限内的学习效果、发展状况的期望。幼儿园课程就是为了促进幼儿身心的和谐发展，支持、帮助、引导幼儿学习而设置的。幼儿园课程的对象是幼儿。因此幼儿园课程要建立合理的期望，达到真正支持、帮助、引导幼儿和谐发展的目的，就必须首先考虑幼儿发展的需要。

幼儿发展需要指的是幼儿发展“理想期望水平”与“现实水平”之间的距离。“理想期望水平”指幼儿心理学研究中提出的幼儿“可能”或“应该”达到的水平；“现实水平”指幼儿身心发展的实际水平，如幼儿的身体动作、认知、情感、社会性发展等能力水平。要研究制定科学的幼儿园课程，就必须熟悉幼儿兴趣、身体、认知发展和情感形成、社会化过程及个性养成等方面的规律，必须深入了解不同年龄段不同幼儿现有的身心发展水平。这样制定的幼儿园课程目标才是符合幼儿“最近发展区”的，才是科学合理的。

同时我们也要意识到，随着幼儿身心几个方面能力发展水平的提高，幼儿发展需要也在不断提高。因此幼儿园课程目标的制定不是一成不变的，是一个动态的过程。

> 想一想
> ▶为什么说幼儿园课程目标的制定是一个动态的过程？

(2)社会发展需要

教育目标是社会对人的发展规格的具体体现，幼儿园课程目标是教育目标对幼儿园教育的具体要求。幼儿园课程目标的确定必须迎合当代社会发展，反映当代社会发展对幼儿成长的要求。

《纲要》指出，幼儿园教育是基础教育的重要组成部分，是我国学校教育和终身教育的奠基阶段。幼儿园教育要面向现实的社会生活，还要面向未来社会。当今，社会对幼儿发展的期待也发生了很多变化：其一，在国际化的发展趋势下，人与人、国与国之间的交流合作越来越多，学会交流与合作已经成为现代人必备的素质之一，因此幼儿园课程必然要关注幼儿社交能力、合作能力的培养；其二，在信息化、智能化的发展趋势下，社会生活发生着翻天覆地的变化，信息化、智能化的应用在社会生活中无处不在，对幼儿相关素养的培养也必须在幼儿园课程目标中有所体现；还有诸如低碳化、法治化等发展趋势的要求，也要通过幼儿园课程目标得以体现。

(3)人类知识发展需要

幼儿园课程的重要功能之一是向幼儿传递人类知识。人类知识包括了自然知识和社会知识，在幼儿园教育中一般体现为领域知识。幼儿通过对人类知识的学习认识自然、自我、社会，形成判断是非对错的标准，掌握一定的行动方法，从自然人发展成为社会人。

对于学习者来说，知识有“学术发展价值”和“一般发展价值”两种价值。“学术发展价值”强调将学习者逐步引向该领域的专门研究，而“一般发展价值”强调知识对学习者的一般发展功能。显而易见，3～6 岁幼儿的年龄特征和身心发展特点决定了幼儿园课程注重的是知识的“一般发展价值”。那么，从反映人类知识发展需要的角度出发，制定幼儿园课程目标的时候，就必须要考虑这些知识与幼儿身心发展的关系是什么、能够促进幼儿哪些方面的发展。

例如，《指南》中关于数学认知的目标为：①初步感知生活中数学的有用和有趣；②感知和理解数、量及数量关系；③感知形状与空间关系。

从中可以看出，在制定数学认知的目标时，并没有要求幼儿掌握系统、严密的数学知识，而是考虑数学知识与幼儿身心发展的关系，考虑幼儿在学习数学的过程中的兴趣和需要，关注数学在幼儿实际生活中的运用。从而使幼儿习得数学思维，获得用数学解决生活中问题的能力。

又如，《指南》中关于艺术领域的目标为：①喜欢自然界与生活中美的事物；②喜欢欣赏多种多样的艺术形式和作品；③喜欢进行艺术活动并大胆表现；④具有初步的艺术表现与创造能力。

从中可以看出，在制定艺术领域的目标时，并没有要求幼儿掌握系统、专业的音乐、美术知识，创作出“高大上”的艺术作品，而是关注幼儿对艺术的兴趣，关注幼儿感受美、欣赏美、表现美和创造美的需要。从而使幼儿在感受、欣赏各种艺术形式及作品的基础上，用自己的方式去表现美和创造美。

总之，在制定幼儿园课程目标的时候，应该运用系统的思维方法综合考虑幼儿发展需要、社会发展需要和人类知识发展需要。

2. 幼儿园课程目标的制定原则

(1)横向目标和纵向目标相统一的原则

幼儿园课程目标最终要落实到具体活动目标的制定上。在制定具体活动目标的时候，一方面要做到总目标、年龄阶段目标和具体活动目标的统一，另一方面要考虑幼儿身心全面和谐发展。要考虑幼儿园教育的健康、语言、社会、科学、艺术五大领域内容和幼儿情感态度、动作技能、认知等的发展相统一，找准横向目标与纵向目标相交的坐标点。

(2)切合幼儿实际及幼儿园实际的原则

幼儿园课程目标最终是通过每一所幼儿园落实到每一个幼儿的发展上。制定幼儿园课程目标的时候，在充分考虑国家教育目的、国家层面指导性文件对幼儿园教育目标和课程目标的具体要求的同时，必须充分考虑本幼儿园的具体实际，制定适合本幼儿园的课程目标。同时，各年龄班又要充分考虑本班实际，制定适合本班幼儿的幼儿园课程目标。在涉及每个幼儿时，还要充分考虑幼儿的个体差异，制定适合每个幼儿实际的个性化、差异化幼儿园课程目标。

（六）幼儿园课程目标的表述

幼儿园课程目标的表述角度通常有两种，即教师角度和幼儿角度。

1. 从教师角度表述

从教师角度表述幼儿园课程目标，体现了教师期望帮助幼儿获得的学习效果，指明了教师应该做什么，对明确教师的角色和作用有很大帮助。从教师角度表述幼儿园课程目标时，常会用到“教育”“引导”“鼓励”“帮助”“激发”“使”等词语，如《规程》中目标的表述：

促进幼儿身体正常发育和机能的协调发展，增强体质，促进心理健康，培养良好的生活习惯、卫生习惯和参加体育活动的兴趣。

发展幼儿智力，培养正确运用感官和运用语言交往的基本能力，增进对环境的认识，培养有益的兴趣和求知欲望，培养初步的动手探究能力。

萌发幼儿爱祖国、爱家乡、爱集体、爱劳动、爱科学的情感，培养诚实、自信、友爱、勇敢、勤学、好问、爱护公物、克服困难、讲礼貌、守纪律等良好的品德行为和习惯，以及活泼开朗的性格。

培养幼儿初步感受美和表现美的情趣和能力。

从教师角度表述幼儿园课程目标，有利于教师更好地把握自己的“教”，但很容易忽略幼儿的“学”。

2. 从幼儿角度表述

从幼儿角度表述幼儿园课程目标，明确了幼儿在学习以后应该知道的知识和能够做到的具体表现，明确了幼儿的发展程度。从幼儿角度表述幼儿园课程目标时，常会用到“学会”“喜欢”“感受”“说出”“创编”“理解”“能”等词语，如《纲要》《指南》中目标的表述：

知道必要的安全保健常识，学习保护自己。

喜欢接触大自然，对周围的很多事物和现象感兴趣。

能经常动手动脑寻找问题的答案。

探索中有所发现时感到兴奋和满足。

懂得按次序轮流讲话，不随意打断别人。

愿意表达自己的需要和想法，必要时能配以手势动作。

讲述时能使用常见的形容词、同义词等，语言比较生动。

当前，更多的人主张从幼儿角度表述幼儿园课程目标，从而真正体现幼儿作为学习者的主体地位，更多地关注幼儿“学什么”“怎么学”，真正做到“以学定教”。

二、幼儿园课程内容 ●●●

【情境讨论】

在一次幼儿园教师培训上，王老师说："现在不指定教材，让老师自己根据《纲要》和《指南》选择课程内容，好难哦！无从下手！"林老师却说："我觉得挺好的，不指定教材，刚好可以让我们大展身手，很多教材上的内容都与我们幼儿园的实际不符合，现在也提倡开发园本课程。"宋老师则说："现在也有很多参考教材，都挑花眼了，不过也可以多一些借鉴吧。"

请问你会给她们什么样的建议呢？

(一)幼儿园课程内容的含义

幼儿园课程内容是为实现幼儿园课程目标服务的，制定了幼儿园课程目标之后，就要依据目标选择幼儿园课程内容了。

幼儿园课程内容是指幼儿一日活动的内容，是根据幼儿园课程目标和相应的学习经验选择的基本态度、基础知识、基本技能和基本行为方式。这些内容蕴含在各种课程活动材料和活动过程中，通过幼儿与材料及环境的互动积累学习经验，最终成为幼儿自己的态度、知识、技能和行为方式。

(二)幼儿园课程内容的价值取向

课程内容解决的是教师"教什么"和学生"学什么"的问题，幼儿园课程内容主要存在课程内容即教材、课程内容即活动、课程内容即经验三种价值取向(见表 2-3)。

表 2-3 幼儿园课程内容的三种价值取向

价值取向	内涵	优势	不足
课程内容即教材	以教材为载体，向幼儿传递学科知识，重视知识的逻辑性、完整性、系统性	教学内容明确，提前预备，比较固定，教师的教学有据可依	内容提前制定，方便教师和家长，但不一定贴合幼儿的兴趣和当前的需要
课程内容即活动	课程编制者设计和安排活动，以动态的学习活动作为课程内容，重心放在幼儿做些什么上，而不是放在教材的知识体系上	重视课程与幼儿社会生活的联系，重视幼儿参与活动过程中的探索和发现，有助于发挥幼儿的主动性，使幼儿在亲身体验中丰富了经验，将学习过程变成幼儿积极主动探索的过程	关注幼儿活动的课程取向，可能会导致只注重幼儿的外显活动，无法看到幼儿的经验发生的过程，无法关注幼儿深层次的学习结构

续表

价值取向	内涵	优势	不足
课程内容即经验	课程内容是幼儿在学习活动中得到的经验，幼儿能否获得课程内容取决于幼儿自己主动发生的行为，而不是取决于教师事先设计好了什么内容或要求幼儿做什么	重视幼儿的学习兴趣，强调幼儿是主动的学习者，重视幼儿的已有经验，重视幼儿在与环境的相互作用中获得经验	幼儿的经验是自己主观的心理体验，课程编制者或者教师很难真正把握幼儿的经验，容易将课程的内容泛化

综上，三种价值取向都有各自的优势，有其合理的部分，但也都有明显的不足。因此，将三种价值取向对立起来，认为非此即彼，是不科学的。在编制幼儿园课程内容的时候，应该综合考虑三种价值取向，取长补短，形成真正以幼儿为主体，兼顾学科内容、幼儿活动和学习经验的课程内容体系。①

> 想一想
>
> ▶幼儿园课程内容与中小学及我们自己所在学校的课程内容有什么不同?

(三)幼儿园课程内容的范围

简单地说，幼儿园课程内容的范围就是幼儿园课程内容的主要组成部分，主要包括：

1. 有助于幼儿基本知识发展的课程内容

知识是人类智慧和文化的结晶。对于幼儿来说，需要了解的是有关自己和周围世界的浅显而基本的知识。这些知识能够帮助幼儿认识自己的生活环境，影响幼儿的行为，并促进其智力、情感态度的发展及能力的提高。

> 想一想
>
> ▶举例说明知识(如环保知识、安全知识)对幼儿发展的价值。

冯晓霞在《幼儿园课程》中提到的幼儿必须掌握的基本知识如表 2-4 所示。这几类知识是比较基础的，幼儿园课程内容在选择时可以灵活增减。需要注意的是：第一，在选择知识的时候，首先要明确幼儿的兴趣和能力水平，选择适合幼儿的浅显的基本的知识，注意难度、深度的把握；第二，在引导幼儿学习知识的时候，要灵活创设和利用环境，通过游戏化的形式将知识与幼儿的兴趣和生活经验相结合，帮助幼儿构建自己的知识体系，注意幼儿知识的迁移和运用能力的培养。

① 张晓辉、倪志明:《幼儿园课程》，53 页，北京，北京师范大学出版社，2012。

表 2-4　幼儿必须掌握的基本知识

知识分类	举例
生命活动必需的知识	幼儿健康、安全的相关知识
有利于幼儿解决基本的生活、交往问题的知识	基本的行为规则、规则的意义
帮助幼儿认识自己生活环境的知识	自然和社会中常见的事物的名称、属性，幼儿能理解的事物之间的关系和联系等
为今后系统地学习学科知识打基础的知识	基本的数、形、时间、空间等
为未来成长为高素质公民奠基的知识	简单的环保知识等

2. 有助于幼儿基本技能发展的课程内容

发展幼儿基本技能是幼儿园教育的主要目的之一。幼儿在活动中遇到问题、想办法解决问题的过程，就是幼儿能力提高的过程。幼儿的能力就是在解决问题的过程中得到发展的。解决问题一般要经历以下阶段：发现问题——提出问题——寻找线索——验证假设——得出结论。幼儿去发现问题、解决问题也要经历这几个阶段，需要幼儿综合运用观察、分析、批判、动手操作等能力。我们来看一个幼儿在游戏中自己解决问题的过程：

中班区域活动中，峰峰在和小朋友玩汽车的过程中，发现汽车在用纸板搭起来的公路上行驶的时候总会相撞，于是他就和旁边的睿睿说："汽车老是撞在一起怎么办呢?"睿睿说："要有红绿灯就不会撞车了。"于是他们开始准备红绿灯。一开始睿睿在纸上画了红绿灯的标志，峰峰说："不行，画在纸上不明显，灯没有办法站起来。"于是他们又到美工区找来两个吸管粘成十字，在横着的吸管上贴上红黄绿三个圆(事先画好剪好)。后来他们又发现红黄绿三种颜色的"灯"同时亮，没有办法"维持交通秩序"，于是又继续修改，同时寻求老师的帮助，最后终于做成了三种颜色可以转动的"红绿灯"。①

上述案例中，幼儿在游戏的过程中"发现了问题"——汽车城里发生"车祸"，并探索解决怎样用红绿灯维护交通秩序的问题。幼儿在不断尝试、动手操作、验证的过程中，制作出了可以控制三种颜色的"红绿灯"，终于解决了问题。这种成功的体验会激励幼儿进一步去探索。

幼儿园课程内容应该包括那些对幼儿来说构成问题的内容，让幼儿的能力在解决问题的过程中得到提高。

幼儿常常在生活和游戏中遇到各种各样的问题，如："鞋子踢到床底下去了，怎

① 案例来自合肥幼教集团琥珀名城幼儿园中班游戏，有改动。

么拿出来呢?”“把细长杯子里的水倒进矮胖杯子里，水是不是变少了呢?”“起跳点不一样，怎么比较谁跳得远一些呢?”这些问题就构成了幼儿的学习内容。因此，利用幼儿在生活、游戏中遇到的问题或幼儿感兴趣且有价值的问题作为幼儿园课程内容，既有利于激发幼儿学习的兴趣，也有利于发展幼儿的智力、提高幼儿的能力。

同时，教师也可以“制造”一些问题，创设一定的情境，将必要的学习内容转化为幼儿要解决的问题。例如，在数学活动中，教师创设出一个黑猫警长抓小偷的游戏，为扮演黑猫警长的幼儿“制造”了许多问题，并提供一些小偷的线索——穿黑衣服，戴墨镜，系红色领带。先让幼儿在众多的“老鼠”中按线索找到“小偷”，然后顺着线索去抓“小偷”；在抓“小偷”的过程中，设置了“迷宫”“丛林”“大海”等场景，“黑猫警长”沿着一些线索，如顺着蘑菇最多(幼儿需要点数)的路走，直到最后抓到“小偷”。教师巧妙地将“点数”等幼儿的学习内容融入创设的情境中；在解决教师“制造”的问题中，幼儿的观察、分析、比较等能力获得了提高，有助于坚持、专注等优秀品质的养成。

综上，促进幼儿基本技能发展的课程内容是幼儿园课程内容的重要组成部分。

3. 有助于幼儿基本行为方式发展的课程内容

幼儿的基本活动大致分为生活、游戏、学习等，还可细分为锻炼身体、自我服务、交流、观察、探索等。每种活动都包含了一些基本的方式方法和技能技巧，掌握了这些活动的基本方法，有助于提高幼儿的生存生活能力，也可以让幼儿体验到活动成功带来的乐趣。

例如，在生活或游戏中，幼儿怎么处理与同伴的矛盾、在交往的过程中如何让别人接纳自己、如果这种方式不起作用应该怎么办等，这些都属于幼儿园课程内容。教师应该抓住能够帮助幼儿习得基本行为方式的契机，指导幼儿学习。

> 在中班幼儿进行区域游戏的过程中，教师发现了一些问题，如在讲故事区域中，两名幼儿都想讲故事，发生了争执，幼儿顺利地解决了。教师在游戏评价环节请幼儿说说争议是怎么解决的，一名幼儿说用了剪刀石头布的方式，旁边的幼儿认为也可以采用一人讲一张 PPT 的方式。

4. 有助于幼儿基本情感态度发展的课程内容

情感态度是伴随着活动过程而产生的体验，类似的体验多了，就形成了比较稳定的倾向性。积极的情感态度有利于幼儿学习知识、增强能力，获得适宜的行为方式。因此，幼儿园课程内容中应该包含有助于幼儿基本情感态度发展的课程内容。

情感态度的形成是潜移默化的结果。我们要做的就是把握幼儿积极的情感态度形成的途径，为幼儿提供相关的活动，让幼儿在这些活动中不知不觉形成积极的体验，进而形成稳定的情感态度。

幼儿的情感态度形成的途径大致分为三种，如表 2-5 所示。

表 2-5　幼儿的情感态度形成的途径

途径	含义	举例
环境的同化作用	周围人对事物的评价会使幼儿不知不觉中持有同样的观点	大家都说得到别人的帮助后说谢谢是有礼貌的表现，于是幼儿也这么认为
情绪体验的影响	幼儿对使自己感到愉悦、幸福、自信、满意的事物或者活动有积极的态度	幼儿回答问题得到老师表扬，于是幼儿总是大胆地在集体面前发表自己的意见
理智分析	幼儿对事物特征或特定行为的含义真正理解时，会根据自己的认识对这些事物形成特定的情感和态度	幼儿通过参与农活，认识到农民种粮食很辛苦，于是形成了爱惜粮食的情感态度

依据以上途径，课程编制者应该选择合适的幼儿园课程内容，以发展幼儿积极稳定的情感态度。要创设良好的阅读环境，让幼儿在潜移默化中爱上阅读，形成良好的阅读习惯；选择和组织课程内容时，应该选择有趣、有探索性的主题，让幼儿在活动过程中有新鲜、兴奋、惊讶、满足等积极、愉快的体验，同时满足幼儿的好奇心和探索欲。

（四）幼儿园课程内容的类型

幼儿园课程内容分类的几种常见方式见表 2-6。

表 2-6　幼儿园课程内容的类型

划分类别	具体内容
学科或领域	健康、语言、社会、科学、艺术
幼儿的活动形式	游戏、工作、唱歌、绘画、感觉训练、观察探究、烹饪等
问题领域	学会生活、学会学习、学会做人、学会做事

无论按照什么方式划分幼儿园课程内容，最终都要服务于幼儿园课程目标。考虑的关键因素应该是这些内容是否可以满足幼儿的基本学习需要、是否可以为幼儿的发展提供适宜的经验，从而促进幼儿的全面和谐发展。

同时，无论怎样划分幼儿园课程内容，都是“相对的划分”，都要把幼儿园课程内容作为一个整体去看待，重视这些内容之间的联系，实现各类内容之间的相互融合和渗透。

> 想一想
>
> ▶请以《纲要》中幼儿园五大领域课程内容为例，说说自己对“相对的划分”的理解。

（五）幼儿园课程内容的选择

幼儿园课程内容必须经过选择，选择的时候必须遵循一定的依据和原则。只有按照这些依据和原则来选择幼儿园课程内容，才能有效地实现教育目标。

1. 幼儿园课程内容选择的依据

(1)课程目标

课程内容的选择是为实现课程目标服务的。在幼儿园课程范围内选择具体的课程内容的时候，要充分考虑：选择该内容是为了达成哪一个或哪几个目标？还可以完成哪些课程目标？是否还有更合适的内容来达成这些目标？同一课程目标可以选择不同的课程内容来完成，取得课程内容的选择与完成课程目标的平衡。

在课程内容选择的实践中，有时教师只求新求异，不考虑其发展价值，进而导致许多无价值甚至有负面价值的内容也被引进了幼儿课程中。教师要懂得课程内容的整合技巧。把课程内容巧妙地融入幼儿的一日生活中，从而达到内容与目标的平衡。

> 想一想
>
> ▶《拔萝卜》的故事可以达成哪些目标？还可以完成哪些课程目标？还有别的课程内容可以达成这些目标吗？

(2)幼儿特点

幼儿园课程内容的选择是为幼儿发展服务的，因此幼儿的身心发展特点及其规律直接影响幼儿园课程内容的选择。

一方面，幼儿园课程内容的选择要适应幼儿的发展水平，以幼儿能够轻松、愉悦、自由为尺度。选择不适合幼儿园的有小学化倾向的课程内容，或为了吸引生源打造名目繁多的特色教育(如双语、蒙氏、幼小衔接等)，这些做法无疑会损害幼儿的学习兴趣。幼教工作者要有对幼儿园课程价值的坚守，摒弃短视的做法。另一方面，在选择幼儿园课程内容的时候，要充分考虑幼儿有没有相关的生活经验，不能脱离幼儿的生活。

(3)环境要求

由于幼儿园本身的园内环境(如师资、设备等)和园外环境(如幼儿的家庭环境、社区环境等)各不相同，幼儿园课程内容的选择要在遵循幼儿园课程目标指引的前提下做到“因园而异”。《纲要》中规定“要充分利用幼儿园环境和社区的教育资源，扩展幼儿生活和学习的空间”。根据这一理念，幼儿园在选择课程内容的时候，应充分挖掘和发挥本幼儿园的环境资源优势，形成相应的园本课程。如滨海城市的幼儿园，可以将“滨海”与“城市”相结合，将独特的海洋生态环境与现代化的高科技人文环境中蕴含的教育内容相结合，形成自己独特的课程内容。

2. 幼儿园课程内容选择的原则

《纲要》中提出，教育活动内容的选择应体现以下原则：①既适合幼儿的现有水平，又有一定的挑战性；②既符合幼儿的现实需要，又有利于其长远发展；③既贴近幼儿的现实生活和兴趣爱好，又有助于拓展幼儿的经验和视野。

此外，幼儿园课程内容的选择还应遵循以下原则。

(1)目标导向原则

课程内容是课程目标的载体，是为实现课程目标服务的，因此课程内容的选择必须紧紧围绕课程目标。

贯彻目标导向原则时应注意以下问题。

第一，有目标意识。选择课程内容的时候，首先要明确选择该课程内容是为了实现什么课程目标、能够促进幼儿哪些方面的发展。

第二，厘清目标和内容之间的关系。同一目标可由多个内容达成。如“幼儿能够大胆想象”这一目标，可以借由音乐活动中的动作创编达成，也可以借由美术活动中的创意手工达成，还可以通过语言活动中的故事创编来实现。同一内容也可以达成多个目标。如音乐欣赏活动中，在幼儿运用多种方式(语言、动作、绘画)表达对音乐作品的理解的过程中，其语言表达能力、动作协调能力、想象能力都得到了发展。

第三，特殊的目标要选择特殊的内容。如情感态度类目标与认知类目标不同，很难通过相应的内容来达成，必须通过感受和体验的方式来达成。为了达成此类目标，就必须选择能够让幼儿感受和体验的课程内容。如“培养幼儿的自信心”这一目标，教师无法选择具体的内容教会幼儿“自信”，必须在参与活动的过程中引导和支持幼儿去获取成功。当幼儿多次体验到成功的喜悦的时候，自然就有了自信心。

(2)基础性原则

贯彻基础性原则时应注意以下问题。

第一，启蒙性。幼儿园教育具有启蒙性，旨在使幼儿获得基本的生活常识和学习经验，因此所选择的课程内容要来源于幼儿的生活，和幼儿的生活经验直接相关。例如，“保护牙齿”“过生日”“走丢了怎么办”等课程内容就与幼儿的生活经验密切相关，幼儿能够在直观、具体的层面上获取相关的经验。

第二，奠基性。幼儿园教育是为终身学习打基础的，是为了促进幼儿身心的全面和谐发展。因此，不仅要考虑幼儿的兴趣和爱好、考虑幼儿学习的规律和特点，还要考虑课程内容是否具有迁移性和应用性，为幼儿以后的发展奠定基础。例如，在选择领域知识作为课程内容的时候，要注重知识的“一般发展价值”而非“学术发展价值”。又如，在数学内容的选择上，要选择实用、有趣的为幼儿以后学习数学奠定基础的内容，而不是单纯的数学知识。

(3)适切性原则

幼儿园课程内容的选择要遵循适切性原则，具体是指课程内容要适合幼儿的身心发展水平，同时又要具有一定的挑战性，能够让幼儿“跳一跳，摘桃子”。

贯彻适切性原则时应注意以下问题。

第一，要适合幼儿的身心发展水平。所选择的内容是幼儿可以接受的、在幼儿最近发展区的、符合幼儿的需求的，同时要注意到不同年龄段幼儿的不同需求。如大班幼儿独立能力较强，有较强的探究意识和一定的探究方法，同时有了一定的合作能力，因此在为大班幼儿选择课程内容的时候，应该着重于需要幼儿自主选择、自主探索及合作探究的一些活动和游戏，同时扩大幼儿的知识面，适当拓展学科内容，为幼小衔接做准备。

第二，要满足幼儿发展的需要。要在了解幼儿已有经验的基础上，选择对幼儿来说有一定挑战性的、能够丰富幼儿经验的内容。

第三，要切合时代发展的需要。我们处在一个科技迅猛发展的知识大爆炸时代，而且这种发展变化是持续的。幼儿园课程内容的选择也要与时俱进，及时删除过时的知识，添加与幼儿生活密切相关、与时代发展同步的新知识和新经验，如与智能手机，平板电脑，高铁，微信支付(如幼儿区角色游戏在买东西的地方增加了微信二维码、WiFi 图标)，共享单车相关的知识。

(4)生活化原则

幼儿的学习依赖直接经验，以无意学习为主。在日常生活中，幼儿总是无意中学习到很多东西，往往沉浸在自己的动手操作和感受体验中，并且产生相应的思考。日常生活是幼儿获取直接经验和进行无意学习的最便捷、最理想的途径。

贯彻生活化原则时应注意以下问题。

第一，选择与幼儿生活密切相关的课程内容。这样的课程会让幼儿感觉亲切、熟悉，更容易产生兴趣。例如，幼儿每天都要刷牙，有些孩子不愿意刷牙，有些孩子有治疗龋齿的经历，另外，到了大班，很多孩子开始换牙了，那么“认识牙齿，保护牙齿”的课程内容就与幼儿生活密切相关。通过选择与牙齿有关的内容，如借助模型认识牙齿的构造、学习保护牙齿的儿歌、聆听保护牙齿的故事、阅读与牙齿有关的绘本，孩子们对牙齿有了新的了解，学到了很多保护牙齿的方法，也知道换牙是怎么回事了，进而对人体的其他部位也产生了探究的兴趣。

第二，关注幼儿真实的需要。要关注当下幼儿真实的、具体的兴趣和需要，而不是书本上的、理论上的幼儿需求。例如，某中班的老师经常在家长群里调研：“最近您的孩子经常谈论的是什么？比较喜欢的动画片是什么？最近比较喜欢看什么书、玩什么玩具？常玩的游戏是什么？”教师通过家长的反馈及平时对幼儿的观察，了解当前幼儿最感兴趣的信息，及时选择和调整课程内容，就是对生活化原则很好的贯彻。①

(5)整合性原则

幼儿园课程内容复杂多样，在选择的时候，要进行有机整合。

贯彻整合性原则时应注意以下问题。

第一，各领域各学科内容的整合。在对课程内容进行分类的时候，通常按照领域划分为五大块，但在选择的时候，要进行重新整合，尽量做到选择一个内容可以达成多个目标，将各领域融合起来。

第二，显性课程与隐性课程的整合②。显性课程是指幼儿园专门组织的各类正式课程；隐性课程是指隐含在环境中的以间接的、内隐的方式呈现的课程，如幼儿园环境创设、师幼心理环境、社会价值观等。在选择和整合幼儿园课程的时候，要注意显性课程与隐性课程的整合，尤其是注意隐性课程的影响。

三、幼儿园课程实施

【情境讨论】

在一次内容为“有趣的绳子”的健康领域同课异构活动结束后，观摩活动的老师们纷纷发表自己的看法、提出自己的疑问。方老师说：“我觉得第一个活动老师过于严格地按照教案编写流程组织了，对幼儿控制太多，第三个环节很多幼儿还没有玩尽兴。”刘老师说：“我认为第二个活动看不出是健康活动，老师让幼儿讨论绳子的各种玩法，好像变成了发散思维的训练活动。”崔老师说：“我认为第三个活动很好，对教参上的第三个活动环节进行了合理的、巧妙的修改，把绳子变成有一定硬度的、可以变形的工具，有创意。”

请问你在幼儿园实习过吗？组织过半日活动或者集体教学活动吗？当你真正在幼儿园实施活动计划时，有过类似的经历吗？有什么困惑？

(一)幼儿园课程实施的含义

课程实施是把课程计划或者方案付诸实践的过程，即教育工作者根据课程计划组织实施课程的过程。课程计划是构想课程，而课程实施是构想课程在实践中的运行、是达到预期课程目标的基本途径。一般来说，课程计划越好，课程实施就越容易。但课程计划再好，如果没有付诸实践，也没有意义。

---

① 案例来自合肥幼教集团琥珀名城幼儿园中一班家长微信群。

② 张晓辉、倪志明：《幼儿园课程》，11页，北京，北京师范大学出版社，2012。

幼儿园课程实施是指在幼儿园这个特定的环境中将课程计划付诸实践，从而实现课程目标的教育实践过程。幼儿园课程计划有不同层次，一般以学年计划、学期计划、月计划、周计划、日计划等形式呈现。我们在阐述幼儿园课程实施的时候，一般指幼儿园及班级层面的课程计划的实施。

幼教工作者通过课程实施才能完成课程计划并检验课程计划的优劣，从而对课程计划作出合理调整。教师可以在这个动态过程中得到幼儿发展的反馈，考察幼儿发展的程度及结果。

想一想

▶影响幼儿园课程实施的因素有哪些？

(二)幼儿园课程实施的取向

课程实施取向是指对课程实施过程本质的不同认识及支配这些认识的相应的课程价值观。对课程计划和课程实施过程的关系的认识不同，课程实施取向也就不同。

比较成熟的课程实施取向有三种：忠实取向、相互适应取向和创生取向。幼儿园课程实施的基本取向也不外乎这三种。

1. 忠实取向

课程实施的忠实取向将课程实施过程定义为忠实地执行课程计划的过程，强调课程计划对课程实施过程的控制。衡量课程实施成功与否的基本标准是课程实施过程中预定课程计划的执行程度。如果执行程度高，则课程实施成功；如果执行程度低，则课程实施失败。

课程实施忠实取向者认为，课程计划是由课程专家创造、开发出来的，教师是课程计划的忠实执行者，应该按照课程专家制订的课程内容及课程计划循规蹈矩地实施教学。

作为课程的传递者，教师起着关键的作用。课程实施忠实取向者认为，为了保证课程实施的效果，应当对教师进行培训，同时对课程实施的过程进行支持、监督和评价，从而保证课程计划被执行。

2. 相互适应取向

课程实施的相互适应取向将课程实施过程定义为课程计划与课程实施相互调整、相互变化、相互适应的过程，具体表现在课程计划与教育者在教育实施过程中选取的内容、采取的方式方法与组织模式等方面的相互适应和调整。

在课程变革的过程中，研究者发现，实践者忠实地执行课程计划、不对课程作任何修改是不可能的。一方面，在课程实施的过程中，由于具体的实践情况的特殊要求，既有的课程计划可能会发生变化；另一方面，当课程计划变化的时候，原有的课程实施也会发生变化。

3. 创生取向

课程实施创生取向者认为，课程实施是教师与学生在具体的教育情境中创生新的教育经验的过程，既有的课程计划只是供这个经验创生过程选择的工具而已。[①]

创生取向研究的重心是课程实施过程中教育经验的实际创造过程，不再是“忠于”或者“修改”原课程计划意义上的课程实施。

回到幼儿园课程的实施。在创生取向视野下，幼儿园课程是教师和幼儿联合创造的经验，幼儿园课程实施过程就是教师和幼儿共同成长的过程。在这个过程中，教师和幼儿是课程的开发者，成为建构积极教育经验的共同主体。

这种取向中的课程常常被称为“生成课程”。不同于忠实取向和相互适应取向，在创生取向视野下，幼儿园课程的内容是从幼儿已有的经验中生发出来的，超出了原有的课程计划。在原有课程实施的过程中，产生了新的有持续的探究欲望的事物或者问题，教师和幼儿一起探究、发现，并且在探究过程中不断调整内容、思路、方法，从而共同构建新的经验。这样的过程是情境化、人格化的，教师和幼儿都是积极的知识和经验的创造者。幼儿在教师的支持下积极主动探索，独立思考、决策和行动。

> 想一想
> ▶创生取向中的课程实施与课程计划是什么关系？这与幼儿园的生成课程是什么关系？

三种课程实施取向各有其价值，也各有其局限性(见表 2-7)。在课程改革的时候，可以综合考虑其优势。一是要把课程实施纳入课程变革的系统中，并有意识地关注课程实施的效果、程度及其影响因素；二是课程变革必须最大限度地发挥幼儿教师和幼儿的双主体性。当课程专家开发的课程计划有效地吸引、促进幼儿教师和幼儿成为新的课程经验的创造者时，课程实施才能更加有效。

表 2-7　三种课程实施取向的比较

课程实施取向	忠实取向	相互适应取向	创生取向
含义比较	课程实施 ↓ 课程计划	课程实施 ↕ 课程计划	课程实施 工具↑ ↓变革 课程计划
课程角度	计划的课程	修正的课程	创生的课程

① 张华：《课程与教学论》，344 页，上海，上海教育出版社，2000。

续表

课程实施取向	忠实取向	相互适应取向	创生取向
优势	强化了课程开发专家在课程变革中的作用	综合考虑课程开发和课程实施过程中具体的情境，兼容了忠实取向和创生取向的因素，是两种取向的中介	发挥了教师和幼儿在具体的教育情境中开发、创造课程的主体性
局限性	视课程变革为单向的、机械的实施课程计划的过程，忽视了教师和幼儿的主体性	比较折中，标准也比较模糊	要求教师既要善于判断、选择、解释专家开发出来的课程，又要善于根据具体的教育情境及幼儿的反应与需要创造课程，让幼儿也成为创造课程的主体，难度较大

(三)幼儿园课程实施的途径

幼儿园课程实施是通过教师组织日常生活与常规性活动、游戏活动、教学活动、学习环境、家园共育等途径来实现的。目前，幼儿园通常将以上活动以“主题活动”的形式呈现，通过幼儿的一日生活来贯彻实施。

1. 日常生活与常规性活动

日常生活与常规性活动是指教师专门组织的教学活动、游戏以外的幼儿在园的所有活动，具体包括满足幼儿入园、离园、进餐、如厕、盥洗、睡眠等基本生活需要的生活活动，点名、做操、各种轮值活动(如小班长、天气预报、新闻播报)等常规性活动等。

(1)日常生活与常规性活动的教育价值

日常生活与常规性活动是幼儿园课程实施的基本途径。一方面，幼儿的年龄特点和身心发展水平决定了生活本身就是幼儿的学习内容。幼儿在一日生活活动环节习得了基本的生活能力，包括生活自理能力、良好的文明卫生习惯等，这些都是幼儿成长和发展的重要组成部分。尽管很多生活能力可以借助专门的教育活动培养，但只有在真实的生活中操练和巩固，才能转化为幼儿真正的生活能力。另一方面，日常生活与常规性活动中也蕴含了宝贵的教育价值。如在进餐环节，幼儿不仅掌握了自己吃饭、取放餐具等生活能力，还从教师的介绍和引导中认识了各种食物的名称和营养价值，同时也习得了文明的进餐礼仪。这样就充分挖掘了蕴含在进餐环节的教育价值。此外，在日常生活与常规性活动中，幼儿与幼儿之间、幼儿与成人之间交往频繁，有交往就有语言的运用，就必须要遵守交往的规则。在这个过程中，幼儿的语言能力、社会交往能力都能得到锻炼和提高。

(2)日常生活与常规性活动的组织与实施

日常生活与常规性活动蕴含着多方面的教育价值，因此幼儿教师要科学组织，真正发挥其价值。在组织与实施的过程中需要注意如下要点：①建立科学合理的生活制度。科学合理的生活制度是组织与实施生活教育的基本保障。生活制度有广义和狭义之分，狭义的生活制度指幼儿一日生活的各主要环节的时间划分、顺序安排和规则要求。建立生活制度时必须充分考虑幼儿的身心发展特点，如幼儿园的三餐两点的时间间隔、午睡的时间安排等都要科学合理。②建立合理的生活常规。幼儿园的生活常规是指幼儿园生活环节所应遵循的规则和行为规范，合理的生活常规能帮助幼儿适应集体生活和公共环境，同时帮助维持班级正常活动的秩序。③保教结合。保教结合是幼儿园教育的总原则，也是由日常生活与常性规活动的教育价值决定的。在组织与实施日常生活与常规性活动的时候，幼儿教师要将幼儿生活能力的培养与挖掘生活活动环节所蕴含的教育价值相结合。

> 想一想
>
> ▶常规重要吗？为什么？你知道哪些生活常规？

值得注意的是，由于日常生活与常规性活动比较琐碎和重复，很多教师不免在机械性工作中消磨了热情，使活动流于形式。要避免这样的情况。

2. *游戏活动*

游戏是幼儿的天性，游戏活动是幼儿园教育的基本活动形式、是幼儿园课程实施的主要途径。幼儿在幼儿园的游戏既包括自然状态下的自主、自发、自由的游戏，又包括有目的、有计划的“教育性游戏”。刘焱教授认为，幼儿在幼儿园的游戏是教师根据幼儿园教育的目的，利用幼儿游戏的可再造性的特点，创设一定的游戏环境和条件，再造出来的游戏。这种游戏与自然条件下幼儿的游戏相较而言，具有明显的受控制性或教育性，尽管这种控制有时可能是间接的或者比较隐蔽的。“教育性游戏”服务于教育目的，又可以使幼儿在游戏中获得愉悦和满足的体验，突出体现了幼儿园课程教育性与游戏性的结合，寓教于乐。幼儿园课程中应将“教育性游戏”与“自然性游戏”相结合，以各种形式呈现。

3. *教学活动*

幼儿园课程中的教学活动，是指教师按照明确的课程目标，有计划、有目的、有组织、循序渐进地引导幼儿获得有益的学习经验的一种教育途径。我国的教学活动通常按《纲要》划分的五大领域来开展，但也应考虑各领域的整合渗透，以及与其他活动相互结合进行。组织的形式有集体、小组、个别三种，以班级集体教学的形式为主。

4. 学习环境

环境会说话。环境是重要的教育资源，是幼儿学习不可或缺的。《规程》中明确提出要“创设与教育相适应的良好环境”，这里的环境包括物质环境和精神环境。

5. 家园共育

家庭和幼儿园是幼儿生活、学习的主要场所，幼儿的发展需要教师和家长的合力。家庭和幼儿园相互尊重、相互支持、相互配合，使教育事半功倍，实现家园共育，形成合作共同体。

四、幼儿园课程评价

【情境讨论】

王华同学在某幼儿园实习的时候，刚好赶上该幼儿园进行省级一类园的评估。她也参与了评估准备工作，具体包括准备了幼儿园工作计划、教案、观察记录、观摩记录、教育笔记、学习笔记等，幼儿园相关大型活动的记录、照片、获奖情况等。她还和其他老师、幼儿一起对墙面、区角进行了装饰和美化。评估检查当天来了好多人，有教育局的领导、市教研员、幼儿园园长、大学学前教育专业的教授等，他们查阅了准备的材料，检查了幼儿园环境和后勤、安全保障工作，观摩了班级的半日活动，对该幼儿园的园长、部分教师和家长进行了访谈，在每个班级抽取20名幼儿进行了语言表达、独立能力、身体动作、思维与认知、音乐与美术等方面发展的测查。最后该园顺利通过评估，被评为省级一类园。

请问你知道省级一类园的评价标准是什么吗？怎么评价幼儿园课程呢？你在幼儿园实习期间参与过幼儿园的研讨活动吗？你知道怎么评价具体的教育活动吗？

美国课程评价专家拉尔夫·泰勒在课程研究过程中首次提出“课程评价”的概念和思想。自此，课程评价从教育评价中独立出来。幼儿园课程评价是幼儿园课程的组成部分，也是学前教育评价的中心内容。

(一)幼儿园课程评价的含义

幼儿园课程评价是指评价者根据幼儿园课程的特点及构成要素，通过收集、分析幼儿园课程计划、活动及结果等方面的资料，对幼儿园课程的价值和特点作出科学判断的过程。

幼儿园课程评价的对象包括幼儿园课程计划、实施过程、实施结果(即幼儿和教师的发展)。通过幼儿园课程评价的反馈，幼教工作者可以了解课程的适宜性和有效性，反思自己的教育实践，调整和改进课程，从而提高教育的质量，使课程真正有效地促进幼儿的发展。

幼儿园课程评价承载着有效反馈课程、深化课程改革、提高教育质量的职能，是课程实施的终点，更是课程实施新的起点。

(二)幼儿园课程评价的功能

1. 筛选功能

制订课程计划，需要比较和选择不同的课程方案。通过评价和分析不同备选课程方案的目标设置、内容选择、课程实施及实际效果等，对其整体价值作出判断。结合本园的实际对课程方案作出选择，进而制订课程计划。

2. 诊断和改进功能

通过课程评价，可以诊断出课程计划、课程内容、课程实施过程与方法等的不足和存在的问题，找到问题存在的原因及影响因素。在此基础上提出改进和调整的措施，从而优化课程。

3. 导向和调节功能

课程评价的结果会影响课程评价对象的行为取向和行为方式：肯定的评价结果引导评价对象继续坚持好的做法，否定的评价结果引导评价对象忽略或者舍弃原来课程实践中不足的地方，进而引导评价对象朝着评价者希望的目标发展。这就是课程评价的导向功能。

评价的结果引导幼儿教师在教育实践中不断改进、完善，具体表现在通过评价者的反馈，教师对课程目标、实施过程与方法等作出调整，使课程实践更加优化。另外，教师通过评价者的反馈可以认识到自己的优势和不足，明确努力方向，实现自我调节。

例如，在某幼儿园的一次园本教研活动中，大家观摩和评议韵律活动《八戒巡山》的实施过程时，一致认为教师事先准备充分、思路清楚，采用了幼儿熟悉的流行歌曲《大王叫我来巡山》作为韵律活动的音乐，并与幼儿喜欢的《西游记》的情节相融合，既迎合幼儿的兴趣，又有创意；不足的地方是虽然后半部分有创编，但前半部分教师教的痕迹太重，幼儿创造性发挥的空间还不够。[①] 肯定的评价会引导教师在后续的教育实践中继续坚持，否定的评价会引导教师对自己的教育行为进行反思，摒弃掉不合理的做法。通过此次评价，教师会对课程实施过程进行一些调整，优化活动方案，并且在完善课程实施的过程中更加明确个人努力的方向和改进措施。

4. 鉴定和选拔功能

鉴定和选拔功能是指通过对收集的资料的整理和分析，对课程评价对象的客观

---

① 案例来自合肥幼教集团琥珀名城幼儿园研讨活动(2018 年 6 月)。

情况作出证明和说明，为评价对象以后的发展或晋级提供依据。这既包括对幼儿和教师的发展的鉴定，又包括对幼儿进一步发展所提供的促进条件、对教师专业晋级所作的准备等。

（三）幼儿园课程评价的人员

幼儿园课程评价人员即课程评价者。不同的课程评价者进行课程评价时，视角不同、目的不同。为使课程评价全面、客观、科学、有效，课程评价者要有广泛性。各级教育行政管理人员、园长、教师、幼儿及家长均应是幼儿园课程评价人员，他们各自的评价内容和目的、评价功能可参见表 2-8。

表 2-8　各类幼儿园课程评价人员的评价内容和目的、评价功能

评价人员	评价内容和目的	评价功能
各级教育行政管理人员	根据《规程》《纲要》《指南》等文件对幼儿园课程进行评价，了解幼儿园课程的整体发展状况，评估幼儿园执行课程政策的情况，衡量幼儿园的办学效益	对幼儿园课程评价具有重要的导向作用，为推广课程提供决策信息，推动幼儿园课程政策的执行
园长	了解本幼儿园的课程实施情况，整体把握本幼儿园质量	园长的评价直接影响教师对幼儿园课程的实施
教师	发现课程方案、课程实施的优缺点，评价幼儿的发展，改进优化课程	教师可以通过课程评价及时反思、调整自己的课程实践的理念和方法，有助于课程的优化幼儿和教师的发展
幼儿	由于受年龄限制，主要通过与自身的兴趣和爱好相关的行为反应和发展变化来评价课程	教师可以通过观察幼儿的行为反应和发展变化合理、及时地调整课程
家长	主要通过对幼儿学习及部分教育实施内容的状况的了解来评价课程	家长的评价关系到幼儿的生存和发展，是课程改革重要的参考意见。但家长的观念不一，因此评价的科学性不一

（四）幼儿园课程评价的内容

幼儿园课程评价的内容即幼儿园课程评价的对象，主要包括课程方案、课程实施过程、课程效果。

1. 课程方案的评价

幼儿园课程方案是幼儿园全部课程或者单一课程设置的总体规划。课程方案的评价是指教育主管部门或者幼儿园对备选课程方案的课程理念、课程结构、课程资源的科学性、合理性、可操作性进行分析、作出判断，从而决定选用何种课程方案。

当前我国幼教界形成了许多幼儿园课程方案，如“幼儿园快乐与发展课程”“幼儿园渗透式领域课程”“幼儿园活动整合课程”等。幼儿园在选择课程方案的时候，一定要结合本园实际，综合考虑课程方案的课程理念是否与《纲要》一致，课程结构是否合理，课程资源是否丰富、方便可取、与当地的情况相符。

课程方案的评价会影响后续课程实施。

2. 课程实施过程的评价

幼儿园课程实施过程的评价是幼儿园课程评价的核心内容。课程实施过程的评价内容包括：幼儿在课程实施过程中的反应，教师的态度和行为，师生互动的质量，学习环境等。通过课程实施过程的评价，教师可以及时了解幼儿对课程的适应状况，发现课程实施过程中的问题，如课程目标、课程内容、方式方法与幼儿的发展情况是否适应等，及时调整课程、完善课程。

3. 课程效果的评价

幼儿园课程效果主要通过幼儿的发展和教师的行为两个方面来评价，具体包括对课程实施后在幼儿和教师身上所引发的发展变化作出分析和判断。课程效果的评价是检验幼儿园教育质量的必要手段，是一种总结性评价。

对幼儿发展的评价，可以通过观察、测验等方法，参照《纲要》中提出的各领域的情感态度、能力技能、知识经验等方面的目标。

对教师行为的评价，主要集中在教师是否为幼儿的发展提供了适宜的经验和材料，是否吸引幼儿；教师是否能够照顾到全体幼儿，同时兼顾个体差异；教师是否建立了良好、有效的师幼互动关系；教师是否关注幼儿能力的提高；教师的课程目标是否完成；等等。

（五）幼儿园课程评价的类型

课程评价类型划分维度有很多，常见的几种参见表 2-9。

表 2-9　课程评价类型划分维度

划分维度	类型
评价功能	形成性评价、总结性评价
评价方法	定性评价、定量评价
评价者	他人评价、自我评价
评价对象范围	整体评价、局部评价
评价基准	相对评价、绝对评价、个体内差异评价

其中，根据评价功能来划分为形成性评价和总结性评价是最为常见的。

1. 形成性评价

形成性评价是过程性评价，旨在通过对课程发展过程中所获得的材料的分析和判断调整和改进课程方案，使正在形成中的课程更为完善。[①] 形成性评价可以在幼儿园课程设计的初始阶段进行，通过课程评价让课程编制者发现课程指导思想、课程结构、课程目标、教育活动设计等方面的问题，并及时修改；也可以在幼儿园课程实施阶段进行，通过课程评价判断课程实施过程是否适宜有效，发现课程实施过程中的问题，并进行改进和完善。如某幼儿园开发了园本课程，为了检验园本课程方案的适宜性，需要在实施过程中每隔一段时间对课程实施效果进行一次评价，以便总结经验，发现实施过程中的问题，不断完善园本课程方案。

2. 总结性评价

总结性评价是结果性评价，旨在对课程实施以后所获得的效果进行评价，以验证课程的成功程度和推广价值。[②] 总结性评价的目的在于通过收集分析相关资料，对幼儿园课程计划的实施效果作出整体判断，从而判断该课程编制的成就，衡量其推广价值。

在幼儿园课程评价中，形成性评价和总结性评价缺一不可。形成性评价的关注点是课程计划的选择和比较，以及课程实施的动态过程；总结性评价的关注点是课程实施的结果和成效。

想一想

▶形成性评价和总结性评价各有什么优势和不足？

(六)幼儿园课程评价的标准和指标、原则和方法

1. 幼儿园课程评价的标准和指标

(1)幼儿园课程评价的标准

课程评价的标准就是衡量课程计划、课程实施情况、课程效果的标尺，这种标准的具体化就是课程评价的指标。幼儿园课程评价就是把幼儿园课程计划、课程实施情况、课程效果与评价标准和指标相对照，从而对整个课程实践体系作出评价。评价标准和指标使得课程评价有据可依。

评价标准有不同层面。国家层面的课程评价标准比较统一，是国家的幼教政策和理念的反映，通常表现为具有引领性的课程评价指导思想和原则，可操作性差。评价者通常会在这些指导思想和原则的引领下，根据不同的评价目的，制定比较具体的评价标准。

评价标准通常以概括性的问题来呈现。例如，蔡秋桃在《幼儿园课程通论》中介绍了幼儿园课程整体评价标准，将幼儿园课程划分为课程目标、物质环境、交互作用的环境、活动、作息时间表、幼儿进步六个方面，每个方面都提出了若干问题，

---

① 朱家雄：《幼儿园课程》，162 页，上海，华东师范大学出版社，2003。

② 王春燕：《幼儿园课程》，191 页，北京，高等教育出版社，2014。

作为评价的标准。这些标准是评价者衡量幼儿园课程价值的尺度。这样的表述虽然有利于评价者对评价对象有整体的把握，但评价过程中误差较大，不容易做定量处理，也很难得出综合性的结论。

(2)幼儿园课程评价的指标

课程评价指标是对课程评价标准的进一步细化，它是具体的、可测量的评价准则。任何一项课程评价标准都是由许多课程评价指标组成的，这些指标共同构成了课程评价指标体系。课程评价指标便于测量和定量处理，测验过程误差较小，但是灵活性不强、设计较难、效度相对较低。

要利用课程评价标准和指标进行课程评价，必须借助于课程评价工具，才能真正实施评价。如王坚红编制的《课程独特性评价工具》①中，评价的一级指标有：时间安排、教师情况、组织形式与教育方式、师生关系与互动、教材内容与方法、家长参与情况(见表 2-10)。

表 2-10　课程独特性评价框架

评价方面	指标项目	工具或方法
时间安排	每天各类活动占用时间 每周各类活动占用时间 每次各类活动占用时间 各过渡环节占用时间	教师填写调查表 查阅园、班教学计划 现场观察与记录
教师情况	素质与专业训练程度 教育观念 教育态度 教育效果	教师问卷 查阅教师档案 课堂观察
组织形式与教育方式	分组方式 教育方式 辅导方式 个别教育方式 内容指方式	随机化时间取样录像观察 教师座谈 课程方案与教案分析
师生关系与互动	交往性质 交往方向 交往频率 交往效果	日常观察 时间取样录像观察(系统记录表格) 抽象谈话(儿童与教师)

① 王坚红：《学前教育评价》，284 页，北京，人民教育出版社，1994。

续表

评价方面	指标项目	工具或方法
教材内容与方法	各类教材数量 教材内容难度 教学方法原则 内容与方法的相宜度	教材的书面分析 教材的专家评定 课堂观察 教师自省
家长参与情况	参与意识和态度 参与程度(时间、形式、作用) 与教师、幼儿园的关系 交流频率与反馈效果	家长问卷与座谈 教师调查 书面分析(家长来信与日记、幼儿园与班级经验总结材料)

一般来说，课程评价应该客观、公正、有效，课程评价的标准和指标也应该规范。但课程评价是对课程价值的判断，既然是价值判断，说明其又有一定的主观性。不同的价值观就导致了可能采用不同的评价标准和指标体系来评价课程。

2. 幼儿园课程评价的原则

(1)有利于完善课程的原则

《纲要》中指出“教育评价是幼儿园教育工作的重要组成部分，是了解教育的适宜性、有效性，调整和改进工作，促进每一个幼儿发展，提高教育质量的必要手段”。课程评价的核心功能是对课程的诊断功能，课程评价的根本目的是查找和发现课程问题及原因，从而不断调整、改进、完善原有的课程，提高课程质量。因此，不宜把评价仅仅作为对教师工作或者幼儿发展水平的鉴定手段，更不能以评价结果来区分评价对象的优劣。

(2)有利于促进幼儿发展的原则

课程评价的最终目的是“促进每一个幼儿的发展”。教师要树立正确的评价观念，尤其是涉及幼儿学习情况和发展情况的评价的时候。首先，教师在评价的时候要尊重幼儿的个体差异性，找出每个幼儿的优势与不足，以便提供合适的教育方案；其次，评价要兼顾幼儿身心发展的整体性，全面评价幼儿的发展情况，不能只重视知识学习的评价，忽视情感、能力等方面的评价；再次，对幼儿的评价要多方收集资料，做到客观、全面；最后，要慎用评价结果。

> 想一想
>
> ▶从有利于促进幼儿发展的原则的角度出发，想一想为什么要慎用评价结果？怎样慎用评价结果？

(3)发挥教师主体性，以教师自评为主的原则

《纲要》中指出“幼儿园教育工作评价实行以教师自评为主，园长以及有关管理人员、其他教师和家长等参与评价的制度”。教师是幼儿园课程的主要实践者，只有充

分发挥教师在幼儿园课程评价中的主体地位，让教师成为课程评价的主人，才能充分调动教师的反思意识、提高其反思能力，然后才能将课程评价的建议和改进措施付诸课程实践。来自园长、家长等的外部的评价、建议，只有被教师消化吸收了，才能转化为教育实践。同时，教师进行自评的过程也是教师个人专业成长的过程。

在以教师自评为主的基础上，应该同时参考园长、其他教师、家长等其他评价者的建议。站在不同角度的评价可以使课程评价更加全面，更有利于幼儿园课程的完善。

(4)评价过程客观、真实、自然，方法适宜的原则

在评价过程中，评价者应该客观地收集相关资料，真实地记录活动过程。同时应在真实、自然的环境状态中观察、评估幼儿的学习和发展情况。这样获得的评价结果才是真实、客观的，才能根据评价作出正确的课程决策或者调整。

课程评价的方法要适宜，定性评价和定量评价相结合。同时，课程评价的指标要与《规程》《纲要》中的评价思想相一致。

(5)正确看待、有效运用评价结果的原则

幼儿园课程评价的结果反映了课程计划及课程实施过程中的问题与不足，最终目的是促进幼儿园课程的完善和优化、促进教师和幼儿的发展。不能仅仅看到课程评价结果中的问题，更不能以此作为考核教师的标准，损害教师的积极性。对评价中反映出的问题与不足，要切实在课程实践中进行改进，不能为了评价而评价，评价完以后无动于衷。

3. 幼儿园课程评价的方法

(1)定性评价

定性评价是用语言文字作为收集和分析评价资料、呈现评价结果的主要工具的评价方式。[①] 幼儿园课程的定性评价是指评价者利用问卷调查、访谈、观察等方式，了解幼儿园课程实施的情况，并利用收集到的资料，用语言文字作为工具，对幼儿园课程的方案、实施情况、实施效果等进行评价。

(2)定量评价

定量评价是用数学的方法对收集到的数据资料进行处理和分析，通过量化的结果呈现去进行评价。幼儿园课程的定量评价是指评价者收集数据化的材料，并对材料进行科学的处理、分析、判断，在此基础上对幼儿的发展状况、幼儿园课程计划和实施情况等作出评价。

---

① 王春燕:《幼儿园课程》，141页，北京，高等教育出版社，2014。

（七）幼儿园课程评价的过程

幼儿园课程评价是一个系统、复杂的过程，也是一个动态、有序的活动。幼儿园课程评价需经历的程序如图 2-6 所示。

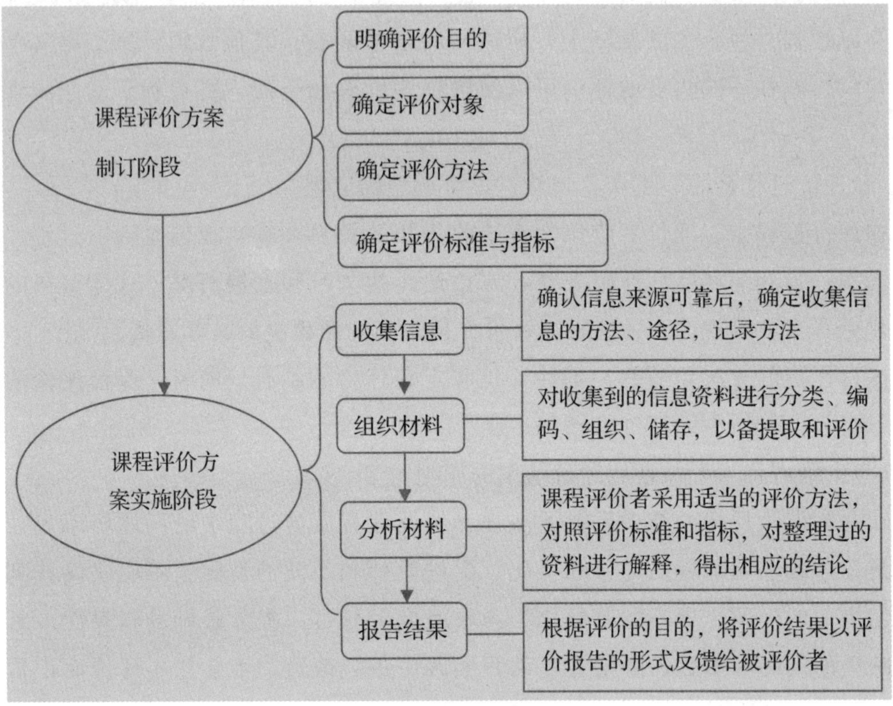

图 2-6　幼儿园课程评价程序

·课程“七要素”与幼儿园课程目标确定的“三原则”·

学以致用

（1）请结合实习经历查阅幼儿园课程计划中的学期目标、月目标、周目标，并与同学讨论。

（2）请修改本讲中李老师执教的活动“有趣的报纸”的活动目标。

（3）林老师觉得《大王叫我来巡山》这首歌很有趣，就准备在班级教唱这首歌，结果发现很多幼儿很感兴趣，甚至有的都已经会哼旋律了，但很多幼儿哼的歌词是错的，有的只记住了“你傻呀”。请你分析林老师选择的课程内容是否合适，并给出建议。

(4)某幼儿园是一所农村中心幼儿园，园长参加了安吉游戏培训，回来后非常兴奋，购买了安吉游戏器材，仿照安吉游戏的内容组织开展幼儿园游戏。请你评价该园长对游戏内容的选择和组织是否合适，并提出合理建议。

(5)李老师说：“省编教材内容太多了，一个单元主题活动有十几个，一个学期根本上不完。有的教案太简单了，不知道怎么用。”请你为李老师支招。

(6)请调查某幼儿园参加省级一类园评估的内容及流程。

(7)几个家长在等待接幼儿时议论：“我们这个班真不错，老师都教认字和计算了。我家孩子每天回来有算术作业，还写字，这样上小学就不会压力那么大了。”“我们这个班不行，今天让带着孩子做手工，明天要带孩子去找交通标志，后天要和孩子一起养蝌蚪，真麻烦，每天还要讲一本书给孩子听，好累呀。而且孩子算术一点都不会呀。”如果你是老师，如何看待家长的这些评价？

本讲要点

幼儿园课程的四大基本要素是课程目标、课程内容、课程实施、课程评价。

幼儿园课程目标是幼儿园教育目标的具体化，是幼教工作者对幼儿在一定学习期限内(一般指3～6岁)学习效果的预期。幼儿园课程目标主要有横向、纵向两种结构。幼儿园课程目标在制定的时候既要考虑横向目标的统一和纵向目标的连续性，也要考虑目标的可行性和操作性。

幼儿园课程内容是指幼儿一日活动的内容，是根据幼儿园课程目标和相应的学习经验选择的蕴含在幼儿各种活动中的基本态度、基础知识、基本技能和基本行为方式。在选择课程内容的时候，要依据幼儿园教育的目标、幼儿特点及幼儿园的实际，按照目标导向原则、基础性原则、适切性原则、生活化原则、整合性原则等进行。

幼儿园课程实施是指将幼儿园的课程计划付诸实践的过程。幼儿园课程实施有忠实取向、相互适应取向、创生取向三种基本取向。根据《纲要》的规定，幼儿园课程实施有日常生活与常规性活动、游戏活动、教学活动、学习环境、家园共育等途径。

幼儿园课程评价是指评价者根据幼儿园课程的特点及构成要素，通过收集、分析幼儿园课程计划、活动及结果等方面的资料，对幼儿园课程的价值和特点作出科学判断的过程。幼儿园课程评价具有筛选功能、诊断和改进功能、导向和调节功能。

评价人员包括各级教育行政管理人员、园长、教师、幼儿及家长，评价内容包括幼儿园课程方案、课程实施过程、课程效果等。按照评价功能可以分为形成性评价和总结性评价，常用的评价方法包括定性评价和定量评价。

模拟练习

1.“幼儿能大胆想象，用动作表现音乐情节”的活动目标属于(　　)。

A. 普遍性目标　　B. 生成性目标　　C. 行为性目标　　D. 表现性目标

2. 教育内容的选择要符合幼儿的已有发展水平，又能促进幼儿的进一步发展，这符合课程内容选择的(　　)。

A. 整体性原则　　B. 科学性原则　　C. 兴趣性原则　　D. 发展适宜性原则

3.“爱幼儿园、爱家庭、爱家乡、爱祖国”是幼儿园(　　)领域课程内容。

A. 语言　　B. 健康　　C. 社会　　D. 科学

4. 教师在健康活动中为不同能力水平的幼儿提供了不同的运动器材，这遵循了(　　)。

A. 尊重幼儿差异性原则　　B. 活动性原则

C. 整体性原则　　D. 直观性原则

5. 对幼儿一日生活活动组织的表述，错误的是(　　)。

A. 活动安排应做到稳定性与灵活性相结合

B. 尽量减少不必要的集体行为和过渡环节，减少和消除消极等待

C. 教师重点关注直接指导活动，间接指导活动的关键在于保证幼儿自由

D. 建立良好的常规，避免不必要的管理行为，逐步引导幼儿学会自我管理

6. 张老师在语言活动“蔬菜奶奶过生日”中，对吃蛋糕这个部分的内容进行加工处理，加入幼儿按照人数等分蛋糕的环节，加深了幼儿对等分概念的理解。这种做法符合幼儿园课程内容组织的(　　)。

A. 目标性原则　　B. 整合性原则　　C. 本土化原则　　D. 适宜性原则

7. 一次游戏观摩研讨结束后，专家给出了很好的评价，指出在游戏中幼儿独立主动完成游戏材料的取放，教师的指导适时准确。李老师回到自己的幼儿园组织游戏的时候，尝试放手，给幼儿更多自主的空间。这说明幼儿园课程评价具有(　　)。

A. 筛选功能　　B. 诊断和改进功能

C. 导向和调节功能　　D. 鉴定与选拔功能

8. 唐老师所在的是一所农村幼儿园，她经常利用农村特有的动植物资源、四季变化、农民劳作等内容设计、组织活动，效果很好。其做法符合幼儿园课程内容选

择的(　　)。

A. 目的性原则　　B. 基础性原则　　C. 适宜性原则　　D. 发展性原则

9. 评估幼儿发展的最好方式是(　　)。

A. 平时观察　　B. 期末测查　　C. 问卷调查　　D. 家长访谈

10. 通过评价，可以及时发现课程实施过程、实施效果与课程目标之间的差距，明确努力的方向，改善今后的教育教学。这说明幼儿园课程评价具有(　　)。

A. 筛选功能　　B. 诊断和改进功能

C. 导向和调节功能　　D. 鉴定与选拔功能

11. 在一次游戏中，几个小朋友在玩过生日的游戏，丁丁也想参加，说了好几遍："我可以跟你们一起玩吗?"都遭到了拒绝，小朋友的理由是："我们人已经很多了。"丁丁向老师求助。老师带着丁丁观察游戏。正在这时，童童过来了，她一边敲门一边说："我是送鲜花快递的。"小朋友就让童童进来和他们一起玩了。老师问："丁丁，你能不能像童童那样，也想一个让他们没有办法拒绝的理由呀?"丁丁想了一下，露出喜悦的表情。他也敲了敲门，说："请开门，今天我带了特别的生日礼物——魔术表演。"小朋友一听有魔术表演，赶紧开门让丁丁进来了。这样，丁丁顺利地加入了游戏。

请结合幼儿园课程评价的相关内容评析该教师的行为。

课外拓展

调研某一幼儿园小、中、大班的课程内容及其选择的主要依据，判断其适宜性。

第二讲

幼儿园课程核心理念

头脑风暴

南京师范大学从事学前教育的专家学者们一直关注幼儿园课程方面的研究，20世纪80年代开展了幼儿园综合教育主题活动课程体系研究，此后又陆续开展了幼儿园课程生活化研究、游戏化幼儿园课程研究，每次研究都有许多幼儿园参与。但有幼儿园教师表示不明白，感觉专家学者们在玩概念，换汤不换药，你怎么看?

导入语

正确的幼儿园课程理念是幼儿园课程建设的起点。幼儿园课程目标、内容、实施与评价四个基本要素的状况深受幼儿园课程理念的影响。

一、幼儿园课程理念的含义

理念通常指人们对某种事物的观点、看法和信念，与观念、信念关联。观念指观点、看法、想法。信念是坚信不疑的想法，可引申为对某人或某事信任、信赖或有信心的一种思想状态。信念是对理念的支撑，理念是上升到理性高度的观念。

幼儿园课程理念就是指人们对幼儿园课程的观点、看法和信念。

二、幼儿园课程的核心理念

幼儿园课程理念是一个动态变化的过程。随着社会、时代的发展进步，幼儿园课程理念应与时俱进。课程理念是课程建设的灯塔，影响其方向和质量。在 21 世纪的今天，人们对于幼儿园课程理念达成诸多共识。幼儿园课程理念有很多，如游戏化、生活化、活动化、生态化、综合化、体验化、整体化、过程化、情景化等。其中，核心理念是游戏化、生活化、活动化、生态化、综合化。

(一)幼儿园课程游戏化

幼儿园课程游戏化是指在确保基本游戏活动时间的同时，把游戏的理念、游戏的精神渗透到幼儿园课程实施的各类活动中，包括日常生活、集体教学、环境创设、家园共育等活动。

幼儿园课程游戏化能使幼儿园课程更为生动、丰富、有趣，更加适合幼儿。幼儿的心灵有游戏的种子，幼儿的内心更贴近游戏，而且游戏是幼儿的权利。《规程》指出“以游戏为基本活动，寓教育于各项活动之中”是幼儿园教育的原则和要求。《纲要》指出幼儿园教育要“以游戏为基本活动”。《指南》指出“幼儿的学习是以直接经验为基础，在游戏和日常生活中进行的。要珍视游戏和生活的独特价值”。可见，幼儿园课程游戏化本身就符合《规程》《纲要》《指南》的精髓。所谓基本活动，意味着重要和不可缺少，其内涵有三：一是幼儿园课程应游戏化，充满游戏精神，即应是自由的、自主的、创造的、愉悦的。不是仅个别环节有游戏，而是一日生活都要充满这种游戏精神，将这种游戏精神融入一日生活中。二是要保证自由游戏时间。幼儿应有自由游戏时间，这种游戏时间不能被教学及其他教师直接指导的活动所替代。三是其他活动环节尤其是集体教学活动环节尽可能采用游戏方式，即“教学活动游戏化”。一个教学活动中某一环节就是游戏，或整个活动本身就设计成游戏，令活动充满愉悦感受。

1. 幼儿园课程游戏化的基本思路

游戏是幼儿园课程的存在方式和内容，游戏化是幼儿园课程的一个基本特性。幼儿园课程游戏化的关键在于幼儿园要形成游戏化的课程文化，具体思路包括：

(1)要鼓励游戏

幼儿的游戏过程应该被欣赏。游戏不是幼稚的，游戏中有很多亮点值得关注。

(2)要积极创造游戏条件

幼儿园要努力为幼儿提供游戏环境、游戏材料、游戏时间、游戏空间。

(3)要学会观察游戏

幼儿的游戏过程能反映其兴趣、需要、经验，体现幼儿身心各方面的发展水平以及幼儿成长面临的种种挑战和问题。

(4)要合理指导游戏

“合理”意即“度”的把握。教师指导过度，指导就成了“导演”，容易出现“教师游戏幼儿”的现象，幼儿就会失去游戏中的自主性和创造性。教师指导不足，容易出现“教师放任幼儿”的现象，幼儿很有可能只是在低水平地不断重复游戏，其能力得不到更高水平的发展。

2. 幼儿园课程游戏化的注意事项

(1)深刻领会游戏内涵和精神

幼儿园课程游戏化不是把幼儿园的所有活动都改为游戏活动，而是在保证自由游戏的情况下让游戏精神落实到一日生活的各个环节中去，也就是说要全面理解生活、游戏、教学各类活动之间的关系。同时要意识到适合幼儿的课程一定是游戏化的，幼儿是学习的主体，这就意味着幼儿园课程不是小学化的、成人化的。只有这样，才能充分调动幼儿的积极性、主动性、创造性。

(2)课程游戏化的关键在教师，焦点在幼儿

幼儿园课程游戏化直接受到教师课程理念、专业意识、专业能力的影响。可以说，幼儿园课程游戏化的过程就是教师专业化的过程。教师能否关注幼儿园现实的条件和资源，充分挖掘和利用地方资源，不断创新优化活动形式，充分调动幼儿的参与积极性、主动性、创造性，直接影响幼儿园课程游戏化的品质。

幼儿园课程游戏化水平最终通过幼儿的行为及其发展得以体现，幼儿坐在教室、拿着纸笔完成书本上的任务不是游戏化的。活动中体现的幼儿的思想、愿望都能折

射出教师的思想和作为，都能反映幼儿园课程游戏化的实质水平。

(3)充分挖掘游戏因素，灵活自然融入课程

游戏化有两种呈现方式。一种是课程即游戏，课程实施的过程就是游戏的自然开展过程。例如，很多体育游戏就是全程都在游戏、都在"玩耍"(见图 2-7)，又如语言游戏《狐假虎威》，语言活动的过程就是幼儿进行分角色表演的过程(见图 2-8)，教师以游戏的方式来实现教育目的。另一种是教师以游戏化的方式(如比赛)激发幼儿学习、探究的兴趣和欲望，游戏的结果成为幼儿完成学习目标的动力，游戏与课程本身没有必然联系。后一种方式的游戏切忌为了游戏而游戏，否则容易形成"假游戏"的局面。

图 2-7 体育游戏《勇闯鳄鱼湖》①

图 2-8 语言游戏《狐假虎威》②

(二)幼儿园课程生活化

自现象学创始人胡塞尔在《欧洲科学的危机与超越论的现象学》中提出"生活世界"以来，人们日益认识到幼儿园课程不仅仅是为了满足一定的社会需要，它也是幼儿能否在"生活世界"中生活美满的保证。换句话说，课程本身就是幼儿的生活。

幼儿园课程生活化是幼儿教育回归幼儿生活思想的具体体现，是指幼儿园课程应充分利用幼儿生活对幼儿发展的内在价值，融入幼儿一日生活，实现"一日生活皆教育""一日生活皆课程"。幼儿生活包括幼儿的个人生活和社会生活。幼儿在幼儿园的生活是幼儿的个人生活和社会生活的衔接，是一种与有意识的教育目的直接相关的生活，这种生活引导幼儿身心全面和谐发展。幼儿的个人生活对于幼儿园课程具有十分重要的意义，它是生动的、感性的，同时也是对幼儿进行自我教育、自我提升的过程；幼儿的社会生活能反映社会需要，同样是幼儿园课程资源的重要来源。

① 照片由山东省淄博市市直机关第三幼儿园提供。

② 同上。

幼儿园课程生活化是幼儿园课程区别于学段课程的重要标志。《纲要》指出“幼儿园应为幼儿提供健康、丰富的生活和活动环境，满足他们多方面发展的需要，使他们在快乐的童年生活中获得有益于身心发展的经验”，教育活动内容的选择应遵照“既贴近幼儿的生活来选择幼儿感兴趣的事物和问题，又有助于拓展幼儿的经验和视野”的原则，教育评价应“在日常活动与教育教学过程中采用自然的方法进行”。《指南》指出“幼儿的学习是以直接经验为基础，在游戏和日常生活中进行的。要珍视游戏和生活的独特价值”。

1. 幼儿园课程生活化的表现

(1)生活活动教育

幼儿园教育中的“保教结合原则”就是幼儿园课程生活化理念的具体体现。例如，在进餐环节，引导幼儿自己动手吃饭，饭后自己将餐具分类放置，自然地提高了幼儿的生活自理能力；提醒幼儿细嚼慢咽，同时饭后漱口、散步，帮助幼儿形成了良好的生活习惯；告诉幼儿饭菜的名称和营养价值，增长了幼儿的知识；教会幼儿进餐礼仪，教导其节约粮食，自然地渗透了社会教育(见图 2-9)。又如，在午睡环节，请幼儿进行脱衣服比赛，互相帮忙穿衣服、穿鞋，将健康领域的课程内容“幼儿的生活自理能力的培养”和社会领域的课程内容“互帮互助”与午睡环节相结合(见图 2-10)。

图 2-9　进餐公约

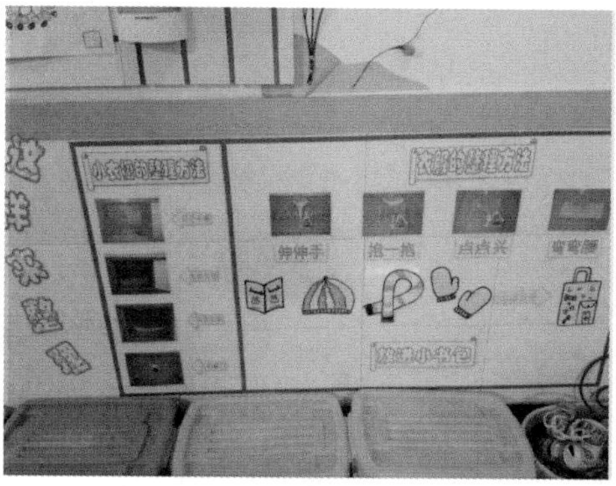

图 2-10　这样来整理

在生活环节渗透幼儿园课程，既使幼儿接受起来自然，又在生活中实践了课程，符合幼儿的学习特点。

(2)在真实的生活场景中开展各种活动

例如，在主题活动“地球村”的实施过程中，教师带领幼儿去真实的“宝贝地球村”体验各种职业，请幼儿讲述各种职业的特点和自己的职业体验，并在回到幼儿园以后将自己的所见所闻所感用绘画的方式展现出来。又如，在主题活动“可爱的动物”的实施过程中，教师让幼儿照顾蚕，观察记录蚕的生长过程(测量蚕的身长变化，用图画的方式记录蚕由幼虫变成飞蛾的过程），丰富幼儿对于蚕的认识(见图 2-11)；教师在让幼儿饲养小蝌蚪、观察小蝌蚪变成青蛙的过程的同时，组织幼儿进行“放生活动”，对幼儿进行生命和爱的教育。

图 2-11　观察蚕、饲养蚕、用图画记录蚕的生长变化过程①

考虑结合幼儿的生活环境和生活变化规律开展相应活动。如冬天下雪的时候通知幼儿穿上合适的衣服打雪仗，然后进行绘画或者讲述活动，又如端午节、中秋节的时候开展包粽子(见图 2-12)、做月饼活动。

图 2-12　端午节包粽子②

典型案例

一次数学活动中，教师设置了“在水果超市帮助猴子理货”的情境，让幼儿根据猴子摆放水果的规律(如按照草莓草莓——苹果苹果——香蕉香蕉摆放)来摆放其他水果，以期实现“按规律分类”活动目标。请评析该案例是否符合幼儿园课程生活化的要求。

① 照片由江苏省张家港市塘市幼儿园提供。
② 照片由合肥市幼教集团琥珀名城幼儿园提供。

结合幼儿一日生活环节进行经验融合。如在组织完讲述活动“我最喜欢吃的水果”后，教师很自然地将这一教学活动与之后的吃水果环节相结合。幼儿在分享水果的过程中，巩固了专门的语言活动的经验。

2. 幼儿园课程生活化的注意事项

(1)切实践行生活即课程的理念

幼儿是自己的生活的主人。幼儿的生活不同于成人的生活。幼儿学习的逻辑是生活的逻辑，不是学科系统知识的逻辑。幼儿的一切发展、一切学科知识的获得都必须通过与自身的真实生活进行整合。切忌让幼儿的一日生活流于形式，变成流水线、机械化操作的过程。抓住一日生活各环节渗透课程，一切从幼儿的发展入手，创造条件、提供机会，但也不能将课程当作生活事件的堆积。课程生活化的本质是通过课程使幼儿真正处在一个自己的兴趣、潜能可能得到充分发挥的世界里，让幼儿的生命更具活力。

(2)重新定位教师角色，建立新型师幼关系

在以幼儿生活为基点的幼儿园课程中，幼儿处于主体地位，幼儿的积极性、主动性、创造性应得到充分尊重和发挥。教师是倾听者、观察者，及时了解幼儿的兴趣、需要以及疑问、诉求等；教师是分享者，应幼儿的需求分享自身的经验；教师是引导者、支持者，鼓励、启发和支持幼儿进行有意义、有价值的探索；教师是合作者、研究者、学习者，和幼儿共同探讨、向幼儿学习，并给予肯定、赞赏。教师绝不是幼儿生活的操控者、指使者，绝不能居高临下、颐指气使，也绝不能剥夺幼儿动手动脑的机会。师生是自然和谐、平等对话的关系，师幼共同生活的过程是教师指导下幼儿自身主动建构的过程，充满了挑战和乐趣。

(三)幼儿园课程活动化

幼儿发展理论直接影响幼儿园课程，幼儿是怎样学习的、幼儿是怎样发展的都是幼儿园课程决策的依据。根据活动理论，心理发展起源于活动主体与活动对象、客体相互作用的活动，是活动“内化建构”的结果。幼儿作为活动主体，在自己的活动中具有能动性。活动主体的知识、经验、能力及整个发展水平都将影响其活动水平。更为重要的是，活动客体的性质、特点也总在制约着活动主体的活动方式、活动过程以及活动的内化生成物——心理。活动是一个历史的、社会的范畴，幼儿通过活动获得的发展实质上是“社会化”的结果。受其启示，人们开始以活动理论为基础建构幼儿园课程。

幼儿园课程活动化指的是用活动来建构幼儿园课程，幼儿园课程通过各种活动得以体现、实施。《规程》指出“以游戏为基本活动，寓教育于各项活动之中”。《纲

要》指出“幼儿园的教育活动，是教师以多种形式有目的、有计划地引导幼儿生动、活泼、主动活动的教育过程”。《指南》指出“幼儿的学习是以直接经验为基础，在游戏和日常生活中进行的。要珍视游戏和生活的独特价值，创设丰富的教育环境，合理安排一日生活，最大限度地支持和满足幼儿通过直接感知、实际操作和亲身体验获取经验的需要”。

1. 幼儿园课程活动化的表现

(1)幼儿园课程可以相对划分为各种领域活动

人类活动根据活动对象的差异可以加以区分。与幼儿相互作用的客观事物大体可以分为自然(物的世界及其现象、关系)、社会(人的世界及其现象、关系)、自身(作为客观存在的生命)以及人类创造出来交流思想和表达情感的工具——各种符号系统(语言、艺术)几类，其活动类型也可相应地分为科学探索或认识、社会交往、健康生活、语言交流及表现与创造活动。不同类型的活动对幼儿学习与发展具有其独特价值。幼儿园课程可以相对划分为健康、语言、社会、科学和艺术五大领域活动。

(2)幼儿园课程即幼儿园教育活动体系或幼儿学习活动体系

幼儿园课程总目标和五大领域课程目标，体现了幼儿园对各类对象性活动内在的教育价值转化为幼儿实际发展水平(包括情感态度、认知能力、知识技能等方面)的期望和要求。结合《指南》规定的各领域子目标部分，分别针对3～4岁、4～5岁、5～6岁三个年龄阶段末期幼儿应该知道什么、能做什么、大致可以达到什么发展水平(即各领域子目标在各年龄阶段的典型表现)确定各年龄阶段各领域课程活动目标，再逐一分解为学期目标、月目标，并选择相应的具体教育内容，作出组织实施方法和活动情境创设等方面的决策，编制出与课程目标相一致的幼儿园教育活动体系或幼儿学习活动体系。

幼儿园课程还应包括课程评价部分，即在幼儿园教育活动体系或幼儿学习活动体系中还要编制课程评价的相关内容。

2. 幼儿园课程活动化的注意事项

(1)课程活动化的理念应贯穿始终

在编制与实施幼儿园教育活动体系或幼儿学习活动体系的各个环节，即在幼儿园课程目标确定、内容选择、组织实施、评价时，要充分尊重幼儿学习的主体性地位、充分考虑为幼儿提供合适的操作材料和实践机会、充分重视幼儿的参与和体验、充分保证幼儿直接经验的获取。

(2)幼儿与环境互动应注重积极有效

幼儿园课程活动化是通过幼儿与周围环境互动得以实现的。在幼儿与周围环境中的人、事、物互动的过程中，应注重互动的积极性、有效性。即幼儿是主动的，不是被动的；幼儿能得到积极回应、获取直接经验，不是停留在已有水平进行无意义的重复活动。其中最为重要的是人和人的互动，在幼儿园里主要体现为师幼互动和同伴互动。令幼儿处在积极、愉悦、良好的互动氛围中，获得正向的、高效的互动至关重要。

（四）幼儿园课程生态化

布朗芬布伦纳提出的生态系统理论强调，发展个体嵌套于相互影响的一系列环境系统之中。在这些系统中，系统与个体相互作用并影响着个体发展。作为一个广阔的意识形态，宏观系统规定了如何对待幼儿、教给幼儿什么以及儿童应该努力的目标。在不同文化中，这些观念是不同的。这些观念存在于微系统、中系统和外系统中，直接或间接地影响幼儿知识经验的获得。

幼儿园生态课程观是建立在生态学理论基础之上的，它强调教育与自然、社会的和谐统一，追求教育的本真状态。幼儿园课程生态化是指幼儿园课程追求个体生命与自然、社会以及文化之间的动态平衡，强调彼此之间的完整性、均衡性、关联性、适宜性、统一性。《规程》指出“幼儿园应当积极开展适合幼儿的体育活动，充分利用日光、空气、水等自然因素以及本地自然环境，有计划地锻炼幼儿肌体，增强身体的适应和抵抗能力”。《纲要》强调“幼儿园应与家庭、社区密切合作，与小学相互衔接，综合利用各种教育资源，共同为幼儿的发展创造良好的条件”“充分利用自然环境和社区的教育资源，扩展幼儿生活和学习的空间”“评价应自然地伴随着整个教育过程进行”“在日常活动与教育教学过程中采用自然的方法进行。平时观察所获的具有典型意义的幼儿行为表现和所积累的各种作品等，是评价的重要依据”。《指南》指出“儿童的发展是一个整体”“幼儿的发展是一个持续、渐进的过程，同时也表现出一定的阶段性特征。每个幼儿在沿着相似进程发展的过程中，各自的发展速度和到达某一水平的时间不完全相同”。其中的要义从不同的侧面体现了生态系统的观念。

1. 幼儿园课程生态化的表现

（1）彰显生命意义，焕发生命活力

幼儿园课程生态化注重生命教育，在此理念推动下，幼儿园必定充满生机。在尊重幼儿个体生命、尊重幼儿人格、尊重幼儿身心发展规律与关注幼儿身心均衡、可持续、个性化发展的同时，要特别注重和谐共生，强调幼儿的发展与自然、社会的统一，强调幼儿园与家庭、社会的合作共育。

（2）营造生态环境，呈现自然状态

幼儿园课程生态化还注重自然教育，在此理念推动下，幼儿园必定努力构建生态化的环境，包括自然环境、物质环境和精神环境(心理环境)。幼儿有充足的机会与自然接触，幼儿在幼儿园的生活与家庭生活、社会生活紧密联系在一起，幼儿与教师的互动充满了家庭式的亲情氛围。在关注幼儿的生存状态、生活方式的同时，要特别注重整合渗透，强调幼儿的发展与本真的自然环境、本土的文化环境的统一，强调幼儿走近自然、感受自然、探索自然的机会的创造，强调幼儿的自由、自主，强调师幼互动的民主、愉悦，使幼儿在自然状态下享受快乐、获得发展。

幼儿园课程既要结合当地地理环境特色，利用天然的、原生态的地方资源，又要结合当地地方文化民族特色，利用民俗风情、传统民间游戏，构建本土生态的育人环境、课程内容、课程资源等。

2. 幼儿园课程生态化的注意事项

(1)生态平衡是动态的，不是静态的

幼儿园课程生态化崇尚幼儿发展与自然、社会的和谐统一，崇尚幼儿园课程与幼儿园教育、各年龄阶段教育以及整个教育相统一，崇尚幼儿园课程的四个基本要素，即目标、内容、实施及评价相统一。但要特别强调的是，课程系统及子系统各要素不是静态的，而是相互制约、不断变化的动态平衡关系。

(2)和谐统一是自然的，不是放任的

幼儿园课程生态化崇尚还原生命本真、生活自然样态，将环境原生态与教育整合渗透，使人与大自然、人与人、生活与教育、幼儿园与家庭及社会保持自然状态，获得自由发展。但要特别强调的是，自然指的是真实客观，符合自然、符合生活、符合个性、符合社会发展，而不是任其自然。

(五)幼儿园课程综合化

幼儿园课程综合化是指幼儿园课程各要素的整合，包括幼儿园课程目标综合化、幼儿园课程内容综合化、幼儿园课程实施综合化、幼儿园课程评价综合化。

幼儿园课程综合化是由幼儿园教育目标、幼儿园课程以及幼儿学习与发展的特性决定的。《规程》指出幼儿园的任务是“贯彻国家的教育方针，按照保育与教育相结合的原则，遵循幼儿身心发展特点和规律，实施德、智、体、美等方面全面发展的教育，促进幼儿身心和谐发展”。幼儿园教育指向人的综合素质的培养和全面发展。《规程》还指出“幼儿园教育应当贯彻的原则和要求包括：德、智、体、美等方面的教育应当互相渗透，有机结合。综合组织健康、语言、社会、科学、艺术各领域的教育内容，渗透于幼儿一日生活的各项活动中，充分发挥各种教育手段的交互作用”。《纲要》指出：“幼儿园应与家庭、社区密切合作，与小学相互衔接，综合利用各种教育资源，共同为幼儿的发展创造良好的条件。”“教育活动内容的组织应充分考虑幼儿的学习特点和认识规律，各领域的内容要有机联系，相互渗透，注重综合性、趣味性、活动性，寓教育于生活、游戏之中。”“评价应自然地伴随着整个教育过程进行。综合采用观察、谈话、作品分析等多种方法。”幼儿园课程作为幼儿园教育的中介和桥梁，应包罗万象。且幼儿园教育是启蒙教育，幼儿园课程具有基础性的特点，更注重广博而非精深、专业，为幼儿的全面发展奠定基础。《指南》指出：“儿童的发展是一个整体，要注重领域之间、目标之间的相互渗透和整合，促进幼儿身心全面协调发展，而不应片面追求某一方面或几方面的发展。”在实施时，应关注幼儿学习与发展的整体性。

1. 幼儿园课程综合化的表现

(1)幼儿园课程各要素的综合化

①幼儿园课程目标综合化。幼儿园课程目标是促进幼儿身心全面和谐发展，德、智、体、美等方面的目标要相互渗透整合。②幼儿园课程内容综合化。幼儿园课程内容涉及自然科学、社会科学、思维科学的方方面面，可以相对划分为健康、语言、社会、科学、艺术五大领域；每个领域按照幼儿学习与发展最基本、最重要的内容，又可以划分为若干方面。各领域、各方面的内容之间要注重有机联系，相互渗透。③幼儿园课程实施综合化。幼儿园课程实施的途径、形式、方法多种多样，应灵活选择、综合运用。从实施途径来说，生活活动、游戏活动、专门的教学活动、环境教育、家园共育等都不可或缺，且需要联动；从实施形式来说，集体活动、小组活动、个别活动与教师主导的活动、幼儿自主的活动应相互结合；从实施方法来说，游戏法、操作法、表演法、情境法、观察法等各种方法应因人而异、综合运用。④幼儿园课程评价综合化。幼儿园课程评价主体应多元化、多方参与、综合评定。评价方法可以是量化评价，也可以是观察、谈话、作品分析。评价结果也应综合运用到服务幼儿的学习与发展、教师的成长、幼儿园教育质量的提升以及学前教育事业的整体发展等各个方面。

(2)幼儿园课程各要素的整体综合化

幼儿园课程各要素之间相互联系，构成一个不可分割的动态变化的整体。无论是编制课程方案，还是实施课程计划，抑或是对课程方案进行评价，都要系统考虑四个基本要素，统筹兼顾、综合衡量。

2. 幼儿园课程综合化的注意事项

(1)正确理解综合的含义

综合绝不是简单的多种形式和内容的叠加和拼凑，而是有机整合。幼儿园课程各要素的综合化要充分考虑其适宜性，幼儿园课程各要素的整体综合化要充分考虑其关联性，切忌牵强附会。

(2)关注幼儿、教师及幼儿园的实际

幼儿园课程综合化必须基于幼儿兴趣和需要，激发幼儿主动参与的兴趣，满足幼儿个体差异，才能有效促进幼儿主动学习。幼儿园课程综合化还必须基于教师自身实际，其基本前提是教师具备应有的专业能力和素质。幼儿园课程综合化还必须基于幼儿园的条件和实际资源，也就是说幼儿园课程不能为了综合而综合。

从以上种种幼儿园课程理念可以看出，每种理念都有自身独特的切入点。但事实上，这些理念是相互关联的，是相通的，从一个理念切入，也可到达另一个理念。比如，游戏化的课程一定关乎情景、在乎过程，活动化的课程一定注重体验、注重整体。我们在编制和实施幼儿园课程方案的时候，不可能全部写出来、说出来，关键在于抓住核心理念，其他相关理念也一定能得到相应体现和贯彻落实。

· 幼儿园课程游戏化应关注四大问题 ·

学以致用

(1)某幼儿园隔两天就会为大班幼儿准备一些“10 以内加减运算”的数学题作为家庭作业，称这是幼小衔接的内容之一。请你结合幼儿园课程的基本理念评议这种做法，并提出建设性意见。

(2)扬州市某幼儿园非常重视培养幼儿对家乡的感情，在主题墙上展示的都是扬州市的民风民俗和特色景点，在端午节的时候还邀请家长和幼儿一起包粽子、观看赛龙舟视频。幼儿非常喜欢，也会用绘画、手工、讲故事等各种方式来表达自己的所见所闻。请你结合幼儿园课程的基本理念评议这种做法。

本讲要点

幼儿园课程理念就是指人们对幼儿园课程的观点、看法和信念。幼儿园课程理念有很多，核心理念是游戏化、生活化、活动化、生态化、综合化。每种幼儿园课程理念都有自身独特的切入点，但这些理念是相互关联的，关键在于抓住核心理念。

模拟练习

1. 有关幼儿园课程理念的理解，正确的是(　　)。

A. 课程实施的过程就是活动的过程，目的是促进幼儿身心的健康发展

B. 课程要以游戏为主，幼儿可以尽情玩耍，教师不要干涉

C. 课程的组织和实施要以锻炼幼儿的身体为主

D. 课程实施要在保障幼儿安全的前提下，严格按照课程计划进行

2. 刘老师认为幼儿进餐、睡眠等是保育，只有上课才是传授知识、发展智力的唯一途径，忽视了一些环节的教育价值。刘老师的做法违背了幼儿园课程（　　）的理念。

A. 游戏化　　B. 活动化　　C. 生态化　　D. 生活化

3. 利用故事《拔萝卜》可以帮助幼儿懂得要团结、团结力量大的道理，体现的是（　　）。

A. 渗透在日常生活中的社会教育　　B. 渗透在语言活动中的社会教育

C. 渗透在艺术活动中的社会教育　　D. 渗透在游戏活动中的社会教育

4.“玩中学”“寓教于乐”是幼儿园课程（　　）的体现。

A. 生活化　　B. 游戏化　　C. 生态化　　D. 综合化

5. 在教幼儿认识动物的时候，蒋老师在电脑上出示青蛙、兔子等的图片，告诉幼儿这些动物的名称、特点及与人类的关系；文老师则请家长带领幼儿到农场、家旁边的池塘、动物园观察这些动物，并把小蝌蚪、小鱼、小乌龟带到班级里，还在幼儿园的饲养区养了兔子、鹅，请幼儿喂养并做好观察记录。

你认为哪位老师的做法比较好？为什么？请结合幼儿园课程理念来分析。

课外拓展

对某一区域范围内的幼儿园教师、幼儿家长的幼儿园课程理念现状进行调查剖析。

·第二单元检测题·

第三单元

幼儿园课程设计

思维导图

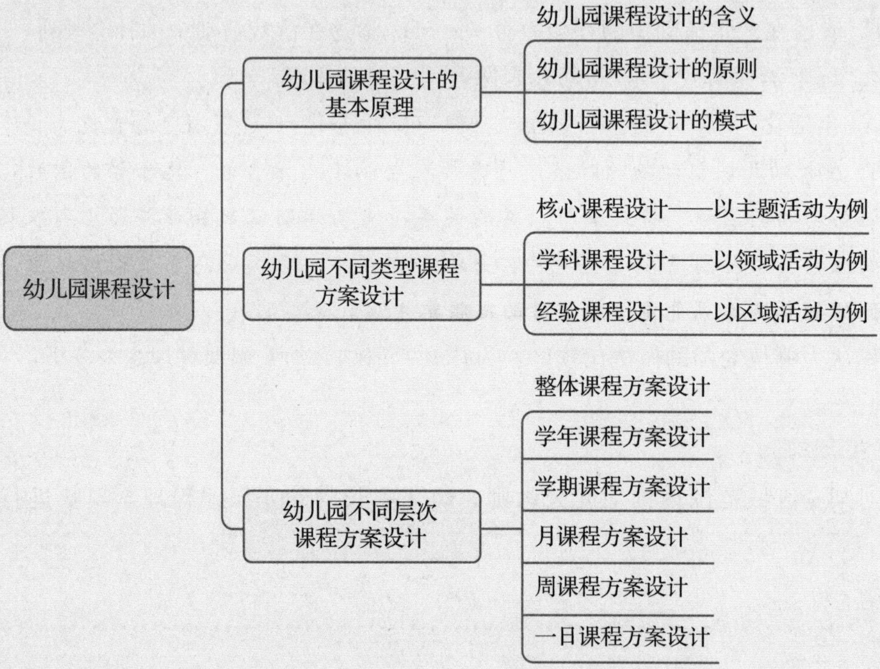

学习目标

1. 了解幼儿园课程设计的基本原理。
2. 能够进行幼儿园各种课程类型方案的设计。
3. 能够进行幼儿园各类单元课程方案的设计。

第一讲

幼儿园课程设计的基本原理

头脑风暴

星星幼儿园“收获”主题活动设计教研活动中，张老师认为“应围绕季节展开，属于科学领域”，李老师则认为“应更多地结合幼儿来展开，体现儿童主体”，其他老师也各持己见。那么，幼儿园课程设计究竟如何展开？幼儿园课程有哪些设计模式呢？

导入语

课程理念是幼儿园课程建设的逻辑起点。在不同的课程理念引领下，课程学专家对幼儿园课程目标、内容、实施与评价四大要素理解不同，其建设的课程也就不同。

一、幼儿园课程设计的含义

课程设计是指拟定一门课程的组织形式和组织结构，包含价值层面上的课程设计和具体技术层面上的课程设计。课程设计包括课程目标、课程内容、课程实施、课程评价以及其他要素，如学习材料、时间、空间等。

幼儿园课程设计是指拟定幼儿园课程的实质性结构，即各基本要素(包括目标、内容、实施及评价)的性质，以及这些要素的组织形式或安排。

二、幼儿园课程设计的原则

幼儿园课程设计可因各地区、年龄阶段的儿童特点等有所不同，但必须反映幼儿园教育活动的客观规律，应在幼儿园课程核心理念的指导下，遵循以下原则。

(一)面向幼儿原则

面向幼儿原则是指幼儿园课程设计应从幼儿身心发展的规律及其发展的一般水

平和个别差异出发，以促进幼儿发展。遵循这个原则时应注意以下事项：①课程设计的出发点和根本点是幼儿，应该根据幼儿身心发展特点及需求进行设计。②课程设计既应面向全体幼儿，同时又应照顾个体差异，使每个幼儿在原有水平上得到提高。

（二）全面发展性原则

全面发展性原则是指幼儿园课程设计应着眼于促进幼儿身心全面和谐发展。遵循这个原则应注意：①课程设计既要有益于促进幼儿的身体发展，又要有益于促进幼儿的心理发展，不可偏废。②课程设计要有益于幼儿德、智、体、美、劳全面发展，不可片面追求某一方面或几方面的发展。

（三）整体性原则

整体性原则是指幼儿园课程设计应着眼于儿童发展是一个整体，将幼儿园课程各要素视为一个完整的系统，注重彼此之间的联系和相互影响时。遵循这个原则时应注意以下事项：①幼儿园课程目标应着眼于培养完整的人，应注重情感态度、能力方法、知识经验各个方面目标的整合和渗透。②幼儿园课程内容相对划分为健康、语言、科学、社会、艺术五大领域，应注重各个领域之间的整合和渗透。③幼儿园课程实施有教师直接指导的活动和间接指导的幼儿自主活动，有集体活动、小组活动和个别活动，有生活活动、游戏活动和教学活动，有幼儿园活动、家庭活动和社区活动，应注重各种活动形式、方法及策略的有机结合。④幼儿园课程评价主体是多元的，方法是多样的，参照的指标体系又各有不同，应结合实际综合灵活运用。⑤幼儿园课程目标、内容、实施与评价相互联系，相互影响，应整体把握。

（四）活动性原则

活动性原则是指幼儿园课程设计应以活动为载体。遵循这个原则时应注意以下事项：①幼儿的学习是以直接经验为基础，幼儿是通过活动来获取经验的。②游戏是幼儿活动的重要形式，游戏是幼儿园的基本活动，幼儿园课程要以游戏活动为主，让幼儿在玩中学。③生活既是幼儿学习的重要内容，又是幼儿学习的重要途径，幼儿园课程要珍视生活活动的独特价值。

（五）因地制宜原则

因地制宜原则是指幼儿园课程设计要根据各地区、各幼儿园、各班级的具体情况进行。遵循这个原则时应注意以下事项：①幼儿园课程设计应遵循国家的教育方针，应在贯彻国家相关《规程》《纲要》《指南》精神的同时，结合地方实际。②幼儿园课程设计可以借鉴相关资源，要根据幼儿园具体情况进行具体分析，不可生搬硬套其他地区、其他幼儿园、其他班级的材料和经验，盲目仿效。

三、幼儿园课程设计的模式

课程设计的理论模式是一种概括化的课程设计思路，属于课程设计的方法论。[①]课程设计的模式并不详细阐明实际上如何设计课程，而是为实际的课程设计提供途径或方法。

目前，比较有影响的幼儿园课程设计模式主要有目标模式和过程模式。近些年来，实践模式和批判模式在我国也开始逐渐受到关注。

(一)目标模式

“目标模式是以对社会有实用价值的目标作为课程开发的基础和核心，并在此基础上选择、组织和评价学习经验的课程设计模式。”[②]该模式以科学实证主义哲学为指导思想，受行为主义心理学影响，将教育目标作为课程设计的依据，是课程设计的经典模式、传统模式。

1. 历史背景及理论基础

(1)历史背景

20世纪初现代工业及科技迅猛发展和由此带来的西方物质文明发展所呈现的空前态势，使得社会功效思想、唯科学主义理念深刻地影响到教育科学研究和教育实践领域，于是“实效性”“科学性”“精确性”“定量化”标准被广泛地采用。[③] 在这种历史背景下，加之19世纪30年代经济危机的“催产”，课程设计的目标模式便应运而生了。

(2)实用主义哲学的理论基础

实用主义哲学有两个重要特点：一是功利主义。实用主义以实际效果解决一切哲学认识问题的准则。实用主义是注重实践的，而它的实践必须是功利主义的。没有功利效果，也就无所谓理论的真假好坏。实用主义从来不在字面上解决问题，它要求面向事实和将来。二是唯名主义。实用主义方法论和经验主义唯名论有共同一致的方面。它不把世界当作系统规律支配的有联系的统一整体，而认为世界中只存在个别的、特殊的东西。它认为一元论哲学导致固定的教条主义态度，而多元论哲学将为偶然性、自由选择和新奇的事物留有余地。人们对外在客体的每一个认识都是独特的、具体的。因此，应当允许对于同一事物做出各种不同的解释。

课程设计模式是在一定的价值哲学基础上构建起来的。受实用主义哲学的影响，课程设计的目标模式得以产生和发展，影响深远而广泛。目标模式无论是原初的雏

---

① 冯晓霞：《幼儿园课程》，128页，北京，北京师范大学出版社，2001。

② 朱家雄：《幼儿园课程概论》，98页，北京，北京出版集团公司北京出版社，2017。

③ 李定仁、徐继存：《课程论研究二十年》，68页，北京，人民教育出版社，2004。

形，还是后期的“完形”，始终遵循着实用主义的价值准则。这不仅是因为目标模式本身带有实用主义的“血缘”，更为重要的是，当时的社会、政治、经济及文化状况为目标模式的实用主义价值取向提供了历史性依据。

2. *发展历程*

课程设计的目标模式产生于20世纪前期，现代工业和科学技术的发展使崇尚科学成为当时的时代精神。在这种思潮的影响下，教育也开始着眼于科学化，课程的编制走向了社会控制的、有组织的和讲究实效的道路。

根据实用主义哲学注重功利实效的价值观，以及行为主义心理学通过行为训练和控制达到目标的方法论，目标模式的创始人约翰·富兰克林·博比特(John Frawklin Bobbitt)等人在20世纪初开始了课程研究，提倡“活动分析法”，开创了课程设计目标模式的先河。所谓“活动分析”，是把人的活动分析为具体的、特定的行为单元的过程与方法。

20世纪30年代以后，美国课程论专家拉尔夫·泰勒(Ralph W. Tyler)在多年研究的经验总结基础上提出了课程设计的基本程序、步骤和方法。泰勒在代表作《课程与教学的基本原理》中，系统地阐述了课程设计的目标模式的基本观点，构建了著名的“泰勒原理”。

泰勒认为，在课程设计过程中，设计者必须回答四个问题：第一，学校应该达到哪些教育目标？第二，提供哪些教育经验才能实现这些目标？第三，怎样才能有效地组织这些教育经验？第四，我们怎样才能确定这些目标正在实现？① 这四个基本问题可进一步归纳为“确定教育目标”“选择教育经验”“组织教育经验”“评价教育计划”，这就是“泰勒原理”的基本内容。

尽管泰勒从四个方面提出课程设计的模式，但对此课程模式的研究较多地集中在教育目标上。泰勒认为，“教育目标是指导课程研制者所有其他活动的最为关键的准则”。在目标模式中，选择教育经验、组织教育经验及评价教育计划都被置于教育目标的下位，课程设计围绕目标这个中心而展开整个过程。泰勒在《课程与教学的基本原理》一书中，围绕着解决这些问题的方法和程序，对于每个问题分别从教育的实际状况进行了分析，提出主要问题所在，然后进一步提出解决问题的思路和方法。

“泰勒原理”自问世以来在世界上产生了广泛的影响。首先，它提供了一个课程研究的范式，泰勒本人也因此获得“现代课程理论之父”的美誉。其次，它将评价引入了课程编制过程，这具有极高的理论和实践价值，通过评价不断搜集有关的各种信息，及时地改进和完善课程。最后，它建立了课程设计的目标模式，泰勒将学生、

---

① [美]泰勒：《课程与教学的基本原理》，17页，施良方译，北京，人民教育出版社，1994。

社会生活、学科专家三个方面共同作为目标来源，使得目标模式获得了合理的基础。而将目标贯彻于课程编制的各个环节之中，使得目标具有极强的可操作性。因此，有人将泰勒称为课程编制模式的“行为目标之父”。

3. 主要特征

目标模式经由近一个世纪的发展，已经成为现代课程论中最具影响力的理论形态之一，对教育实践产生了深远的影响。其主要特点可以归纳为以下几个方面：

第一，以明确而具体的行为目标为课程设计的中心，即其他设计环节都要围绕着预先制订好的行为目标来进行。

第二，强调目标的行为导向，要求确立明确、可以测量的外显行为目标。

第三，创设的目标具有层次性，彼此之间具有联系性，即将那些已被确定的课程目标，按不同的心理领域、不同水平进一步划分，以形成一个意义明确、层次分明的目标体系。

4. 对目标模式的评价

(1)优点

总体而言，目标模式合乎逻辑，合乎科学精神，富有条理，简单易行。当学生学习的结果是可预先详述的，并可通过行为加以表现时，这一模式最为合适。该模式中，学习的内容相当明确，学生学习的结果十分客观。具体的优点可归纳为如下几个方面。

第一，课程设计条理清晰。目标模式用明确的目标规定教育的方向，使课程内容的选择、课程的设计、实施及评价都有一个服务中心。①

第二，增强了教育者的目的性。清晰的教育目标可以引导教育者不断思考自己的工作要达到什么，使课程设计过程成为一个理性的思考过程。

第三，课程评价简单易行。目标模式提供了判断教育成功与否的简单易行的准则——目标的达成程度，从而使课程评价变得简单明了，容易操作。

(2)不足

尽管目标模式自产生后就一直处于不断修正、完善中，但受实用主义哲学及行为主义心理学的影响，其基本的目标—手段、效率—控制、预期—检验思想及技术机制却始终如一，呈现出机械性和“工具化”倾向，为此目标模式也遭到了广泛而强烈的批评。②

第一，课程目标的行为化必然导致其分解和细化，可能造成教育视野的局限，

---

① 冯晓霞：《幼儿园课程》，129页，北京，北京师范大学出版社，2001。

② 汪霞：《课程开发的目标模式及其特点》，12页，载《外国教育研究》，2002(6)。

“只见树木，不见森林”。而且，课程目标强调细化，与现代课程强调教育的完整性、系统性是相矛盾的。

第二，强调目标的行为化、可预期性和可测量性，必然忽视没有外显行为、非预期的、难以测量的学习结果，如情感、体验、态度方面的学习，而这些往往对幼儿的成长是极为重要的。

第三，课程评价重结果不重过程，重定量测量轻质的分析，课程评价难以为改进课程提供有用的信息。

第四，过于强调课程设计的“科学性”“技术性”的一面，而忽视它的“艺术性”和“人性”，即个性和创造性。没有真正反映“人的教育”的本质。

有学者认为，目标模式有一种明显地把学校看作工厂，把学生看作原料，把教育过程看作输入—产出过程的倾向。这样，学生和教师的主体地位都消失了，他们的积极性、主动性、创造性都受到压抑。因此，人们把课程设计的目标模式又称作“工学模式”。[①]

5. 目标模式对幼儿园课程设计的影响

自目标模式产生以来，其自身的优势使该模式逐渐成为现代课程论中最有影响力的课程设计模式之一。在课程理论与实践领域中，诸多的国内外课程研究者进一步深化、发展、完善了这一理论模式。目标模式可以提高幼儿园教育、教学过程的计划性、可控性和可操作性，因而幼儿园课程领域深受这一模式的巨大影响。然而，由于目标模式过于机械，教育过程缺乏灵活性、变通性，这在幼儿园课程领域中也有鲜明的表现。

(1)忽视了幼儿的主体性

目标模式强调教育目标是课程设计的出发点和归宿，因此，课程往往是由设计者确定好，再由教师严格地按照已确定的目标实施。在这个过程中，课程研究者及教师往往忽略了幼儿自身的主体性，不利于发挥幼儿的学习主动性。而且，目标在实施过程中也容易受到幼儿发展水平存在较大个体差异的影响。尤其在幼儿园课程实践中，还会产生诸多偏离预先确定的教育目标的现象，这就是目标的确定性与人的发展的差异性之间的矛盾和冲突。并且由于目标模式强调确定性，教师常把幼儿当作训练的对象，幼儿在课程中完全成了消极和被动的人，而不是一个具有积极主观能动性的个体。

(2)忽视了课程目标的整合

目标模式强调对目标的分解，将课程目标分解为各个层次，但这种做法不符合

① 冯晓霞:《幼儿园课程》，130页，北京，北京师范大学出版社，2001。

幼儿认知世界的特征。幼儿以整体方式感知周围世界，他们从自己的经验出发，整体地学习知识、技能并获得经验，而目标模式强调的是通过训练达成预期目标，这些目标只有通过不断的具体操作才能实现。因此，在课程设计过程中，设计者必然要对目标层层分解，具体到每一个细节，这就造成目标在具体分解过程中忽视了幼儿发展的整体性。

(3)忽视了学习者非预期的学习结果

目标模式的设计者强调要设计能明确陈述的目标，这不仅有利于提高集体教学的效率，也便于教师评价课堂的教学效果和了解幼儿在学习后所达到的程度。然而，目标模式中对外部可视行为的强调与学前教育的内在要求不一致。在幼儿园的各种活动中，目标模式往往以幼儿的行为来确定教育目标，这种可视化的教育目标就将教师的关注引向那些能够被明确识别的学习结果，即外显的事物。而教学活动中那些难以转化为外显的行为，如幼儿的情绪、情感、态度、价值观等内隐的东西则很难进入教师的视野。然而，以往的研究表明，幼儿的情感、态度及意志品质等方面对其未来一生的发展都至关重要。对于幼儿人格的形成，这些内隐的东西对幼儿的影响甚至比外显的行为结果更重要。

针对目标模式的问题，一种新的课程设计思路出现，这就是过程模式。

(二)过程模式

1. 历史背景及理论基础

课程设计的过程模式是在批判泰勒等人目标模式的基础上由英国现代课程论专家劳伦斯·斯滕豪斯(Lawrence Stenhouse)提出来的。鉴于目标模式在实践中呈现的难以逾越的局限性，过程模式反对用预先确定的目标，尤其是行为目标来规定课程的进展和结果。它把课程设计看成一个不断发展的过程，是主张关注具有内在价值的课程内容及儿童实际的活动过程的课程设计模式。①

这种模式主张，课程开发应从那些具有价值的知识中挑选出能够体现这些知识的内容，这些被选择出来的内容，能够代表这种知识当中最重要的过程、最关键的概念和该知识中固有的那些标准。幼儿所取得的最终结果不是按照行为事先确定的，而是在事后借助那些建立在该知识形式中的标准来加以评价。斯滕豪斯认为，过程虽然不包罗所有的课程设计形式，但却可以弥补目标模式的不足，过程模式比目标模式更适合于那些以知识和理解为中心的课程领域。

① 朱家雄:《幼儿园课程概论》，103页，北京，北京出版集团公司北京出版社，2017。

(1)进步主义教育理论的传统

过程模式的思想渊源可以追溯到卢梭及以后的进步主义教育运动。① 卢梭反对知识是客观的，认为知识是不确定的，知识不是强加的，知识获得要经由个人的经验，经由自然发展的过程。因此，卢梭主张从经验中学习，提供学生问题使其自己解决，独立学习和发现，认为教育不是教导而是引导。卢梭认为个人是教育过程的中心，反对传统教育将知识视为教育过程的主要因素。

这些观点经裴斯泰洛齐、赫尔巴特和福禄贝尔等的进一步发展，至杜威集其大成，汇成进步主义的教育思想。其主要特点在于：强调知识是通过经验获得的，经验是教育过程的核心，学生获得某种知识并不是由教师教导的，而是自行发现的；教育是生长发展的过程，是一种手段，而不是知识的灌输过程；教育不是生活的准备，教育本身就是生活，教育或课程开发的依据应是过程而不是最后的产品。这些理念奠定了课程开发过程模式的思想基础。

(2)发展心理学的影响

瑞士著名心理学家皮亚杰的发生认识论强调，智力的发展是主动的过程，在此过程中，有机体遗传的结构与外界的环境发生交互作用，儿童因而重组自己的行动与观念，以维持较好的适应。他借用生物学上的“图式、同化、顺应和平衡”等要领来解释人的认识发生发展过程。同化是接纳的过程，顺应是超越环境并加以调适的过程，由于调整的作用，同化能继续不断地得到平衡。如果外部刺激不能改变个人现有的认知结构，或者个人不能及时调整以适应外部刺激的要求，则不会有认知的发展。

显然，皮亚杰是从个体心理发展的角度来说明认识的发生和发展，强调主体在认识过程中具有一定的认知结构，并发挥不可替代的作用。结构的发展，意味着儿童智慧水平的提高和逻辑范畴及科学概念的深化。关于知识构成的心理机制，皮亚杰认为，主体通过反省抽象和自动调节这两个机制，促使知识的广度与深度不断提高，促使新的结构的精心建构。

布鲁纳进一步提出了教学的理论以促进儿童认知的发展和学习。布鲁纳认为，儿童不仅是知识的接受者，而且是主动的探究者，其行动有目的地朝向于解决环境提出的问题，同时也重组他对于世界的观点。求知是一种过程而非结果。教授一门学科不在于增加这门学科的知识，而在于使儿童为自己而学习该门学科，像学科专家一样去思考，以参与获得知识的过程。在此过程中，学生需要了解和掌握的是学科的基本结构。教师在提出一门学科的基本结构时，可以保留一些令人兴奋的部分，引导学生自己去发现。那么，如何组织课程才能符合上述要求？布鲁纳认为，那就

① 李定仁、徐继存：《课程论研究二十年》，70页，北京，人民教育出版社，2004。

是课程组织的“螺旋式”和课堂教学的“发现法”。

从皮亚杰和布鲁纳的理论可知，发展心理学继承了进步主义的思想，尤其是主张研究儿童的认知发展，强调教育是一种过程，学习是一种积极的建构。这些皆成为过程模式的重要思想基础。

(3)英国传统文化价值观念的影响

由于斯滕豪斯是一名英国的课程专家，其课程研究思想不可避免地受到英国传统文化价值观念的影响。长期以来，个人主义、自由主义和理性精神在英国社会中占支配地位。这种文化价值观主张个性自由，个人的思想和行为不由外界因素决定，真正属于他自己，个人的判断和选择是其行为的依据。强有力的个性是首创性和进取精神的源泉，否认个性就是扼杀天才。一切价值应该以人为中心，要重视心灵的自由，提倡将心灵从各种形式的束缚中解放出来，反对任何方式的灌输。提倡理性原则，一切从实际出发而不是从书本出发，尊重事实，而不迷信教条，反对权威的裁判，主张一切经过科学的论证，人们可以就任何共同关心的话题进行自由的讨论，从对事实本身的研究中寻找答案。这种文化价值观念深深影响了斯滕豪斯的教育观和知识观，因此他极力主张教育的真正价值在于促进人的发展而不是束缚人的发展。

(4)知识社会学的影响

此外，英国20世纪70年代初兴起的知识社会学也影响着斯滕豪斯的课程思想。英国教育哲学家彼得斯关于教育准则以及程序原则的思想、赫斯特的“知识的形式”等思想也都为斯滕豪斯的过程模式提供了基本的概念框架。而且当时英国丰富的课程设计经验、诸多的设计模式和重视多角度描述、提供信息的“新潮的”评价方式，都为过程模式的提出提供了有益的资源。

2. 主要思想

斯滕豪斯认为，课程的研究和设计应该是一个动态的、持续发展的过程，课程的设计应该是研究、编制、评价合而为一的。人们可以通过详细说明内容和过程中各种原理的方法来合理地设计课程，而不必用目标预先指定所希望达到的结果。

(1)强调一般目标和程序原则

所谓一般目标，即过程模式不是进行目标预设，而是确立总体教育过程的一般性的、宽泛的教育目标。这个目标是非行为性的，并不构成最后的评价依据。所谓程序原则，即课程研制的指导性规则或总要求。这只是作为课程研制的方法及指导思想而使教师明确教学过程中内在的价值标准及总体要求，而不指向对课程实施的最后结果的控制。也就是说，过程模式的目标及程序原则主要指向课程研制方式上的指导及课程实施的过程、方法及原则上的规范，而非着眼于具体内容及后果的预设及控制。

(2)明确教师在课程设计中的作用

斯滕豪斯主张教师根据教学的实际进展和学生的表现提出相应的目标，使课程的目标和过程统一起来，使教师的专业发展和课程开发合为一体。在他看来，课程的研究和编制应当是一个持续研究的过程。在这个过程中，要涉及所有相关的因素，如课程的研究、编制、评价是一体的，而不是分别独立的阶段；课程改革的关键在于教师的理解和创造性的工作；课程与教学的改进，取决于教师对实践问题的分析和研究。所以，他要求教师扎实地掌握所教学科的基础知识、基本原理以及相关的社会问题，具备与学生共同探讨问题的能力和习惯，成为“和学生一起学习的学习者”，进而实现“教师即研究者”。

(3)注重教育过程

过程模式注重的是过程，而不是期望达到的行为目标，主张重视教育过程本身的设计，把过程交给教师和幼儿，强调发现和研究，追求过程中活动的“更有价值”。课程目标不再处于终极状态，而是处于宽泛、动态变化状态；通过讨论、探究的方法，教师以参与者、讨论主持人而不是课程执行者的身份进行教学，幼儿以建构者、探索者而不是接受者的身份进行学习。

(4)建立开放的课程系统与形成性评价

课程的开放性强调学生的学习不是直线式、被动的过程，而是一个主动参与和探究的过程，强调把讨论而不是传递作为课程活动的核心。课程活动过程中应关注幼儿的理解与判断。教师在幼儿学习过程及结果评价中，应是一个诊断者而非打分者；评价应以教育主体及知识内在的价值及标准为依据，而不是预设目标达成度的鉴别。显然，过程模式更倾向于形成性评价。

由此可看出，斯滕豪斯的过程模式有着崭新的知识观、教师观、学习观和评价观，它直接关注于教育过程的调试，其目的在于使教育产生最大限度的效益，使学生和教师均获得最大限度的学习效果。

3. 主要特征

(1)人文主义的知识观

斯滕豪斯认为，学习知识的最大价值和意义在于用来进行思考活动，所以他强调知识是思维的原材料，也是学生思考的对象，而不是让他们被动接受的现成的东西，它也不能作为教育必须达到的目标来束缚人。教育是培养人的理智和自主能力的，是要通过促使人思考知识来解放人，实现人的自由，使人更有创造性，他反对把教育定位于促使学生行为变化的这一基本假设。在这种知识观下，知识成为我们认识世界、改造世界的工具和武器，而不是禁锢我们头脑和手脚的枷锁。通过教育将知识变为学习者的双翼，使他们更好地认识世界、改造世界。

(2)“研”“学”一体的教师角色观

过程模式教学中，教师对学科领域有深刻的哲学思考，对社会学科本质有关的价值问题及学科核心问题有着深刻的理解，为学生创设积极探究的学习环境，鼓励学生不断反思，努力使自己成为知识的源泉。同时，教师又把课堂当作实验室。教师自身作为研究者，能够更好地理解自己的课堂，审视、反思和研究发展的计划，不断修正、改进、发展课程，以满足各个学生或特定环境的需要。要让教师真正成为课程设计的直接参与者，在课程开发和重建过程中更要充分体现自己的个性。这两种角色的转变，就是在教师对自我教育观念、教育目标、教育行为等进行不断认识、评价、反思的基础上逐步实现的。

(3)合作探究式学习观

过程模式中，教学是师生共同探讨问题与发展理解力的过程。教师不再是高高在上的传统的教导者、权威者，而是学生学习活动的指导者、合作者、服务者。因此，斯滕豪斯把讨论作为课堂教学活动的核心，用讨论来协调探究过程，并不断提出新问题，使探究得以继续进行。同时，过程模式极力倡导在活动中生成目标，即通过与环境的相互作用而理解环境。它把课程看成历程性的，强调课程是当下的，是时刻处在教育情境之中的。师生合作探索新知的学习是围绕着研究内容的确定、解决问题方法的选择来进行的。课程设计的过程模式下，学生是在与教师的对话中、在与教育情境的交互作用中、在学生相互之间的交往合作中，不断获取知识和技能，不断生成各种社会情感、社会态度与社会价值观的。

(4)发展性评价观

过程模式的评价是以在多大程度反映了知识形式、实现了过程原则为依据，它不仅注重对课程教学的积累性结果，更重视课程教学过程的形成性结果。评价的目的是教会学生自我评价，即根据教师评论来提高学生的学习能力，发展其理解力。斯滕豪斯的评价中，教师是学生作业的“评论家”，而不是“评分者”。要求教师立足于发展的评价理念，运用多元智力的评价观念，在评价中发挥学生的主体作用，使评价过程成为促进学生反思、自我认识、自我教育能力不断提高的过程。它是一种评论模式，能真正通过评价实现促进学生素质的提高。

4. 过程模式对我国幼儿园课程设计的启示

过程模式对幼儿园课程产生了相当的影响，并将进一步产生重要的影响。例如，幼儿园课程设计中淡化课程目标的预设，强调幼儿活动的过程；淡化教师在教育活动组织中的计划性和控制性，强调根据幼儿的兴趣和需要组织活动，尊重幼儿的选择和创造；淡化根据客观标准对幼儿园教育进行评价，强调过程性评价，强调教师自我评价的作用。具体启示如下。

(1)鼓励教师和幼儿的个性发展

过程模式所倡导的人文主义的知识观，充分体现重视教师和幼儿作为独立个体的经历与体验的价值，使课程开发过程立足于教师与幼儿的个性。提供广阔的空间，尊重、发展和展示教师的个性，为教育提供更宽松、平等、民主的环境。在这种环境中，教师才能把握好幼儿个性潜能发展的独特领域和生长点，将幼儿视为学习的主体、发展的主体，一个具有自己的需要、兴趣、爱好、追求和个性等主观意识的独立个体。它充分尊重幼儿的人格，尊重幼儿自己的判断与选择，肯定幼儿发展的主动性与能动性，真正将其创造性和独特性从各种形式的束缚中解放出来，获得个性化的发展。

(2)建立研究者和学习者相结合的教师成长模式

教师既是学习者又是研究者，只有主动调整、不断学习，才能适应教育的需要。教师通过对工作全过程的各个环节进行系统、长期、反复的评价和监控，了解自己的角色行为是否与新的角色期待相一致，并不断加深对自己所扮演角色的认识、体验，形成明确的角色意识，才能更好地达到社会的职业规范要求。这是一种发展的内在机制，这种内部动力比外部刺激具有更持续的作用，也是教师自我发展、自我提高的根本动力。

(3)教育是主动参与和探究的过程

教育是一种过程。在这种过程中，学习不是直线式的、被动的反应过程，而是一个主动参与和探究的过程，在探究的过程中实现幼儿多方面的发展。因此，要重视开放的、非形式化的学习环境、教育环境的设计，要鼓励幼儿自由选择、自由探究。教室不是讲堂，而是幼儿探究、讨论、交流的场所，提倡主动地学习和建构。[①]教师要引导、归纳、呈现一些需要学习、探究的问题，鼓励幼儿自主探究解决问题的方法并自己得出结论，这种合作探究式学习方式能够体现师幼共同探索新知的学习过程，体现师幼为解决问题相互合作和交流的过程，也能体现出在民主、公平、多元环境下幼儿获得最大限度发展的过程。

(4)过程性评价反映幼儿的发展

《纲要》指出，教师的过程性指导要有利于引导幼儿主动、有效地学习。新的教育评价体系及方法的转变要求教育教学的评价过程由静态评价转变为动态评价。过程性

---

① 朱家雄:《幼儿园课程概论》，104页，北京，北京出版社，2017。

评价的方法具有多重性，它可以是教师对幼儿操作内容的评价，也可以是带有引导和提示性的评价，更可以是幼儿之间相互的评价；过程性评价不是单一的对最终作品成果的评价，而是贯穿于整个教育教学过程中的评价，是在幼儿学习之前、操作之中、完成之后的一种持续性的评价。动态的过程性评价关注幼儿个体以及在与他人的互动中所激发的潜在能量。在动态的过程性评价过程中，幼儿能得到评价者给予的潜在提示和帮助，从而不断地调整学习状态，这时，评价就与教学相互交融，相互促进。

综上所述，斯滕豪斯的过程模式注重扩大教师的专业自主性，使教师从课程的被动执行者转化为主动的反思者和实践者；过程模式没有提出明确而具体的程序和方案，致使教师在运用过程中难以把握，就连斯滕豪斯本人也承认，这种模式赋予教师过分理想化的角色和过高的要求。但它所体现出的特征以及所给予我们的启示值得深入学习、研究和借鉴。

（三）实践模式

课程设计的实践模式是美国课程论专家约瑟夫・施瓦布（Joseph J. Schwab，1909—1988）在20世纪六七十年代提出的。在十余年的结构主义课程改革运动中，他在批判传统的“学科中心”课程理论弊端的基础上逐步形成了自己的实践性课程思想，完成了对以“泰勒原理”为代表的传统课程理论的跨越，指出了课程领域的再生之路，实践性课程思想已成为许多国家课程改革的指导理论。

1. 理论内容

施瓦布的实践课程模式内容可概括为以下几点。

第一，实践理性指导，重视理论与实践的有机结合。鉴于传统课程开发目标模式将目的与过程割裂的情况，在实践理性的指导下，施瓦布在课程方面指出，理论追求概括性和简约性，而实践总是具体的和特定的，因此“任何脱离实际情境的抽象的结果都是没有意义的，真正有意义的结果是在适应实际的兴趣、需要和问题的过程中实现的，是内在于课程之中的”。由此可见，实践课程理论非常重视理论与具体教育情境的相互联系、相互作用。

第二，“实践兴趣”价值取向，追求现实课程实践。施瓦布批判了传统课程对理论过于的偏好而忽视对实践的关注的缺陷，提出课程理论家必须从追求普遍的原则转向追求现实的课程实践，在价值取向上体现了哈贝马斯所提出的“实践兴趣”。“实践兴趣”亦称“实践理性”，是建立在对意义的“一致性解释”基础上，通过与环境的相互作用，形成一定理论。实践性课程观把课程看作一个相互作用、有机的“生态系统”，通过这个“生态系统”要素间的相互理解、相互作用，实现学生兴趣需要的满足和能力德行的提高。它指向课程实践过程本身，注重手段、过程和相互理解、相互作用，体现的正是课程价值的“实践兴趣”。

第三，提出课程四要素，强调师生课程主体性。传统的目标模式中，课程是按照规定的目标预先编制好的，教师和幼儿只是按照规定的目标来接受和完成课程。因此，教师和幼儿都是被目标所控制的，被排在课程之外，缺乏课程主体性，教师沦为课程的被动执行者，而幼儿更是受到课程与教师的双重控制。实践性课程观把教师和幼儿看作是课程的主体和创造者，教师和幼儿与学科内容和环境一道构成课程的四要素。在实践性课程观中，人的因素突出来，教师是课程的主要设计者。同时，任何一位幼儿都有权对教师提供的课程进行选择，有权对于什么学习内容是有价值的以及如何掌握这些内容等向教师提出质疑，并要求解答，通过这些方式，幼儿与教师共同参与到课程开发的过程之中。

第四，集体审议的课程开发法，注重课程决策民主性。施瓦布强调，通过审议形成一个学校共同体，并提出三种审议的艺术：实践的艺术、准实践的艺术、折中的艺术。并建议以学校为基础成立包括校长、社区代表、教师、学生、教材专家、课程专家、心理学家和社会学家在内的课程集体对课程问题进行审议。课程审议的重点应放在教师、学生、学科内容、环境四个基本要素之间的平衡上。由此可见，课程审议其实就是课程参与者不断对话与交流、在课程决策和课程行动方面最终达成共识的过程。

综上所述，实践模式课程理论强调课程的实践价值和动态过程，追求课程的实践性，重视课程开发中结果与过程、目的与手段的统一，主张用集体审议的方式解决课程问题，同时把教师和幼儿视为课程的主体和创造者。

2. 对实践模式的评价

课程设计的实践模式对于在课程设计中过分依赖理论，特别是过分依赖某一理论的倾向提出了批判，认定课程问题不是“教什么”和“学什么”的问题，而是“应该教什么”和“应该学什么”的问题，而这样的问题是不确定的，解决问题的办法不是通过归纳或演绎这类的逻辑推理，而是实践的推理。① 课程设计的实践模式所建立的“自下而上”的课程审议运行方式，在某些条件下对提高课程实施的有效性可能是有益的。

但是，课程设计的实践模式由于过分强调实际情景的独特性，缺乏对理论的关注，在运行中容易滑入相对主义的轨道。在课程审议过程中，参与者有不同的背景，各自持有的理论不同，各自看问题的视角也不同，如果没有建立起较为完备的课程审议机制，容易产生思想上的混乱。

---

① 施良方：《课程理论——课程的基础、原理与问题》，207页，北京，教育科学出版社，1996。

(四)批判模式

课程设计的批判模式出现于20世纪60年代，它指出了社会意识形态和政治经济对幼儿人生发展的重大影响，揭示了因种族、社会经济地位、性别等差异所带来的教育权利、教育机会、教育质量等方面的不平等现象，并力图去克服这些现象。正因如此，批判教育理论及其课程的批判模式，被称为“世纪末的狂飙”。

批判模式并非一个单一的、公认的模式，在其发展中，有不同的研究取向、评判内容及代表人物。

1. 理论基础

批判模式根植于哲学、心理学、社会学、人类学等领域，具体理论基础包括现象学、解释学、社会批判理论、知识社会学、后结构主义、精神分析等，主要由以下几个方面构成。

(1)现象学与解释学

它强烈反对实证主义，功能主义哲学及其所导致的“工具理性”对人性的压抑及对个体主体性的践踏，积极倡导人的意识主体性及个体之间的交互主体性。首先，它强调个体意识的主动性、客观性及创造性；其次，强调知识的持续发展性及主体的解释性，反对知识的绝对客观性观念，认为认识过程是以意识为中介的主客体互动的过程，在这一过程中，个体并非被动感知，而是主动建构；最后，强调社会实践中个体的价值判断，反对价值中立。

(2)社会批判理论

社会批判理论源自法兰克福学派，是一种以辩证哲学和政治经济学、文化学及意识形态批判为基础的理论，是对现代资本主义社会的科学技术和思想文化的批判，以及对技术统治下的现代发达工业社会的社会心理的分析。现代科学技术在提高人对自然的征服能力的同时，却使人遭受社会的奴役，个人丧失了合理批判社会现实的能力。因此，要使人从技术理性的奴役中解放出来，找回已失落的批判能力，并通过个体及集体批判与反省，促进社会的变革与完善。

(3)知识社会学

新教育社会学者反对把学校应该教什么的问题视为“当然的”“绝对的”，反对只关注教育的社会选拔和阶级形成方面的功能，反对功利化倾向。他们主张教育社会学必须解释知识如何产生、维持和变化及其所含载的利益和价值问题，关注知识的性质及合理性的依据。

2. 批判模式的原理

(1)知识是如何通过学校来生产的

批判取向的课程论者指出知识是文化资本的一部分，因此，个人拥有的知识，像所有资本一样，至少部分决定了个体在阶级结构中的位置。知识经验是如何通过学校的运作为不同社会阶层的学生所掌握，进而为再生产社会服务的呢？批判取向的课程论者认为，有三种方式。第一，不同的课程。来自不同社会背景的儿童进入不同的学校，学习不同的课程。第二，中产阶级对学科的偏见。所有儿童在学校里学习的高档学科的内容，较容易被中产阶级学生掌握，因为他们在家里已经习得了学校的语言和高档学科的内容。这并不是说，一门学科的内容优于另一门，而是说，工人阶级子女所熟悉那种知识，在一般课程中是不包括在内的。第三，隐蔽课程。总体上来讲，学校呈现信息的语言方式，一般都是中产阶级的子女比较熟悉的，这并不是说，这种语言方式优于工人阶级的语言，使用它们只是为了维持现存的社会结构。

(2)学生在学校里获得的知识来源于何处

批判取向的课程论者认为课程问题始终与阶级、种族、性别、宗教等冲突联系在一起的。不含阶级偏见、单纯客观的知识是没有的。“什么知识最有价值?”这一经典的课程问题受到了严峻的挑战，在他们看来应该是：“谁的知识最有价值?”因为资本主义制度中所隐含的价值，在很大程度上决定了学生在学校里所接受的知识的种类和性质。学生的认识主要来自教科书、教师和其他学生。教科书给学生传递一种包装好了的知识和符号化了的资本主义制度。相对于其他来源而言，教科书的影响更大些。教师无疑是学生知识的一个重要来源。大多数教师来自中产阶级，价值观代表中产阶级。知识被看作教师已掌握的要传递给学生的商品。学生也是学校中转化的知识的来源。他们带有各自的经验来调节看、听和读到的东西。

(3)学校要学生养成的世界观和技能是为谁的利益服务的

当学校教育由那些无批判性的教育者设计和经营时，课程几乎始终是为社会支配阶级的利益服务的。如果立法者制定的规则符合资产阶级的利益，并且行政人员促进和执行这些规则，那么社会本身的结构就会维持下去。这样，因性别、种族、阶级而不顺应支配者的人，必然会受挫。麦克尼尔认为，教师对学校教育不加批判，即重视外在的认可，而不是个人的成长，或知识、意义、有目的的方向。①

3. 对批判模式的评价

(1)优点

批判模式提出的一系列观点，给人耳目一新的感觉，为课程编制提供了一种新的可供选择的可能性。例如，把教育置于政治与文化背景下进行考察；主张充分发挥学生的能动作用，把学生自己的经验融汇到课堂生活中；课程设计要考虑到文化的差异，把不同的文化引进课程领域；批判教师权威；等等。

① 施良方:《课程理论——课程的基础、原理与问题》，227页，北京，教育科学出版社，1996。

批判模式的倡导者反对课程编制中一向被视为"金科玉律"的文化遗产传承，而强化课程对社会文化的批判与改造功能。他们提出了超越价值中立的方法论指标，寄予学校课程培养正义行为及公正观念的任务；强调潜在课程在课程研究中的重要意义，反对只重智力因素而漠视非智力因素的课程方案；强调个体为知识的创造者，反对固定的、一成不变的知识观。

(2)局限性

批判模式与众多反传统的课程编制模式一样，在纠偏的同时却陷入偏失中。

第一，否定课程的预设性和精确性，反对传递准确的具有中性价值取向的真理性知识和经验。人的认识活动的发展对个体心理发展的程度及水平具有决定的意义。个体自我意识的提升、社会批判意识和社会批判能力的培养，都离不开智力发展水平的基础。因此，知识的传承应该是学校课程的主导性、基础性目标。批判模式强调实际的生活经验，所思、所感的情景性体验，反对真理性知识的传承。

第二，学校课程首要的功能是传播社会优秀文化。离开社会优秀文化的传播，课程便失去了存在与发展的依据。尽管不同的文化形态在制度层面、意识形态领域可能具有民族性、地域性特点，但并不否定文化具有的同质性、客观性的特点。而批判模式却断然否决学校课程对社会优秀文化的重要意义，在抨击工具理性课程观的弊端、强调课程对文化的创新功能、弘扬人的主体意识和批判意识的同时却否定了社会优秀文化的继承性，还给课程涂上泛意识形态的色彩，歪曲了课程的本质。

·幼儿教育目标、课程目标及其课程模式与泰勒原理·

第三，批判有余而重建不足。批判模式在否定目标模式等弊端的同时，却未能开出恰当的药方，使课程设计陷入了迷茫的境地。

学以致用

幼儿园课程设计的目标模式和过程模式各有千秋，相比之下，目标模式更为具体、清晰，过程模式注重教育过程的价值，重视幼儿的主动性和创造性，但它们又有各自的局限，在教育实践中如何将这两种模式有机结合呢？

本讲要点

幼儿园课程设计指拟定幼儿园课程的实质性结构，即各基本要素(包括目标、内容、实施及评价)的性质及其组织形式或安排。幼儿园课程设计遵循五项基本原则，即面向幼儿原则、全面发展性原则、整体性原则、活动性原则和因地制宜原则。幼儿园课程设计的主要模式有目标模式、过程模式、实践模式和批判模式。

模拟练习

(1)课程设计的含义是什么?

(2)课程设计的基本要素有哪些?

(3)幼儿园课程设计的含义是什么?

(4)目标模式的含义是什么?

(5)简述目标模式的历史背景及理论基础。

(6)简述“泰勒原理”的基本内容。

(7)怎样认识过程模式?

(8)简述过程模式的主要思想。

(9)简述实践模式提出的课程四要素。

(10)简述批判模式的原理。

课外拓展

调研某一区域范围内幼儿园教师进行幼儿园课程设计的模式现状。

第二讲

幼儿园不同类型课程方案设计

头脑风暴

在一次调研活动中，一位幼儿园教师谈到这样的现象：以前幼儿园主要开展分科教学，幼儿还能够学到许多知识；现在搞单元主题活动，却发现许多幼儿不会画画了，一个学期下来也没有学会几首歌曲。虽然知道的东西多了，但每样东西都是浅尝辄止；活动过程中，现场经常热火朝天、气氛欢乐，但之后幼儿没有学到多少东西……对此，许多家长也经常抱怨。

那么，这些困惑的本质是什么？怎样才能设计出既能满足幼儿兴趣又能促进幼儿发展的活动？采用不同类型幼儿园课程方案，课堂有什么不一样吗？

导入语

幼儿园课程常见类型有核心课程(主题活动)、学科课程(领域活动)和经验课程(区域活动)，教师应根据实际需要选择最适宜的课程类型，进行相应的活动设计。

一、核心课程设计——以主题活动为例

核心课程强调以人类社会的主要功能和社会问题为核心组织课程要素。简言之，核心课程是一种围绕某个社会话题展开的课程。当前幼儿园最具有代表性的核心课程是主题教育活动，也称为主题活动，其特点就是打破了学科界限，将各种学习内容围绕一个中心(问题或事件)有机联结起来，让幼儿通过活动获得与之有关的较为完整的经验。

(一)主题活动的内涵

1. 幼儿园课程中的"主题"

在幼儿园课程中，"主题"一词意指课程在一段时间内所要讨论的中心话题，通过对这些中心话题的讨论，对中心话题所蕴含的问题、现象、事件等的探究，使幼儿获得新的、整体的、联系的经验。[①] "主题"是一种围绕某个中心形成的教育内容的组织结构，包含了一系列相关的教学活动、游戏活动、生活活动和其他活动。

2. 主题活动的含义

主题活动即在幼儿园中围绕特定主题展开的教育活动，具体是指师幼围绕具有独特发展脉络或发展价值的主题开展的教育活动，它以帮助幼儿形成关于世界的整体认识、促使幼儿发展成为身心和谐的"完整的人"为主旨。主题通常具有整合性，包含儿童要学习的关键经验，统摄教育教学活动中的诸要素，将教育教学的目标、内容、形式、过程与评价等整合起来，并使之随主题的变化而变化。因此，它不只是教育教学活动内部的一种简单意义上的组织协调或学习内容的重新安排。

主题活动为幼儿和教师提供了无限广阔的学习内容和教育内容的选择可能性，但同时也对教师的主题选择能力提出了挑战。教师应从幼儿出发，结合幼儿的生活经验，选择其感兴趣、有意义的、贴近生活的主题内容，并保持主题的连续性、独立性，使幼儿学得轻松自然，学得积极主动。

① 虞永平:《论幼儿园课程中的主题》，载《学前教育研究》，2002(6)。

(二)主题活动的特点

1. 打破学科界限，使课程具有整合性

主题活动打破了学科之间的界限，将各种学习内容用一个中心话题有机地联结起来，让幼儿通过该主题的学习，获得与主题相关的比较完整的经验。目前，五大领域仍然是广义上的分科课程思路，主题活动的内容组织形式能够使五大领域的知识尽量回归到事物本身，从而实现领域间的融合与渗透，实现课程内容的整合。

2. 营造问题情境，使课程更具探究性

由于主题活动有一个中心议题，幼儿的各种学习都是由该中心引起的，在一般情况下主题扩展出的活动都是对该主题及其所含现象、事件、问题的探究，这使得整个活动像是围绕某个问题进行的系列研究。而通过营造问题情境来启动或推进主题也是主题活动常用的方法之一。

3. 主题灵活开放，使课程具有一定生成性

主题活动在结构上往往比较开放，一般一个主题活动由一个内核和数条扩展链构成。简单地说，内核就是前文提到的中心话题，是主题活动围绕的核心；扩展链是指主题内容的展开线索，主题通过扩展链层层展开。①

4. 活动形式多样，使幼儿学习具有建构性

主题活动的实践形式包括教学活动、游戏活动、生活活动及其他形式的幼儿实践活动，鼓励幼儿通过个别或小组的探索、游戏等方式进行学习。主题提供的这些活动有利于幼儿主动地学习，使幼儿在与材料和他人的互动中建构经验，而不是被动地接受知识。

(三)主题活动设计的程序

1. 主题的选择与开发

“主题”是单元主题教育活动的核心。它既表明幼儿将要参与的系列活动，又表明他们将从中所获得的关键经验；同时又是教师选择组织学习内容、展开教育过程、创设教育环境的引航灯。因此，“主题”是单元主题教育活动设计的起点和灵魂。

(1)选择主题的出发点

主题教育活动的主题一般来自幼儿的生活，选择主题可有多个出发点：①从课程目标出发。课程目标的实现需要相应的教育活动加以支持，因此，可从确定的课程目标出发，寻找相应的活动主题。如我们可根据《纲要》提出的“对周围的事物、现

---

① 虞永平、原晋霞：《幼儿园课程》，122页，北京，高等教育出版社，2014。

象感兴趣，有好奇心和求知欲”这一目标，选择“奇妙的种子”“我家的电器”等主题。②从幼儿的兴趣和需要出发。幼儿感兴趣的事物中可能包含丰富的教育价值，可选作单元教育活动的主题。例如，几个幼儿偶然发现自己的影子在一天不同的时间里是不一样的，感到十分惊奇。如果教师敏感地发现了其中的意义，就可以创设一个“我与影子”的主题。再如，初入园的幼儿对陌生的幼儿园、陌生的教师会缺乏心理安全感而产生适应困难。这时，“快乐的幼儿园”“幼儿园像我家”之类的主题，可能会帮助幼儿了解幼儿园，对幼儿园、教师、同伴和集体生活产生亲切感，从而减轻或消除焦虑。③从现有的学生内容或材料出发。有些学习内容或学习材料会有规律地呈现，如“一年四季的变化”“与幼儿有关的节日”等，按季节和节日这两条线索选择主题，发掘其中的教育价值，是主题教育活动设计经常采用的方法。另外，有一些内容也会不期而至，成为难得的“主题”，比如，家长送来了几个大的纸质包装箱，就能够产生“小小设计师”的主题。④从意外事件出发。在幼儿园、社区、自然界，几乎每天都有意外之事，如蝴蝶飞进教室了、洗手时水停了、散步时发现毛毛虫了等，都可以被教师利用构建主题活动。

(2)主题选择的依据

幼儿园或教师在选择主题时，首先要考虑为什么要选择这个主题，并尝试回答：①这个主题尽幼儿是否喜欢，符合他们的兴趣和需要吗？一个幼儿喜欢的或能够调动起幼儿参与积极性的主题，应该是幼儿当前关心的且与他们的生活相关的问题或事物。有的主题尽管目前幼儿没有直接表现出对其的关注，但它与幼儿的发展关系密切，符合幼儿的基本需要和心理特点，因而也会比较容易引起幼儿的兴趣和学习热情。②它蕴含着什么样的教育价值？它可能有助于达成哪些教育目标？一个有意义的主题应该蕴含多种教育价值，有助于达成多方面的教育目标。幼儿园课程要以增进幼儿身体动作、智力、社会情感、语言创造力等方面全面和谐发展为目标。因此，教育活动主题的选择要能支持、帮助、引导幼儿达到上述的发展。当然，有些目标可以直接达到，有些则可以间接达到，但无论如何，这些目标都是这个主题本身所蕴含的而不是牵强附会的。③它能够涵盖哪些教育内容？可以提供给幼儿什么样的学习经验？一个涵盖课程领域较广的主题，有利于幼儿获得均衡的学习经验，也有利于安排各种不同类型的活动。如果主题本身涵盖的领域非常有限，可能会导致同类活动的重复。④它的可行性如何？主题所需要的材料容易获得吗？是否容易转化成让幼儿直接参与的具体活动？一个具有可行性的主题，其所需要的活动材料必须容易获得，必须容易转化成具体的活动，让幼儿能够直接参与其中。比如，“下雪了”这个主题对北方的幼儿是个不错的主题，但对南方的幼儿来说就不是一个好的选择，因为南方幼儿无法通过具体的雪天活动来学习。有些活动材料虽然可以获得，但如果花费昂贵，就不如选择能达到同样目标的其他主题。⑤它与其他主题活动之间的关系如何？能否衔接？选择主题时，还应该尽量考虑到主题之间的连续性。就目前情况来看，加强这种联系的出路似乎不是在主题内容本身，而是在幼儿前后学习经验和能力的衔接性和连贯性上，即后面的主题活动能否考虑到幼儿在前一个主题中所获得的经验和能力。也就是说，尽管主题变了，但课程组织还是符合幼儿前后的发展顺序的，还是前面经验的延续和提高。

适宜的主题产生之后，可以考虑给它起一个能够突出主题教育活动的目的与中心的名字，以此提醒教师关注教育活动的重点，并帮助幼儿和家长了解幼儿学习的内容。

(3)常见主题开发与选择

主题可以教师自己设计，也可从他人开发出的各种主题中选择。

主题开发可从以下几个方面来进行：①幼儿自身。可以围绕幼儿自身进行探讨的内容及开发的主题有：生理方面——身体的特征与功能；身体的发展与变化；身体的健康、安全与保护等，如“我在长大”“我生病了”“我是自己的保护神”“小小营养师”“小小运动员”等。心理方面——幼儿的兴趣、爱好、能力、情绪等，也可与其他小朋友做些比较，如“我的本领”“笑比哭好”“我的宠物”“我、你、他”等。②幼儿所处的社会环境。幼儿所处的社会环境中可探讨的主要是幼儿的各种人际关系。随着其生活圈的逐渐扩大，这种关系越来越扩展为对社会机构、社会角色、不同地域的人、不同文化等更大范围的社会环境的关注。有关的主题可以有“我的家”“我的朋友”“爸爸的工作”“超市”“警察叔叔辛苦了”“家乡小游”“过年了”“我是中国人”“我们一样，我们不一样”等。另外，有关衣食住行方面的内容，也可产生许多可探讨的主题，如“城市立交桥”“我们怎么样联系”“别让垃圾弄脏公园”等。③幼儿所处的自然环境。从幼儿所处的自然环境中可探讨的内容也十分丰富，可产生的主题有“海底世界”“动物怎么保护自己”“奇妙的磁铁”“珍贵的水”“妈妈的助手——家用电器”等。

2. 确定主题目标

主题目标既是主题活动开展的导向，也是评估主题活动效果的标准。确定主题目标可从三个方面来考虑。[①]

第一，特定年龄阶段幼儿发展的一般性目标。一般性目标是指对某一范围内全体幼儿发展的预期结果，《纲要》中的领域目标、《指南》中的年龄阶段目标都属于这

① 虞永平、原晋霞：《幼儿园课程》，126页，北京，高等教育出版社，2014。

里所说的一般性发展目标。虽然主题目标是具体可操作的，但它首先必须与宏观的一般性发展目标相一致。

第二，本班幼儿的最近发展区。目标是对幼儿发展结果的预期，做出合理的预期需要对幼儿的“现有水平”和“理想发展”之间的差距进行研究，这个差距就是心理学上的最近发展区。通过对所教幼儿的实际水平与理想水平的比较，能够具体地把握幼儿的发展潜力，使主题目标更加具体、可行。

第三，幼儿在不同领域的学习需求。一个主题的目标应尽量涵盖不同领域的学习任务，可以稍有侧重，但要保证幼儿在主题活动中实现全面发展。因此制定目标时要联系已进行的主题活动以及幼儿园开展的其他活动，整体考量目标的均衡性。

3. 制作主题网络图

主题网络图是一种由许多与主题相关的子主题编织而成的放射状的图形，它把各种资料都纳入主题之下的各子题内。主题网络的编制可以明确主题探索的范围。

制作主题网络图一般有五个步骤。

(1)脑力激荡

教师不受任何限制地自由联想，写下自己想到的任何与主题有关的字词，这些字词应尽可能具体。

(2)归类

将不同字词按照一定的标准归类，如果不能归类，教师可在后期通过查阅资料来补充。

(3)命名

为每组字词选择一个最合适的概括性词语，对其进行命名。

(4)联网

使用网状形式将一组组的字词联系起来，写在纸上。绘制主题网络图时，以主题为中心，将各次级主题及其内容以直线连接呈放射状绘于纸上。

(5)修改、完善

与其他教师进行交流，分享观点，完善主题网络。还可以留有一些空的子主题，为主题留有生成的空间。

具体绘制方法：主题活动名称写在中间位置，一级主题写在名称的周围，二级主题写在一级主题的周围(见图 3-1)。

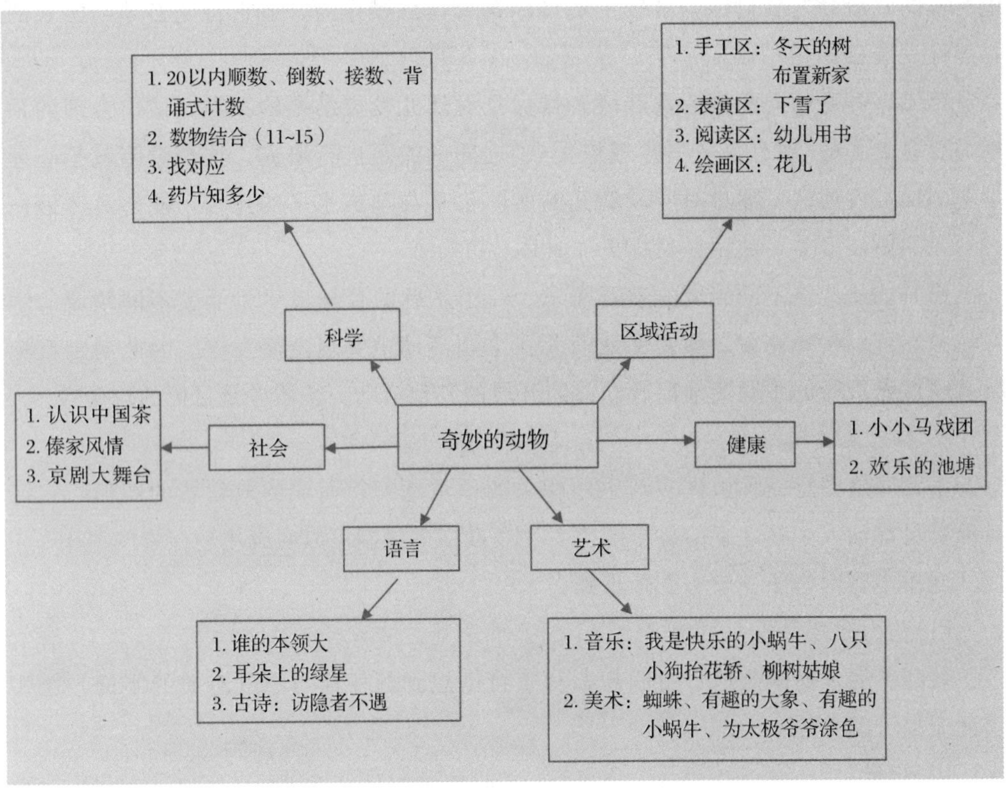

图 3-1　中班主题活动“奇妙的动物”网络图

4. 设计具体活动方案

根据主题网络图，逐一设计出每个活动的具体方案，包括教学活动、区域活动和生活活动。活动方案要包括活动名称、活动目标、活动准备、活动过程、活动延伸。

5. 创设环境

根据主题活动需求布置主题墙和活动区，主题墙主要用来引导、记录和展示幼儿主题活动过程，活动区主要用来开展与主题相关的区域活动。

(四)主题活动设计与实施中应该注意的问题

1. 主题活动目标分解问题

第一，通过头脑风暴发散主题内容，主题确定后，师幼共同编制主题网络图。随着幼儿对主题理解的逐步深入，网络图上的内容也会随之丰富，每一个分支都可以成为满足幼儿需要的探索方向。网络图编制时，老师精心预设的内容不一定能够完全真实地反映幼儿的所思、所想和所感。在实施过程中，我们应根据孩子的兴趣和需要，随时做出调整。

第二，在目标分解过程中要有筛选，虽然设计、预想的分支会很多，但其中有些并不符合幼儿的认知水平和发展需要，也有一些内容没有开展探究的条件，这些都要予以充分考虑。刘占兰老师曾经在《高质量的幼儿教育与教师的专业发展》一书中倡导，要从“杂货铺”式的庞大主题网中，大胆砍掉那些无关紧要的内容，选择那些直接指向关键概念、关键经验的内容。

2. 教育内容的预设与生成问题

主题活动内容包括预设性活动和生成性活动两种。在主题活动实践中，把握好预设和生成的平衡是关键。预设的内容过多，幼儿就会丧失自主探究的机会；生成内容过多，则容易造成“放羊式”的状况，同样不利于幼儿的发展。所以在主题活动的设计与实施过程中要做到“充分预设，注重生成”，使预设和生成活动有机结合，共同为幼儿的发展服务。

3. 活动中提高幼儿参与度的问题

首先，要激发幼儿兴趣。教师要积极创设活动环境，提供活动条件和机会，鼓励幼儿与教师以及其他媒介进行互动，引导幼儿尝试、发现和讨论活动的收获，等等。教师通过开展和使用多种活动和材料，有效地激发和维持幼儿的活动兴趣。其次，引导幼儿创设主题环境。在主题环境创设中，教师要改变“成人做，幼儿看”的传统观念，充分相信幼儿有自己动手制作的能力。同时教师应着重考虑在布置环境中如何激发幼儿的积极性和主动性，要把布置和创设游戏环境的过程变成幼儿感知和学习的过程。最后，活动中增强师幼互动。主题活动开始后，要想让幼儿积极地投入活动中去，教师就要引导幼儿与环境真正互动起来，形成生动活泼、形式多样的活动过程。

二、学科课程设计——以领域活动为例

20 世纪 50 年代起，我国幼儿园学习苏联经验，开始使用学科教学的组织形式，此形式持续时间长，影响深远。1981 年颁布的《纲要》将幼儿园教育内容划分为语言、常识、计算、音乐、体育和美术六科，2001 年颁布的《纲要》将幼儿园教育内容相对划分为健康、语言、科学、社会、艺术五大领域。尽管“五大领域”的提法较“六科”而言，已体现了学科综合化的趋势，但仍不可避免地带有学科的色彩，当前在我国幼儿园教育中仍占有重要地位。

(一)学科(领域)课程的内涵

顾名思义，幼儿园学科(领域)课程就是将幼儿园课程分为若干学科(领域)，以

学科（领域）为单位组织和实施教育的课程。①

各种幼儿园学科（领域）课程在结构化程度上可以有所不同，甚至可以有非常大的差别。这就是说，学科（领域）只是形式。结构化程度高的幼儿园学科（领域）课程反映的是以教师为中心、以课程的行为目标为导向、以结果为评价标准的课程特征。在这种课程中，教育活动以学科（领域）所具有的特点为教育活动设计的重要依据，教育活动以学科特有的方式得以展开。而结构化程度低的幼儿园学科（领域）课程，则多少也能反映一些以儿童为中心、以课程的过程原则为取向、以活动过程为评价依据的课程特征。在这种课程中，各学科教育活动在学科本身的结构性方面有所减少，力求使教育活动尽可能贴近儿童的真实生活经验。

（二）学科（领域）课程的特点

1. 一般是有内在逻辑结构的课程

对儿童而言，学习的内容如果存在内部逻辑结构，使他们能够循序渐进地学习，那么，他们的学习效率也许会有所提高，他们就有可能在较短的时间内较为系统地获取知识和经验。

学科（领域）课程一般是有内在逻辑结构的课程，每一学科（领域）自成体系。这种主要依据学科（领域）内部的结构而展开的课程，能使儿童按学科逻辑系统地把握知识和技能。

例如，数学学科专家认为，数学知识体系具有一定的逻辑结构，必须通过系统的教育，才能使儿童对知识之间的逻辑联系有所感知和理解，才可以在此基础上建立起相应的认知结构。儿童认知结构一旦建立，将有利于知识的迁移和知识容量的扩大，也有利于儿童认知能力的提高。幼儿数学教育所涉及的数学知识是粗浅的，具有一定的启蒙性质，可它仍然具有数学知识的逻辑结构，需要系统地对幼儿进行教育。

2. 能为儿童提供学科（领域）中的关键概念

每个学科（领域）都有不同于其他学科（领域）的特殊性，每个学科（领域）都有其关键概念，对这些关键概念的把握，有利于儿童对整个世界的认识。学科（领域）课程将本学科（领域）的关键概念作为学科（领域）的核心，由此而展开的课程，能让儿童把握人类文化和知识的精华，获得与此学科（领域）有关的能力。

例如，《儿童早期的科学经验》一书列出了有关儿童科学领域的关键经验：植物、动物、人体保健与营养、空气、水、天气、岩石与矿物质、磁力、地球引力、简单

---

① 朱家雄：《幼儿园课程概论》，133页，北京，北京出版社，2017。

机械、声音、光等。在磁力这一专题中，包含了“磁铁能吸引一些物体”“不同的磁铁有不同的磁力”“磁铁能隔着一些材料吸引物体”“磁铁能磁化另外一些物体”“磁铁的两端磁力最强”等一些有关磁力的重要命题和关键经验。

3. 有较强的可操作性

与核心（主题）课程等其他课程相比，学科（领域）课程具有较强的可操作性，即使教师没有太多的教育教学经验，也可在教师参考用书和教材的指导下分门别类地实施教育教学，比较容易把握教育教学的进程，比较容易对教育教学效果进行评价。

学科（领域）课程除了以上几点特征（优点）之外，作为幼儿园课程，存在诸多不足之处。如学科课程强调知识和技能的分门别类，强调为设计和组织知识和技能提供系统框架，强调为理解社会和世界提供关键概念、探索的工具以及认识的方法，这一切的获得常常较少顾及幼儿的兴趣和需要，较少顾及幼儿在不同水平上的发展。

（三）学科（领域）活动的设计与实施

以学科（领域）方式设计幼儿园课程，应尽可能发挥学科（领域）课程的长处，避免其不足之处，这样，才有可能使幼儿园教育活动更有意义。

1. 学科（领域）活动的设计原则

（1）教育活动的难易程度尽可能与儿童的发展水平相当

在学科（领域）课程中，教师对教育活动的计划与儿童的发展水平相符合，使之保持在维果斯基的“最近发展区”内，这是一种比较理想的状态。但是，各学科（领域）本身的逻辑结构和学科（领域）学习的规律等与儿童的发展往往是不相符的，甚至会存在一些矛盾。教师应努力把握儿童发展的规律，把握学科（领域）内在的教学规律，在充分顾及学科（领域）特点的情况下，使所计划的教育活动的深度与儿童发展的水平尽可能相近。例如，认识地球引力是幼儿科学领域中一个关键经验，幼儿能亲自感受到磁铁那种相互吸引的、看不见的力量，那么，他们是否能将这种感知迁移，对地球引力形成理解？尽管我们可以设计一些有趣的实验，但是对幼儿来说理解还是很困难的。而同样是科学领域中关键概念的磁铁则不然。虽然我们不能看到或者感受到磁铁的吸引力，但是能看到或者感受到它发生的作用。儿童在通过实验让磁铁的力量发挥作用的时候，就会相信这种看不见的力量是真实存在的。

（2）教育活动的次序应尽可能与儿童的发展顺序相近

在学科（领域）课程中，教师对教育活动的计划既会充分考虑儿童的发展顺序，又会考虑各学科（领域）本身的逻辑结构和学习学科（领域）的规律。幼儿园教育活动的对象是幼儿，因此，教师计划的教育活动次序与幼儿的发展顺序尽可能相近就显得特别重要。要做到这一点虽然不容易，但是，教师如果能努力把握幼儿发展的规律，并能把握学科(领域)内在的教学规律，就有可能在充分顾及学科(领域)特点的情况下，使所计划的教育活动的次序与幼儿发展的顺序尽可能相近。

以数学学科中幼儿分类学习为例，数学分类活动类型从简单到复杂，有以下几种。

第一种，按物体的一个特征分类。物体的外部特征(如颜色、形状、大小等)，幼儿都能直接感知，因此按物体外部的某一特征分类，幼儿比较容易掌握。例如，把一盒各种颜色的珠子按颜色差异分别放在不同的小盘里。

第二种，按物体的两个特征分类。这种分类形式要求幼儿能从两个角度来划分物体的类别。例如，当分类要求是将黄色的圆形纸片放在一起时，幼儿只有找出黄颜色的而且是圆形的纸片才符合要求。

第三种，按照物体的一个特征的肯定与否定的标准分类。所谓肯定标准是指符合某一特征的所有物体；所谓否定标准是指不符合某一特征的所有物体。因此其概括性和抽象性都更高了一层，学习的难度也更大了。例如，要求按绿色(肯定)与非绿色(否定)的标准分类时，非绿色不是单指非绿色的某一种颜色，而是指除绿色之外的所有颜色。

第四种，多重分类。多重分类是指对一组物体可以确定多种标准进行分类，一个物体可以划分到不同的类别中。例如，一堆衣服可以按穿的季节进行分类，也可以按成人装和童装、男装和女装、棉织品和非棉织品进行分类。

第五种，层级分类。它是按照物体的某种特征，多级次地将物体连续分类。例如，一盘纽扣可以先按大小分成两类，接着将分成的两类各按颜色特征继续分类，再按纽扣的形状或者扣眼的多少分类等。

第六种，交叉分类。当某些物体同时具有两个集合所具有的特征时，它们就成为两个集合的相交、重合部分。我们把同时属于两个集合的这部分物体所形成的集合称为这两个集合的交集。交集分类就是要求幼儿能将属于两个集合相交部分的物体归放在一起。

从分类这一内容，就可以看出数学内容本身存在一定的逻辑性，因此，数学教育活动内容的组织与安排，既应该体现教育内容的系统性和内在逻辑性，又要和各年龄班幼儿的认识特点和接受水平相适应。例如，小班可以学习按物体的一个特征进行分类，而交叉分类这一教学内容的难度最大，应放在大班末期进行。有时，教师在设计教育活动时，甚至需要将一项内容或要求分解为若干相互衔接、由浅入深的具体内容，才能与幼儿的学习能力相适应。例如，小班幼儿学习分类，开始时可让幼儿学习将相同的实物放在一起，接着可让幼儿学习按标记对实物(或图形)进行分类，此后可以让幼儿先进行分类，再选择相应的标记表示分类的结果。这样，才能取得比较好的教学效果。

(3)教育活动应尽可能与个体和群体儿童的需要相符

在学科(领域)课程中，教育活动可以以全体、小组和个体等不同的形式进行。教师可以通过认真观察、任务分析和悉心准备，努力使教育活动计划尽可能与儿童的个性需要与群体需要相符。例如，一位教师在组织幼儿进行小鸡、小鸭的比较观察活动中，“介绍各自所带的食物”“比较观察小鸡、小鸭”“观看小鸡出壳的录像”采用集体活动，而“给小鸡、小鸭喂食”“观察小鸭游泳”“分享小鸡、小鸭的趣事”则采用小组活动进行，较好地兼顾了儿童的不同需要。

2. 学科(领域)课程中教育活动的两种设计倾向

在学科(领域)课程中，教育活动的设计可以是高结构的，也可以是低结构的，从而反映出教育活动设计中的两种不同的倾向。同样，即使相同倾向的教育活动，在其结构化方面也存在程度上的差异。学科(领域)课程的性质决定了其教育活动的设计较难达到如同核心(活动)课程可能达到的低结构化程度，而且，学科(领域)课程的本身性质也决定了这种课程的主要价值在相当程度上就建立在它所具有的结构性上。

(1)教师计划为主的学科(领域)教育活动

这类教育活动以课程或教师计划的活动为教育活动的主体，教育活动的内容主要根据学科(领域)的性质而由专家或教师预定，选择和组织学科内容的主要依据是学科(领域)本身的逻辑顺序，对教育活动评价的标准是预定的目标是否达成。

在这种学科(领域)课程中，教师计划为主的教育活动十分明显地体现了以教师为中心展开教育活动的基本特征。课程专家或教师可以根据自己对知识性质的认识和把握，以将知识和技能传递给儿童为基本出发点，以学科(领域)为课程内容的组合单位，通过系统的教学，完成整个活动。课程专家或教师预先编制的计划在实施过程中可以根据儿童的状况做一些调整，但是，可以调整的范围相对较小，整个教育活动基本按照预定计划和设计的方案进行。

这种以课程专家或教师计划的活动为教育活动主体的设计倾向，在学前教育领域内已经有了相当长的历史。在我国，即使在人们对儿童的权利、需要和发展潜能已经有了极大关注的当今，这种教育活动的设计方式仍然还有相当的影响，其原因不仅只是文化和传统层面的，还可能在于它与当今中国的教育体系较为合拍，并能在较短的时间内获得可以进行客观评价的效果。

事实上，这种以课程专家或教师计划为主体的设计倾向，并不排斥对儿童发展和儿童兴趣等方面的重视，只是这种教育活动的基本性质决定了这类教育活动很难在真正意义上符合个体儿童的不同兴趣和需要，使每个儿童都能在原有的水平上得到发展。

(2)教师与儿童共同计划的学科(领域)教育活动

这类教育活动虽以课程专家或教师预定的计划为主，但是，在计划时也较多地依据儿童的兴趣和需要，在教育活动展开的过程中，在一定程度上反映以儿童为中心的倾向，即课程的目标具有一定程度的儿童“生成性”，课程的内容在相当程度上与儿童的生活经验相符合，教育活动常以小组活动的形式展开，教育活动也具有相当的弹性，可以在一定程度上根据儿童的兴趣和需要加以调整和改变。

但是，这种倾向的学科(领域)教育活动是以学科或学习领域为其基本出发点的，因此，在课程的结构上必定主要反映出这些学科或学习领域本身的特点。不管教育活动的设计在多大程度上与儿童的生活经验相贴近，教育活动的形式在多大程度上与儿童的特点相符合，这类教育活动与每个个体儿童真正意义上的生活经验以及兴趣和需要之间必然还存在相当的差异。

在课程实施的过程中，两种不同倾向的学科(领域)教育活动并不是非此即彼的，它们之间的差别实际上只是反映在对课程价值取向的把握程度上。如果能够根据教育背景和各种条件把握好课程价值的度，就能使学科(领域)课程较为理想地完成学科(领域)教育的各种目标，也能使儿童发展、学科(领域)知识和技能以及社会文化的要求等方面得以兼顾。实现该目标的要点，是根据学科(领域)本身的特点，把握儿童在该学科(领域)内学习和获得概念的规律，充分调动儿童和教师的积极性，通过最优化的方式组织教育活动，分别发挥教师为中心和儿童为中心两类活动的长处，避免其不足之处，使儿童的学习更有意义。

(四)学科(领域)活动设计与实施中应该注意的问题

1. 活动目标应合理、可操作

活动目标是活动最后应达成的预期结果，是幼儿应获得的预期经验。教师设计目标时要结合幼儿的年龄阶段特点，考虑幼儿的学习能力和活动时间，制定内容和数量适宜的具体活动目标。并且尽可能关注各个目标之间的有机联系，让幼儿在一个活动中获得相对完整的经验。

2. 活动内容精心安排，适应活动目标的需要

活动内容的适宜是实现目标的保证。活动内容的适宜意味着内容应根据目标来确定，而不是根据内容确定目标。适宜的内容一定指向目标的实现，即通过对特定内容的学习，幼儿一定能获得特定的经验。活动设计应根据年龄班的特点，充分考

虑这些影响因素，使活动内容真正适合特定的幼儿。

3. 活动方法应灵活多样、生动有趣

活动的方法应以幼儿的心理逻辑为基础，考虑特定的学科内容，综合具体的教学形式，在活动中综合性地发挥作用。不同的学科(领域)活动在组织形式、方法、策略上有一些差异，如社会领域的活动更强调合作、交往，在相互交往中学习和发展，关注的重点是幼儿与同伴之间的相互作用；科学领域更强调探究和发现，强调的是认识、体验的获得，关注的重点是幼儿与客观事物和现象之间的相互作用。

在具体活动组织中，应尽可能采用多种形式，避免仅仅采用以教师讲解为主的集体教学形式，要尽可能与现实生活结合，充分利用多种课程资源，努力使活动生动、有趣和有效。

三、经验课程设计——以区域活动为例

经验课程重视学习者的主体性，它强调打破课程中的学科界限，以学生的兴趣、经验为中心组织课程要素。在幼儿园教育中，区域活动是经验课程的代表类型。我国幼儿园的课程实践中，区域活动很长时间以来一直扮演着对集体教学活动进行补充或辅助的角色，并未成为课程的主要实施形式，近些年越来越受到重视和关注。

(一)区域活动的内涵

区域活动也称活动区活动、区角活动，是幼儿园常见的教育活动之一，是指以幼儿感兴趣的活动材料和活动类型为依托，将活动室的空间相对划分为不同的区域，让幼儿自主地选择活动区域，在其中通过与材料、环境、同伴的充分互动而获得学习与发展机会的活动类型。

(二)区域活动的特点

1. 自主性

区域活动一般采用自选游戏的组织形式，注重让幼儿自选、自由地开展游戏活动，充分发挥游戏的自主性特点，不论是主题的确定、玩具的选择、玩伴的选择、语言的运用、动作的展示等游戏过程的各个环节都自然地进行。

2. 教育性

区域活动有鲜明的教育性，但这种教育性比较隐蔽，主要体现为幼儿在游戏的过程中对材料的操作及对区域规则的遵守，以及在与伙伴们的相互交往中产生积极的体验，通过轻松愉快的活动，促进其身心发展，实现游戏本身的发展价值。例如，角色游戏区(娃娃家、小餐厅等)最大的教育意义在于有助幼儿学习社会性行为，发展交往能力；结构游戏区的教育意义主要在于能够促进幼儿的创造性思维和手部动

作的发展，培养幼儿手脑并用的能力；等等。

3. 实践性

不管是哪种类型的区域活动，都要通过幼儿的具体实践活动才能实现它的教育性。区域活动是非常具体的活动，有角色、动作、语言、玩具材料，幼儿在活动中只有亲身实践才能发展自身的各种能力。

(三)活动区域主题确定应遵循的规则

为创设适合幼儿发展的活动区域主题，使区域活动最大限度地发挥其教育作用，应遵循以下原则。

1. 活动区域主题应适合幼儿各年龄段的发展水平

小班幼儿处于形象思维能力形成和发展时期，他们喜欢成型的形象玩具，且对于扮演游戏角色感兴趣，但他们的角色意识并不强，因此在小班可以创设适合小班幼儿的角色游戏区“娃娃家”。中班幼儿较小班幼儿对于扮演角色的意识更强烈，且语言能力也较小班幼儿有了较大发展。根据这一特点，在中班可以创设“小餐厅”“美发屋”等角色游戏区。大班幼儿对于角色游戏已经积累了很多经验，能够主动地参与到游戏中，与伙伴之间可以进行丰富的角色语言互动，因此大班中可以创设“爱心医院”等角色游戏区。

2. 从幼儿的兴趣出发，确定活动区域主题

在每个班级创设活动区域之前，教师都要同幼儿进行谈话，了解幼儿想玩什么，在此基础上再协调、确定好活动区域主题。幼儿对这个活动区域感兴趣，才会愿意玩，才会在玩中收获更多。另外，每个活动区域都应有幼儿进区活动记录，并一段时间后进行统计，根据结果进行适当调整。

3. 根据教育活动主题确定相适宜的活动区域主题

除数个固定活动区域外，还可以灵活开辟区域，即根据教育活动主题随机开设活动区。如在进行“恐龙”主题教育活动时建成的“恐龙博物馆”科学区，在进行“我健康，我快乐”主题教育活动时，变成“爱心医院”角色区；在进行“春光无限美”主题教育活动时，又可改建成“春之歌”表演区……使主题活动通过区域活动得到延伸和拓展。幼儿既发展了能力，又巩固了与主题相关的知识经验，一举两得。

4. 注重活动区域主题之间的互动

活动区域创设应注重区域间的联系，让区与区之间能够互动，使区域活动能最大限度地发挥它的教育作用，增加趣味性。如中班开设了“小餐厅”角色区，同时开设“贝贝超市”，还可以开设“银行”，便于幼儿在区域间进行互动游戏。“小餐厅”的服务员可以去“银行”取款，然后去“超市”买“餐厅”需要的用品，还可以将“餐厅”的

收入重新存入“银行”等，区域间的互动更大限度地调动幼儿游戏的积极性，也发挥了区域活动的教育性。

5. 活动区域主题适当体现地域特色

在创设活动区域时，主题选择时还要充分考虑到本地特色。一是充分利用自然物。在大自然里，有很多可再生的天然游戏材料。例如，小树叶可粘贴成小动物、叶子拓印、制成“书签”等；捡来的小石头、小树枝可当成计算材料；小石头染色后可当成飞行棋子；叶子可当成小伞、做成扇子和帽子等。二是巧用废旧物品。例如，将老师或幼儿带来家中的洗发水瓶、化妆瓶子投放到“理发店”；在方便面碗种上葱、蒜；幼儿把以前穿过的小衣服带来，变成了“娃娃的盛装”；将瓶盖做成串铃。三是充分融入地方民俗风情，如传统节日、民族饰品、地方特产、生产劳动特色等。例如，山东日照为沿海城市，贝壳、海螺很多，出海捕鱼活动很常见，渔具丰富多样，可以创设“海石装饰间”“海底大聚会”“海石贝壳粘贴间”“漂亮的渔具”等手工区；又如，湖南湘西少数民族风俗习惯各有不同，民间传统工艺多种多样，可以创设“漂亮的苗族服饰”“花布印染坊”“茅古斯舞台”“龙谷节”等特色活动区。

（四）活动区域创设的内容及要求

活动区域创设包括材料投放、区域环境创设及区域规则的制定三部分，材料、背景环境及规则共同构成了支持、引导幼儿活动的条件系统。

1. 区域材料的投放

区域材料投放是指在区域活动中，教师根据各活动区特点、幼儿需求和发展水平，按照一定方式方法向幼儿提供活动材料，借此实现对幼儿活动的间接指导。幼儿园活动区域投放材料至少须注意以下几个问题。

（1）依照教育目的投入使用

区域活动服务幼儿身心发展，区域活动材料的投入使用应与教育目的相符，应在不同的区域投入相适宜的材料。例如，为培养幼儿学会系鞋带的实际操作技能，可以提供系鞋带步骤图片，以及鞋子和鞋带实物；为引导幼儿探寻沉浮现象，可以为幼儿提供水缸、水盆以及石块、木头、海洋球等材料。

（2）依照幼儿兴趣、爱好与发展需要投放材料

区域活动材料要能满足幼儿的兴趣、爱好和发展需要。只有让幼儿感到有兴趣和挑战，才能激发幼儿的好奇心，调动幼儿参与的积极性，发挥幼儿的创造性，让他们手脑并用，探索世界。

（3）依照幼儿的年龄特点和能力水平有效投放

不同年龄阶段幼儿发展特点不一样，即便是同一年龄阶段幼儿，由于个体间的

差别，其能力水平、发展速度及方向也不一样，区域活动投放的材料也应不尽相同。例如在美工区，对小班幼儿，可以提供勾勒好的图形，幼儿仅需要涂色就行；对掌握了一定的绘画技能的中大班幼儿，可以提供彩笔与白纸，让他们自主进行主题绘画。

(4)支持、启迪、引导幼儿与环境互动

幼儿是区域活动材料投放的主人，教师应引导幼儿根据自己的需要挑选材料，并且自主决定材料做何用途，从而增进幼儿与环境的互动，使材料得到有效利用。

2. 区域活动环境的创设

适宜的区域活动环境创设，能够推动幼儿园区域活动高效开展。为充分发挥其功能，进行区域背景环境创设应从以下几个方面考虑。

(1)区域活动主题鲜明且富有吸引力

区域活动主题标识指引幼儿活动的区域范围、活动内容。其设计要醒目，摆放位置要显眼，可悬挂、粘贴，表达要贴近幼儿生活，且与活动室整体环境协调一致。

(2)区域规则设计应图文并茂

区域活动规则具有保障、指导等多重功能。区域规则设计不仅应有效渗透教育意图，同时应起到组织、约束、调整幼儿活动行为和相互关系，最大限度地保证幼儿的活动权利等方面的作用。图文并茂的规则设计能更适用于幼儿。例如，娃娃家是小班幼儿的最爱，在娃娃家的门口贴上小脚丫，几对小脚丫表示能进几个幼儿，小脚丫都摆满了小鞋子就表明人数已经满了，无形中引导幼儿参与其他区域活动。

(3)区域分隔布局合理开放

活动区域要充分利用有限空间进行整体规划，合理布局，区域与区域之间进行相对分隔，各区域整体上形成一个大的开放空间。各活动区域空间大小根据区域活动特点及幼儿园年龄阶段特点创设，区域分隔物尽可能以方便幼儿活动为原则有效利用活动材料储物柜(架)。如小班幼儿游戏具有独占性、平行性等特点，同一游戏材料数量要多一点，所以在活动区域空间最好大一点。“娃娃家”里面摆放小床必须有几组、娃娃重样的必须有多个。例如，阅读区和表演区，一个偏安静一个偏热闹，最好间隔远一点，不相互干扰。

(4)营造宽松、和谐的活动氛围

宽松、和谐的区域活动氛围即应创设良好的心理环境。具体表现为融洽、平等的师幼关系和积极、高效的师幼互动，以及友好、合作的同伴关系。

3. 区域规则的制定

区域规则应由教师和幼儿共同完成，常见的方法有三种。

(1)在讨论中共同商定

活动过程中常常出现种种问题。例如，想去有些区域的人数太多，幼儿相互争抢游戏材料，活动中无故中途退出导致活动无法继续等。面对诸如此类的情况，教师可以及时组织幼儿就发生的问题展开讨论，寻求解决问题的办法，共同商定活动规则。

(2)在试错中逐步形成

活动过程中难免会遇到违反游戏规则的情况，只要不对幼儿身心构成伤害，教师不必立马插手，果断制止，可以放手让幼儿自行寻求问题的答案，允许幼儿失败，在失败中体验规则的重要性，增强幼儿遵守规则的自觉性，同时培养幼儿自主解决问题的能力。

(3)在活动前明确规定

有些活动规则具有一定的强制性，要求幼儿在活动时务必遵守。对于这类规则，一般在活动前就明确提出来。例如，玩水时不能将水泼到别人身上，尽量不弄湿地板；玩沙时不能扬沙，不能用手揉眼睛；等等。

· 幼儿园课程的主题来源及案例 ·

学以致用

(1)以“美丽的秋天”为主题，为小、中、大班各设计一个主题活动方案。

(2)分别以健康、语言、科学、社会、艺术为领域为题，为小、中、大班各设计一个领域活动方案。

(3)为小、中、大班各设计一个区域活动方案。

本讲要点

幼儿园课程常见类型有核心课程、学科课程、经验课程。核心课程以主题活动为例，其方案设计主要包括主题的选择与开发、目标确定、主题网络图制定、具体活动方案制订等。学科课程以领域活动为例，其方案设计有高结构和低结构两种倾向。经验课程以区域活动为例，其方案设计主要包括活动区域主题的确定、材料的投放、区域环境的创设、区域规则的制定等。

模拟练习

(1)常见幼儿园课程类型有哪几种？

(2)幼儿园主题教育活动的含义是什么？

(3)主题活动的特点有哪些?

(4)主题活动设计的程序是什么?

(5)幼儿园学科(领域)课程的含义是什么?

(6)幼儿园学科(领域)课程的特点是什么?

(7)幼儿园学科(领域)课程中教育活动的设计原则有哪些?

(8)简述幼儿园区域活动的含义。

(9)简述幼儿园区域活动的特点。

(10)简述活动区域主题确定应遵循的原则。

课外拓展

实地调研某幼儿园区域活动方案设计情况。

第三讲

幼儿园不同层次课程方案设计

头脑风暴

“现在幼儿园课程太多了，五花八门的：既有购买的主题教育活动资源包，又有教育局下发的地方课程资源包，还有幼儿园自己的特色课程。这些课程之间有什么联系？或者说可以怎么融合？我们教师都非常迷惑，也不知道按哪一套课程来书写教案、实施教育教学了。有的教师干脆就在每天的备课本上写着‘详见××教材’或者直接抄写一个教学活动。”

对于这样的现象，你怎么看？

导入语

幼儿园课程是由不同层次课程构成的一个系统体系。从纵向结构看，一般从上到下依次可以分为幼儿园整体课程、学年/学期课程、月课程、周课程、日课程以及具体活动课程。不同层次的幼儿园课程方案设计存在共性，即都应涵盖课程目标、课程内容、课程实施、课程评价四个基本要素，但又存在差异。

《纲要》指出："教育活动的组织与实施过程是教师创造性地开展工作的过程。教师要根据本《纲要》，从本地、本园的条件出发，结合本班幼儿的实际情况，制定切实可行的工作计划并灵活地执行。"幼儿园各层次课程方案设计都应贯彻落实此精神。同时《规程》《指南》等相关文件也为幼儿园各层次课程设计提供了重要指导。

一、整体课程方案设计

幼儿园整体课程方案务必要遵循国家和地方相关文件精神，结合办园理念、园所地域、师资、幼儿等自身实际情况，对本园的课程目标、课程内容、课程实施、课程评价等进行整体、全面的规划和设计，逐步形成适宜、可操作的课程设计方案。幼儿园整体课程设计方案是幼儿园课程实施、管理与评价的基本依据，对幼儿园课程的建设和实践过程具有规范、引导、保障的主要作用。

（一）整体课程方案的基本框架

幼儿园整体课程方案应考虑整体性、科学性、操作性、发展性等基本特点，幼儿园要在充分分析园所情况的基础上，做出科学、适宜的课程设计。一般来说，可包括幼儿园课程背景、课程目标、课程结构、课程内容、课程实施、课程管理与评价等内容。

1. 课程背景

设计幼儿园整体课程方案，首先要客观、深入地分析园所课程背景，这是撰写幼儿园整体课程方案的基础工作。每个园所都有自己的实际情况，哪怕是同一个系统的两个幼儿园，由于办园时长、师资、地域、家长等因素的不同，会有不同的课程背景。因此，做好课程背景分析影响着园所课程整体方案的定位及发展走向。撰写课程背景，一定要深入剖析园所的课程发展历史，分析资源与条件，辨清优势与劣势。一般要重点了解包括国家和地方关于课程实施的精神与要求、本园课程发展的历史阶段和重点内容、园本特色的归纳与提升、课程现状中的优势与不足等内容。

2. 课程目标

一般而言，设计幼儿园整体课程的基本目标应考虑知识本位、学生本位和社会本位的价值取向。幼儿园整体课程目标要考虑幼儿的需要、现实生活的需要和学科发展的需要，解决具有不同文化背景地区幼儿园实际的课程和教育教学的需求。课程目标应该在符合课程精神和要求的基础上，客观分析园所课程背景和现有条件，通过充分调研和反复论证而制定。

3. 课程结构

确定了课程理念、课程目标后，应根据目标选择适宜的课程类型，这是选择课程内容的重要条件。课程结构即确定幼儿园所选择的课程活动类型以及这些活动的总体时间安排和时间配比。一般可以从以下方面考虑课程结构：①集体教学、区域活动、生活活动、户外活动四者的关系和时间配比；②基础性课程、特色性课程两者的关系及内容组成；③共同性课程、选择性课程两者的关系及内容组成。幼儿园要依据科学的课程整体理念，注意处理好各类课程之间的关系，分配好时间比例，使教师们清晰地开展教育教学活动。

4. 课程内容

课程内容是实现课程目标的手段，对于教师和幼儿来说，主要解决“教什么”和“学什么”的问题。课程内容要根据园所秉持的教育理念和课程模式来进行选择，要考虑适合儿童发展、贴近社会生活以及顾及基础性三个方面的因素。选择课程内容，一是要注重内容的基础性，将经过认真筛选的基础知识和基本技能编入教学计划；二是要强调课程与社会生活的联系，让课程内容贴近社会生活，注重幼儿在学习过程中的主动参与，帮助其接触社会、了解社会、适应社会生活；三是强调课程内容与幼儿发展相联系，注重尊重幼儿的兴趣、需求和发展现状，让课程内容能通过幼儿与环境的互动而被幼儿吸收。因此，在撰写整体课程方案时，既要考虑幼儿的兴趣、需求和能力，又要考虑贴近幼儿生活，并按知识内在性质及其内在结构来组织课程内容。

5. 课程实施

整体课程方案中的课程实施部分，应写清楚教师实施课程时应注意的各项要求和原则，保证课程实施能基本准确地落实课程内容，达到预期的课程目标。要强调在课程实施中对幼儿的关注，应注意尊重幼儿、观察幼儿、与幼儿对话、为幼儿提供适宜的操作材料、注重以游戏和体验的形式开展活动等。值得注意的是，教师是课程实施中的重要因素，应该使其创造性地发挥作用，从本地、本园及班级幼儿实际情况出发，灵活、恰当地开展教育教学工作。

6. 课程管理与评价

课程管理和评价是幼儿园课程中很重要的环节，是衡量幼儿园教育的质量与成效、教师行为、幼儿行为的重要手段。课程管理，是对幼儿园课程编制、课程实施和课程评价进行管理的过程。课程评价，应在幼儿园课程理念的指引下，以幼儿园课程为评价对象，针对幼儿园课程的主要特点和组成要素，通过搜集、整理和分析课程相关资料，科学地判断幼儿园课程价值和效果的过程。课程评价的内容，一般包括教师执行课程方案情况、幼儿发展情况以及课程方案的执行与调整。

(二)注意事项

1. 课程理念是整体课程设计的核心要素

在幼儿园课程形成和发展的过程中，课程理念是非常关键的一环，也是基础工程。课程理念反映了幼儿园整体课程的价值取向，只有先明确幼儿园整体课程的理念，课程目标、课程结构与内容、课程实施、课程管理与评价，才能形成和发展。因此，幼儿园在确立和编制幼儿园整体课程方案时，首先要对课程理念有清晰的思考与明确的定位，要根据本土、本园实际情况认真分析、判断、确立适宜的课程理念。

2. 各要素之间应建立相互关联、相辅相成的关系

幼儿园课程各要素不是孤立存在的，课程理念是核心，其他课程要素也都缺一不可。在设计课程整体方案的过程中，要时刻牢记将课程理念落实在每一个要素之中，各要素之间注意相互关联、相互呼应，要注意设计上的整体性和理念上的统一性，切不可出现“两张皮”的现象。

3. 整体课程方案应考虑实操性

幼儿园整体课程方案是教师实施教育教学的指南，应充分考虑其实操性。要深入分析课程实施的背景，明确课程目标，围绕课程实施紧密相关的要素展开设计。如果课程方案过于空洞，则会让教师在实施时产生无从下手或理解偏差的现象。因此，课程方案设计一定要突出“实”，切忌用空洞、抽象的话语来表述具体内容。

4. 整体课程方案应考虑创新性

设计幼儿园整体课程方案时，可以借鉴相关的课程资料。一是借鉴国内外著名课程理念；二是借鉴国内知名园所的课程实践方案。这两种借鉴思路都是可行的，但一定要注意结合本园实际情况，有针对性地借鉴他人思想和实践经验，尤其要注意用创新和发展的眼光来看待已有的课程成果，从而设计出契合本园实际且具有前瞻性的园所整体课程方案。

(三)案例

基于“思优”价值观的课程实施方案

——上海市黄浦区思南路幼儿园

思南路幼儿园创办于1956年，2002年被命名为上海市首批示范性幼儿园。幼儿园共有北部、南部、实验部三部，园舍环境幽雅，儿童生活与活动设施丰富、适宜。

幼儿园以“关注和引导儿童需要，开发潜能，注重和谐，为儿童的后继学习与终身发展奠定早期的素质基础”的办园宗旨。在长期的办园实践中，幼儿园形成了一支“高学历、高素质、高质量”的师资队伍，全体教工在“不断思考优质，不断追求优质”为办园精神引领下，以热情和智慧不断进行教育理论与实践的研究，在学前教育发展的各个阶段率先进行改革与实验，发挥了示范和辐射作用，并向社会、家长承诺“优质教育每一天”。

·案例全文·

二、学年课程方案设计

在幼儿园整体课程方案的指引下，必须科学合理地细化为各年龄阶段课程方案。幼儿园学年课程方案就是通常意义上的学年计划，即按照整体课程方案要求，根据各年龄阶段幼儿特点以年为时间单元做出整体规划。

(一)学年课程方案设计的基本框架

学年课程方案可包括指导思想、幼儿学习特点分析、课程目标、保教工作重点、家长工作重点、活动安排等内容。

1. 指导思想

指导思想是把握学年课程方案方向性的指南，一般应写明以国家及省级教育行政部门的政策文件为指引，在幼儿园整体课程方案的指导下，开展学年课程方案的设计。

2. 幼儿学习特点分析

幼儿学习特点分析是学年课程方案中非常重要的一个部分，彰显了对儿童自然天性的尊重、对儿童现实发展状况的接受。通常要全面分析某一年龄阶段整体意义上一般儿童的学习特点。

3. 课程目标

根据幼儿园课程总目标，按年龄阶段进行纵向分化，即各年龄阶段课程方案实施应达到的理想状态。《指南》中详细描述了各领域的年龄阶段目标，可以成为制定学年课程目标的参照依据。

4. 保教工作重点

保教工作重点应结合幼儿年龄特点、教育教学重点、幼儿园年度重点工作等方面内容制定，对具体工作实施具有较强的指导性。

5. 家长工作重点

家长工作重点是结合课程目标、幼儿发展现状及家长工作特点制定的。

6. 活动安排

活动安排是对学年课程内容的具体安排，一般包括教育教学主要内容的设计，如主题的选择、主题的具体形式和内容等。

(二)学年课程方案设计的注意事项

1. 方案设计要有操作性

学年课程方案切忌有宽泛空洞、操作性不强的现象。学年课程方案是教师设计学期方案的参照蓝本，如果操作性不强，将影响其下位课程方案设计。因此，框架设计要落实到主题基本内容，指向性要强。

2. 特色课程要有可行性

学年课程方案中既要有基础课程，又要结合园所文化和地域特点设置适合园所的特色课程。特色课程的规划与建设应源于课程本身的价值分析，立足于课程，既满足幼儿的实际需求，又能切实促进幼儿发展，并且能彰显幼儿园的优势资源，有开发的充足理由与实际意义。

3. 要处理好预设与生成的关系

学年课程方案既要安排到具体的教育教学内容，同时又要考虑到在课程安排中留有生成课程的空隙。也就是说不能安排得太满太多，要让教师有创造性地开展教育的空间，也要考虑到幼儿的个体差异以及不同的兴趣需求。

(三)案例

大班学年课程方案

(由长沙师范学院附属第一幼儿园符甜老师提供)

一、指导思想

以《指南》和《纲要》精神为指引，在幼儿园整体课程方案的指导下，结合幼儿园年度工作计划，确定大班的年度教育教学目标、工作重点及基本内容，并坚持规范的一日生活流程，科学实施教育教学活动，有效提高一日生活质量，促进幼儿全面和谐发展。

二、大班幼儿学习特点分析

5～6岁的儿童进入飞速发展阶段，各个方面的发展与进步日趋明显：自我评价能力逐步发展；情感的稳定性和有意性增长；自理能力和劳动能力明显提高；合作意识逐渐增强；规则意识逐步形成；动作灵活、控制的能力明显增强；爱学、好问，有极强的求知欲；能初步理解周围世界中比较隐蔽的因果关系；能根据周围事物的属性进行概括和分类；能生动、有表情地描述事物；阅读兴趣显著提高；创造欲比较强烈；等等。

三、课程目标

根据幼儿园整体课程方案，结合大班幼儿发展的实际情况，确定大班课程目标如下：

1. 社会适应方面：有较强的自我服务能力，具有责任感，会关心关爱他人，能与人合作、协商、分享。

2. 良好习惯方面：遵守规则、善于合作、爱护公物、乐于助人、遇到困难不退缩等。

3. 学习能力方面：有较强的求知欲，学习兴趣浓厚，爱学习，爱阅读，语言表达能力强，具有探索精神，能提出问题并解决问题，有创造力，能适应变化的环境，能理解并听从指令，乐于与人交往并学会和同伴合作。

4. 任务意识方面：建立规则意识、任务意识，能自我控制、遵守规则，有毅力。

5. 具有适应小学生活的能力，向往小学的生活。

四、保教工作重点

1. 根据幼儿年龄特点，开展符合幼儿需求的教育教学活动。

2. 按计划科学实施一日保教工作，做好保教常规管理，促进幼儿全面发展。

3. 重视幼小衔接工作，科学有效地开展幼小衔接工作。

4. 重视对幼儿学习品质的培养，为以后学习打下坚实的基础。

5. 通过开展丰富多彩的活动，为幼儿提供锻炼的机会，帮助他们体验自我实现的快乐，促进其自我服务能力发展。

五、家长工作重点

1. 努力营造家园合力的教育环境，增进亲子关系、家园关系的亲密度和融洽度。

2. 结合实际，找准切入点，提高家长对幼儿园工作的参与度，丰富活动内容与参与方式，办好家长学校，丰富家长学校的活动内容与形式。

3. 增强对家庭、社会的教育指导，提升科学育儿水平。

4. 利用多种途径开展家园沟通工作，促进家长对幼儿园工作的理解与支持。激发家长对学前教育事业的关注与认同。

六、活动安排

幼儿学习的基本内容以主题教育活动为主要架构，具体包括环境创设、集体教学活动、区域活动、生活活动、家园共育和幼小衔接等方面。

大班(5～6岁)幼儿主题学习活动目录

主题序号及名称	开展周次	主题序号及名称	开展周次
1. 能干的我	2	10. 联络方式趣多多	2
2. 团团圆圆过中秋	1	11. 有趣的植物	2
3. 多变的天气	2	12. 我们爱读书	2
4. 神奇的水	2	13. 美丽的湖南	2
5. 海底世界真奇妙	2	14. 城市和乡村	2
6. 了不起的中国人	2	15. 我们爱旅行	2
7. 学习解放军	2	16. 丰富多彩的民俗活动	2
8. 寒冷的冬天	3	17. 神秘的宇宙	2
9. 红红火火过新年	2	18. 我要上小学了	2

后附各主题课程的初步安排。

以“团团圆圆过中秋”为例。

主题 2　团团圆圆过中秋

本主题建议 1 周时间完成。

活动形式	活动建议
环境创设	1. 主题墙："中秋的故事"。 2. 月亮观察记录区。
集体教学活动	1. 以健康为主的活动：①大肌肉运动，如"跳竹竿"；②生活能力与习惯，如"月饼好吃不贪吃"。 2. 以语言为主的活动：①文学欣赏，如"嫦娥奔月"；②绘本阅读，如《月亮的味道》。 3. 以社会为主的活动：①社会文化，如"中秋节的传说"。 4. 以科学为主的活动：①自然现象，如"会变的月亮婆婆"；②二等分和四等分，如"分月饼"。 5. 以艺术为主的活动：①歌唱，如"月亮婆婆喜欢我"；②律动，如"阿细跳月(彝族)"；③手工，如"自己动手做月饼"。
区域活动	1. 运动区：游戏"月饼运输队"，练习往返跑。 2. 阅读区：投放相关绘本，如《嫦娥奔月》《月亮的味道》等。 3. 角色区：游戏"月饼制作坊"。 4. 表演区：投放音像材料《彩云追月》《月亮婆婆喜欢我》，供幼儿开展歌曲或舞蹈表演。 5. 美工区：开展小制作"月亮变变变"等活动。
生活活动	1. 和同伴一起品尝月饼。 2. 互相送祝福。 3. 欣赏与中秋、月亮有关的经典诗词，如《静夜思》。
家园共育	1. 一起观察记录月亮的变化。 2. 引导幼儿观察"我走月亮也走"。 3. 通过视频、文字资料了解各地中秋节不同的习俗。

三、学期课程方案设计

学期课程方案是在各年龄阶段学年课程方案基础上的进一步细化。幼儿园各年龄阶段学期课程方案即通常意义上的学期计划，一般一学年包括上下两个学期。也就是说，以一个学期为时间单元对所在年龄阶段班级的活动进行整体规划。

(一)学期课程方案设计的基本框架

学期课程方案一般可包括班级基本情况分析、课程目标(合理期望)、主题活动安排、主题内容等。

1. 班级基本情况分析

班级基本情况分析应包含班级幼儿的整体情况和个别要引起注意的情况。幼儿的整体情况应包含班级幼儿的基本数据和基本发展现状，个别要引起注意的情况要重点写清楚。

2. 课程目标(合理期望)

课程目标(合理期望)，即幼儿在各个学期应达到理想状态。《纲要》指出："教育活动目标要以《幼儿园工作规程》和本《纲要》所提出的各领域目标为指导，结合本班幼儿的发展水平、经验和需要来确定。"如果说幼儿园课程整体方案着眼的是全园幼儿，幼儿园年龄阶段学年课程方案着眼的是同一年龄阶段的幼儿，二者都还存在普遍意义上一般儿童的概念。而幼儿园年龄阶段学期课程方案则是着眼于班级幼儿的，对象是非常具体的，其发展也是看得见、摸得着的。

3. 主题活动安排

主题活动安排，应在学年课程方案的基础上写清楚要进行的主题教育活动，一般一个月一个主题活动，特殊情况除外。

4. 主题内容

主题内容，即每个主题活动从环境创设、集体教学活动、区域活动、生活活动、家长工作以及其他重要工作等方面要开展的活动内容。

(二)学期课程方案设计的注意事项

1. 关注班级幼儿的实际情况

学年课程方案对各年龄段一般儿童整体发展有全面分析，学期课程方案则应重点关注班级幼儿的发展现状和实际情况，包括班级幼儿现年龄阶段表现出的学习兴趣、习惯、速度等特点，以及社会交往、家庭教育等各方面的情况。

2. 关注本班教师的实际情况

学期课程方案应结合班级教师的实际，包括各自的专业、学历背景、工作年限，以及个人兴趣、爱好、特长、短板和发展意愿等。

3. 关注本班家长的实际情况

学期课程方案应结合班级家长的实际，包括家长的职业、专业、学历背景以及家庭生活和亲子关系基本状况，特别是家长的教育理念，对幼儿园教育理念的认同度，对教师的认可度，对幼儿园尤其是班级教师各项工作的配合支持状况等。

(三)案例

大班上学期课程方案

(由长沙师范学院附属第一幼儿园刘玉凤老师提供)

一、班级基本情况分析

1. 班级幼儿情况

本学期，班级共有幼儿××名，其中男孩××人，女孩××人。幼儿年龄为四岁多至五岁多，最小幼儿年龄与最大幼儿年龄相差一岁多，年龄跨度较大。班级幼儿在生活自理能力、语言表达能力、操作习惯、阅读习惯、创意思维、运动能力等方面整体发展较好，且具有初步与同伴合作的意识。但有个别年龄小的幼儿偶尔口齿不清，语言表达能力较弱；个别幼儿规则意识较差，活动中常随意走动且对教师的引导并不太关注。

2. 班级教师情况

班主任老师在幼儿园工作多年，对各领域教学整体把握较好，尤其擅长科学领域和区域活动方面的教育教学。协教老师为一名刚毕业的大学生，理论知识比较丰富且勤奋好学、有干劲，但教育教学经验有所欠缺。保育老师在保育及幼儿生活活动教育方面有一定的经验。

3. 班级家长情况

班级家长大都是周边各个医院或单位的双职工，大部分家长学历很高，对于幼儿的教育问题都有一些自己的见解。家长对于幼儿园课程及其实施方式有了一定的了解。但是升入大班，部分家长存在“幼小衔接”方面的误区，认为应该多学习一些“拼音”“加减法”等。

二、课程目标

健康领域：①能在斜坡、荡桥和有一定间隔的物体上较平稳地行走；②能连续跳绳；③能以手脚并用的方式安全地玩攀爬墙；④能单手将沙包向前投掷5米左右；⑤能较快融入新的人际关系环境；如换了新的幼儿园或班级能较快适应；⑥养成每天按时睡觉和起床的习惯；⑦能知道根据冷热增减衣服；⑧运动时能注意安全，不给他人造成危险；⑨会熟练使用筷子。⑩能连续拍球。

语言领域：①会说本民族或本地区的语言和普通话，发音正确清晰；②喜欢与他人一起谈论图书和故事的有关内容；③愿意用图画和符号表现事物或故事；④能结合情境理解一些表示因果、假设等相对复杂的句子；⑤愿意与他人讨论问题，敢在众人面前说话；⑥能够与同伴谈论图书中的内容；⑦对图书和生活情境中的文字符号感兴趣，知道文字表示一定的意义。

社会领域：①活动时能与同伴分工合作，遇到困难能一起克服；②主动承担任务，遇到困难能够坚持而不轻易求助；③尊重为大家提供服务的人，珍惜他们的劳动成果；④知道国家一些重大成就，爱祖国，为自己是中国人感到自豪；⑤有自己的好朋友，也喜欢结交新朋友；⑥能想办法吸引同伴和自己一起游戏；⑦与同伴发生冲突时能自己协商解决；⑧自己的事情自己做，不会的愿意学。

科学领域：①能通过观察、比较与分析，发现并描述不同种类物体的特征或某个事物前后的变化；②能用数字、图画、图标或其他符号记录；③能用简单的记录表、统计图等表示简单的数量关系；④能用一定的方法验证自己的猜测；⑤初步了解人们的生活与自然环境的密切关系，知道尊重和珍惜生命，保护环境；⑥建构的物体基本组成部分包含有一个或者一个以上的细节；⑦能够比较远近、初步学习量的守恒，学习自然测量，认识时钟、学会看整点和半点，认识日历，知道年、月、星期的名称及顺序；⑧能通过实物操作或其他方法进行10以内的加减运算。

艺术领域：①乐于模仿自然界和生活环境中有特点的声音，并产生相应的联想；②艺术欣赏时常常用表情、动作、语言等方式表达自己的理解；③能自编自演故事，并为表演选择和搭配简单的服饰、道具或布景。④能用基本准确的节奏和音调唱歌；⑤能用律动或简单的舞蹈动作表现自己的情绪或自然界的情景；⑥绘画作品中包含一个或者一个以上的基本组成部分的细节。

学习方法：①主动性——能用三个或三个以上的细节制订计划；②尝试用两种办法解决一个材料方面的问题。

三、各月主题活动

九月："能干的我""团团圆圆过中秋"。

十月："多变的天气""神奇的水"。

十一月："海底世界真奇妙""了不起的中国人"。

十二月："学习解放军""寒冷的冬天"。

一月："红红火火过新年"。

四、各主题活动内容(以主题活动“能干的我”为例)

主题活动：能干的我

本主题建议2周时间完成。

活动形式	活动内容
环境创设	1. 主题墙分类展示幼儿提供的自己小时候的照片及用过的物品的照片。 2. 教师指导幼儿将自画像《漂亮的我》以及其他反映自己成长的绘画、手工等作品汇编装订成册，并开辟专门的“××班的大家庭”展示区域。
集体教学活动	1. 以健康为主的活动：①身心健康维护，如“换牙了”“我不怕打针”；②精细操作，如“脚趾夹物”；③大肌肉运动，如“勇敢的小解放军”；④生活能力与习惯，如“自己能做的事情自己做”。 2. 以语言为主的活动：①谈话，如“夸夸我的好朋友”；②文学欣赏，如故事“马戏团里的大狮子”；③讲述，如“假如我有一朵七色花”；④绘本阅读，如“鸡蛋哥哥”；⑤听说游戏，如“开锁”。 3. 以社会为主的活动：①自我意识，如“我的优点和缺点”；②人际交往，如“与弟弟妹妹交朋友”；③社会环境和社会规范，如“我的家人”。 4. 以科学为主的活动：①科学探究垒高的方法，如“我是小小建筑师”；②3以内的分解与组成，如“帮妈妈分果果”；③科学实验，如“摩擦起电”；④认识人民币，如“小鬼当家”；⑤以2、5、10位计量单位群数；如“看谁数得快”。 5. 以艺术为主的活动：①歌唱，如“人人叫我好儿童”；②韵律，如“勤快人和懒惰人”；③欣赏，如舞蹈欣赏“我真的很不错”；④手工，如“为弟弟妹妹制作礼物”；⑤美术欣赏，如“梵高的自画像”。
区域活动	1. 运动区：提供飞盘、拉力器、保龄球供幼儿自主开展体育游戏；尝试行进拍球；骑羊角球跳，玩游戏“小龙人采珍珠”。 2. 阅读区：欣赏故事《六个矮儿子》；投放绘本《小威向前冲》供幼儿欣赏；投放绘本《我做哥哥姐姐了》供幼儿开展讲述。 3. 角色区：投放玩具纸钞、验钞机、超市物品等材料供幼儿开展“儿童银行”“超市购物”等游戏。 4. 表演区：投放音像材料、自制道具等供幼儿开展歌曲表演“人人叫我好儿童”、律动表演“学做解放军”、故事表演“马戏团里的大狮子”。 5. 美工区：①投放拓印、染纸材料供幼儿开展“制作七色花”“心形印花纸”等活动；②投放绘画材料供幼儿创作《漂亮的我》。
生活活动	1. 生活环节：引导幼儿轮流当值日生，逐步学习自我约束、自我管理。 2. 过渡环节：①鼓励幼儿在自由活动时向同伴讲述自己如何使用七色花花瓣，说说自己有哪些好朋友并夸一夸他们；②和小伙伴一起交流、分享自己的成长变化，并进行个人才艺大比拼。

续表

活动形式	活动内容
家园共育	1. 和幼儿一起阅读绘本《小威向前冲》，引导其初步了解“我从哪里来”。 2. 带幼儿比较出生以来不同阶段的照片、玩具、衣服等，让幼儿感受到自己的成长变化。 3. 鼓励幼儿跟社区里的弟弟妹妹交朋友。 4. 鼓励幼儿利用制作的名片大胆向他人介绍自己。 5. 引导幼儿讲讲别人的优点。 6. 让幼儿在家里做力所能及的事。
幼小衔接	1. 幼儿园：①召开“幼小衔接”专题家长会，引导家长从生活、学习、社会三个方面与幼儿园配合做好幼儿的入学准备工作；②通过组织一系列活动让幼儿体验自己的成长，进一步培养幼儿的自信、自我控制、自我依赖等品质；③与小学沟通联系，组织幼儿去小学参加课间、课外活动。 2. 家庭：积极参加幼儿园组织的“幼小衔接”专题家长会，主动配合与实施幼儿园提出的相关建议和要求；安排幼儿固定负责一两项力所能及的家务；带幼儿到小学参观，引导幼儿认识到长大了就要上小学了。

五、实施途径和注意事项

1. 环境创设主要是师幼围绕特定主题，从主题墙、挂饰、幼儿作品展示等方面，共同开展的学习活动，并为主题下其他形式的学习活动创造气氛、背景和条件。

2. 集体教学活动一般以某个领域为主(分健康、语言、社会、科学和艺术五个领域提出幼儿活动建议)、整合其他领域相关内容，主要以集体游戏的形式，开展综合性学习活动。在一个时间段内，各个领域的活动数量大致平衡。

3. 区域活动主要有室内高瞻区域活动、户外综合性区域活动和专门的功能活动室三大类。室内高瞻区域活动遵循高瞻课程的基本理念和实施方法，由教师根据幼儿的年龄特点、学习兴趣和发展需要创设活动区，活动区按照领域可分为运动区(健康为主)、阅读区(语言为主)、角色区(社会为主)、建构区(科学为主)、探索区(科学为主)、美工区(艺术为主)、表演区(艺术为主)等室内区域，根据实际情况教师可在一定时间段内集中创设好若干个活动区域。户外有大型器械运动区、玩沙区、戏水区、种植区等，能开展全园综合性区域共享活动。另有科学宫、美术功能室、奥尔夫音乐教室、语言功能室等专门的功能活动室，资源丰富，能轮流开展活动。

4. 生活活动主要从入园、离园、进餐、饮水、盥洗、如厕、睡眠、过渡活动、自由活动以及散步等环节，提出了结合主题学习内容进行的保教结合活动，教师可在此基础上结合幼儿生活实际进行适当调整。

5. 家园共育主要列出了根据幼儿学习本主题的需要，建议家长自行组织幼儿开展的活动，以及幼儿园可以组织的集体亲子活动。

6. 幼小衔接是针对大班幼儿入学准备直接相关的内容，从幼儿园、家庭的角度提出了各自应开展或配合开展的幼儿学习活动。

7. 幼儿园一日活动安排。幼儿在园的一日生活主要有三大类，即集体教学活动、区域活动和生活活动，注重所有活动的游戏化，自主游戏活动渗透在区域活动之中。三大类活动的时间安排大致如下：

集体教学活动——2 个/天，单个活动时间 25～30 分钟；区域活动——每天 2 次，上午为户外综合性区域活动，下午为室内高瞻区域活动，每次 60 分钟左右。

生活活动——每天午睡 1 次，约 2 小时；用于各个集体教学活动、区域活动和生活活动之间转换衔接的过渡活动大约 8 次，每次 10 或 20 分钟，共计 1.5～2 小时，其他用于进餐、饮水、盥洗、如厕以及自由活动的时间总计 2～2.5 小时；幼儿上午 8:00 入园，下午 5:00 离园，全天在园约 9 小时，每天用于开展集体教学活动、区域活动和户外活动的时间约为 3 小时，其他 6 小时用于开展各种生活活动。

四、月课程方案设计

月课程方案，是对学期课程方案的细化与落实。幼儿园各年龄阶段班级月课程方案即通常意义上的月计划，是指以一个月为时间单元，对所在年龄班级的活动按照一定的中心内容进行组织的各类幼儿园教育教学活动规划。

(一)月课程方案的基本框架

各年龄班月课程方案一般可包括课程目标(幼儿学习与发展合理期望)、学习活动、区域活动、环境创设、家园共育、生活活动及其他活动等。月课程方案是幼儿园教师实施该月教育教学活动的重要依据。

1. 课程目标(幼儿学习与发展合理期望)

根据学期课程方案中的课程目标、活动主题，制定月课程目标，即通过该月学习幼儿获得的各方面的学习与发展期望。

2. 学习活动

根据课程目标确定主要的学习活动内容。如果幼儿园实施主题课程，就要写清楚主题活动的名称以及开展主题活动的主要思路；如果幼儿园实施领域教学，就写出主要开展的领域活动名称。

3. 区域活动

根据课程目标写清楚区域活动设置的基本主题、每一主题的材料投放及教师在幼儿区域活动时的指导重点。

4. 环境创设

根据课程目标、学习活动内容，明确班级室内外环境创设的基本思路，具体包括活动室墙面、吊饰，活动区域创设，生活区，以及室外走廊、墙面等区域，写清楚创设主题、材料、大致效果。

5. 家园共育

结合课程目标、学习活动内容指出需要家长支持及共同完成的事项，尤其是一些在幼儿园的集体生活中无法完成中的活动。并指导家长在力所能及的范围内，以轻松愉悦的亲子活动方式协助幼儿园，帮助家长科学育儿，实现家园合作共育。

6. 生活活动及其他活动

围绕课程目标和学习活动内容，明确生活活动重点以及相关其他活动注意事项。

(二)月课程方案设计的注意事项

1. 注意月与月之间的横向联系

月课程方案是依据学期课程方案进行设计的，是依据幼儿的全面发展的原则进行设计的。月与月之间是有横向联系的，以便通过提供一个整体性的外部内容来影响幼儿，形成一个内部完整的经验结构。

2. 注意月与月之间的纵向联系

后一个月课程方案一定是建立在前一个月课程开展实际的基础之上的。在制订月课程方案时，务必对前一个月的课程情况进行梳理和反思，对学期课程方案进行适当的调整和完善。

（三）案例

大班幼儿学习活动体系 9 月实施方案

（选自长沙师范学院附属第一幼儿园《2014 年学习活动体系建设》）

<table>
<tr><td colspan="2">课程目标（各领域幼儿学习发展合理期望）</td><td>1. 健康领域：①能较快融入新的人际关系环境；②能连续拍球；③会熟练使用筷子；④运动时能注意安全，不给他人造成危险。
2. 语言领域：①会说本民族或本地区的语言和普通话，发音正确清晰；②喜欢与他人一起谈论图书和故事的有关内容；③愿意用图画和符号表现事物或故事。
3. 社会领域：①活动时能与同伴分工合作，遇到困难能一起克服；②主动承担任务，遇到困难能够坚持而不轻易求助；③尊重为大家提供服务的人，珍惜他们的劳动成果；④知道国家一些重大成就，爱祖国，为自己是中国人感到自豪。
4. 科学领域：①能通过观察、比较与分析，发现并描述不同种类物体的特征或某个事物前后的变化；②能用数字、图画、图标或其他符号记录；③能用简单的记录表、统计图等表示简单的数量关系。
5. 艺术领域：①乐于模仿自然界和生活环境中有特点的声音，并产生相应的联想；②艺术欣赏时常常用表情、动作、语言等方式表达自己的理解；③能自编自演故事，并为表演选择和搭配简单的服饰、道具或布景。
6. 学习方法：主动性——能用三个或三个以上的细节制订计划。</td></tr>
<tr><td rowspan="2">学习活动</td><td>主题名称</td><td>1. 团团圆圆过中秋。
2. 了不起的中国人。</td></tr>
<tr><td>选择思路</td><td>结合即将到来的中秋节和国庆节，选择了这两个主题。在主题下安排相应的领域教学，重点了解节日的来历、习俗以及培养幼儿从小爱祖国的情感，并对祖国的科技、文化等有一个全面的认识与了解。</td></tr>
<tr><td rowspan="2">区域活动</td><td>材料投放</td><td>1. 表演区：欣赏相关主题音乐并表演。
2. 阅读区：投放相关主题的绘本或者故事，如《月亮的味道》《猴子捞月》《嫦娥奔月》《印刷术》等材料。
3. 探索区：投放地图、拼图、科技制作等材料。
4. 运动区、美工区、角色区等：投放月饼盒、少数民族服饰等。</td></tr>
<tr><td>指导重点</td><td>1. 指导幼儿合理使用材料，重点指导幼儿对月饼盒进行创作、加工。
2. 鼓励幼儿积极动手操作、探索，引导幼儿发现造纸术、印刷术等的秘密，从而激发幼儿了解祖国的科技、文化等知识的欲望。</td></tr>
</table>

续表

<table>
<tr><td rowspan="2">环境创设</td><td>团团圆圆过中秋</td><td>1. 主题墙分类展示有关“中秋的故事”的图片。
2. 设置“观察月亮”记录区，引导幼儿用绘画或剪纸的方式表达自己观察到的月亮的形状变化情况。
3. 设置“中秋团圆”展示区，分类展示幼儿制作的有关中秋节的作品。</td></tr>
<tr><td>了不起的中国人</td><td>1. 活动室、走廊分类展示幼儿和教师共同收集的中国地图、国旗、国徽、建筑、各族人民的画像、领袖人物等图片。
2. 开辟专门的区域分类展示幼儿制作的反映中国历史与现实的手工或美术作品。</td></tr>
<tr><td rowspan="2">家园共育</td><td>团团圆圆过中秋</td><td>1. 一起观察记录月亮的变化。
2. 亲子阅读《月亮的味道》等与中秋节有关的绘本。
3. 晚上散步时，观察月亮，感受“月亮走，我也走”。
4. 分享故事《猴子捞月》。
5. 动手做一做：百变月饼盒。
6. 通过视频、文字资料了解各地中秋节不同的习俗。</td></tr>
<tr><td>了不起的中国人</td><td>1. 一起收集中国的地图、国旗、民族服饰等物品。
2. 给幼儿讲有名的中国神话故事与民间传说，如《嫦娥奔月》《夸父追日》等。
3. 在家一起学包饺子，幼儿学习使用筷子。
4. 一起收集中国结等有民族特色的物品，并说一说自己收集的物品。
5. 一起看几部具有中国特色的动画片，如《哪吒闹海》《西游记》《神笔马良》等。</td></tr>
<tr><td rowspan="2">生活活动</td><td>生活环节</td><td>1. 和同伴一起品尝月饼，体验中秋节的习俗。
2. 尝试用筷子吃饭。</td></tr>
<tr><td>过渡环节</td><td>1. 园所制度化活动。
体育锻炼：自制体育器械——陀螺、铁环，单人跳绳，踢毽子。
音乐赏析：《月亮婆婆喜欢我》《爷爷教我打月饼》《十五的月亮》《月光奏鸣曲》《浏阳河》《小背篓》《掀起你的盖头来》《爱我中华》《月光下的凤尾竹》《蝴蝶泉边》《牧羊曲》等。
小喇叭广播站：《静夜思》《山行》《孔融让梨》《曹冲称象》等。
2. 谈话。聊一聊自己家里是怎样过中秋节的，互相送祝福。
3. 欣赏自制中秋海报。
4. 自由活动：说一说自己知道的中国的著名人物。
5. 通过“新闻播报”活动，引导幼儿观看《新闻联播》，了解国家主要领导人和重要时事。
6. 绘本阅读《我的名字克里桑丝美美菊花》，和同伴一起分享自己的名和姓。
7. 观看关于少数民族的民俗风情介绍，倾听少数民族的音乐，并尝试模仿少数民族的舞蹈。</td></tr>
</table>

五、周课程方案设计 ●●●

周课程方案是对月课程方案的细化。幼儿园年龄班级周课程方案即通常意义上的周计划，就是以周为时间，对所在年龄班级所有教育教学活动进行整体规划。一般按照工作日依次排列，从幼儿入园至离园呈现出所有活动安排。

(一)周课程方案的基本框架

周课程方案中一般会呈现该周的活动主题、环境创设、每日活动安排(包含晨间活动、教学活动、游戏活动、户外活动、午睡、生活活动、区域活动、离园活动)、其他活动指导重点(教育教学活动指导重点、生活活动指导重点以及家园活动指导重点)等内容。

1. 周活动主题及环境创设

周课程设计方案中首先应写清楚该周活动的主题或项目名称，并依据项目写出环境创设的重点。让教师一目了然，明确周活动重点。

2. 每日活动安排

周课程设计方案应写明每一天的主要活动安排(包含晨间活动、教育活动、游戏活动、户外活动、午睡、生活活动、区域活动、离园活动)，从幼儿入园活动写起，一直写到幼儿离园活动，体现一日生活即课程的理念。

3. 其他活动指导重点

周课程方案中应对本周的教育教学活动、生活活动以及家园活动的指导重点进行说明，让教师理顺各类重要活动的指导重点。

(二)注意事项

1. 注意周与周课程方案的联系与衔接

月课程方案指导下制订的周课程方案构成一个整体，特别是实施主题活动课程方案，往往是跨几周完成，这几周的课程方案必定是紧密联系在一起的。即便是跨越主题的周课程方案，下一周的设计也必须建立在上一周课程实施的实际基础之上，针对上一周的课程要进行系统的总结和反思，并对月课程方案中设计的下一周课程进行调整和完善。

2. 注意各领域活动和各类型活动的整体均衡

周课程方案相对于月课程方案、学期课程方案、学年课程方案、整体课程方案而言，极具可操作性。如果说月课程方案、学期课程方案、学年课程方案、整体课程方案等上位课程方案在一定意义上还存在抽象、模糊，以及变动可能性相对较大的现象，周课程方案对一周之内要具体开展哪些类型的活动、是属于哪个领域的活动、哪一天什么时间开展则是非常明确的。一般意义上除不可抗拒的特殊因素影响外，不大可能会变化。那么，幼儿园课程方案的整体性、均衡性等贯彻落实就通过周课程方案得以具体体现。因此，周课程方案制订的过程中，应充分考虑幼儿学习与发展的全面性、五大领域活动的均衡性、各类型活动的多样性等。

（三）案例

大班幼儿课程第 8 周计划安排

（选自长沙师范学院附属第一幼儿园 2016 年日常备课资料）

活动内容		星期				
		一	二	三	四	五
	活动主题	学会感恩				
	环境创设	丰富表演区和美食屋活动材料				
上午	晨间活动	拍球	踢毽子	跳绳	踩平衡车	丢沙包
上午	教学活动	语言、社会：开车好不好	科学、语言：纸兔跑起来	社会、科学：我和同伴的生日	艺术、科学：漂亮的我	情景阅读：搬过来搬过去
上午	户外活动	课间操				
上午	户外活动	体能大循环（晴天） 区域运动项目大循环（雨天）				
上午	游戏活动	户外观察：小白菜长高了	户外写生：各种各样的房子	建构游戏：各种各样的桥梁	折纸游戏：漂亮的小花	玩沙游戏：漂亮的城堡
下午	区域活动	计划时间：彩旗飘飘、神奇的转盘 工作时间：教师支持幼儿工作 整理时间：娃哈哈 回顾时间：你在哪里、教室地图	计划时间：猜猜他是谁、好玩的口袋 工作时间：教师支持幼儿工作 整理时间：娃哈哈 回顾时间：拉个圈圈走走、写或画	计划时间：开火车、魔法盒 工作时间：教师支持幼儿工作 整理时间：幸福拍手歌 回顾时间：打地鼠、击鼓传花	计划时间：写或画、点兵点将 工作时间：教师支持幼儿工作 整理时间：郊游 回顾时间：踩格子、魔法帽	计划时间：播报员、名字卡 工作时间：教师支持幼儿工作 整理时间：苹果 回顾时间：邮递员、送信
下午	户外活动	踢毽子	龙门单组、玩水区	丢沙包	滑滑梯	开汽车

续表

(一)教学及游戏指导重点
1. 了解大班幼儿一日作息活动安排，养成良好的作息习惯。
2. 按时组织幼儿进行餐前故事分享，培养良好的倾听与表达能力。
(二)生活保健指导重点
1. 引导幼儿用正确的方法洗手洗脸，让幼儿尝试自己梳头发。
2. 进餐时，引导幼儿关注中餐的特点，尝试使用筷子吃饭。
3. 加强保育护理，坚持日常消毒，关注幼儿健康状况及一日生活中幼儿的生活状态。
(三)家长工作重点
1. 提醒幼儿按时作息，积极参与每天的晨间锻炼。
2. 收集班级美食屋及表演区的活动材料。

六、一日课程方案设计

一日课程方案是对周课程方案的细化和分解。幼儿园年龄阶段一日课程方案即通常意义上所说的日计划。幼儿园一日课程方案设计即依据周课程方案，以一日为时间单元，对所在年龄班级幼儿从入园到离园期间所有活动所有环节进行整体规划。

(一)一日课程方案的基本框架

一日课程方案，建议分上午、下午，按照一日生活的时间顺序逐一呈现，基本框架可包括晨间活动、餐后活动、教学活动、户外活动、游戏活动、午睡、起床、盥洗、午点、区域活动、离园活动等。

1. 教学及游戏活动

教学及游戏活动的方案设计一般包括活动名称、活动目标、活动准备、活动过程、活动延伸等方面。活动名称应写清楚适合的年龄班、教育活动的具体类型以及名称，如：小班音乐活动《我上幼儿园》，活动名称要简洁、清晰。活动目标应从情感目标、动作技能目标和认知目标三个维度综合考虑，目标要从幼儿角度表述，具体、明确，操作性强、切实可行，且突出领域总目标。活动准备可从物质准备和经验准备两个方面进行表述。活动过程设计应从活动内容、组织方式、教学策略等方面着手考虑，要突出活动的重难点，贴近幼儿的学习特点与方式。活动延伸可考虑活动内容在生活活动、家庭及社会环境中的渗透，注重幼儿学习的一贯性与一致性，从而保证教育目标的实现。

2. 生活活动及其他活动

生活活动及其他活动包含晨间活动、进餐、餐后活动、户外活动、午睡、起床、盥洗、午点、区域活动、离园活动等。可从活动目标、活动组织与指导重点两个方面来进行阐述，主要是明确目的，有重点地进行指导。

(二)一日课程方案设计的注意事项

在设计一日课程方案时，应把握以下几点。

1. 注意将幼儿园一日作息时间安排与班级实际紧密结合

幼儿园统一的作息时间安排，一般有冬季和夏季作息时间区分，以及小班和中、大班年龄阶段区分。幼儿园各年龄班一日课程方案是在幼儿园一日作息时间安排和周课程方案的指导下指定的，部分时间与活动大致内容是全园统一的，如入园、餐点、课间操、午睡及离园，其他则是根据年龄班级幼儿实际以班级为单位灵活安排的。

2. 注意确保幼儿园一日作息时间安排科学合理

《规程》规定："幼儿园应当制定合理的幼儿一日生活作息制度。正餐间隔时间为3.5～4小时。在正常情况下，幼儿户外活动时间(包括户外体育活动时间)每天不得少于2小时，寄宿制幼儿园不得少于3小时；高寒、高温地区可酌情增减。""正常情况下，每日户外体育活动不得少于1小时。"

在确保上述时间安排的基础上，各类型单元活动时间也要科学合理安排。例如，集体教学活动时间，一般小班10～15分钟、中班20～25分钟、大班30～35分钟。餐后散步时间15～20分钟，午睡时间不少于2小时，等等。

此外，入园、离园时间要充分考虑家长接送幼儿方便与地方气候、季节的适应性。

3. 注意确保幼儿一日活动安排科学合理

《规程》指出："幼儿一日活动的组织应当动静交替，注重幼儿的直接感知、实际操作和亲身体验，保证幼儿愉快的、有益的自由活动。"《纲要》指出："科学、合理地安排和组织一日生活。①时间安排应有相对的稳定性与灵活性，既有利于形成秩序，又能满足幼儿的合理需要，照顾到个体差异。②教师直接指导的活动和间接指导的活动相结合，保证幼儿每天有适当的自主选择和自由活动时间。教师直接指导的集体活动要能保证幼儿的积极参与，避免时间的隐性浪费。③尽量减少不必要的集体行动和过渡环节，减少和消除消极等待现象。④建立良好的常规，避免不必要的管理行为，逐步引导幼儿学习自我管理。"

幼儿园一日课程方案设计应将上述《规程》《纲要》的精神贯彻落实到位，做到动静交替、室内外交替，集体、小组与个别活动相结合，教师直接指导的活动和间接指导的活动相结合，保证幼儿有适当的自主选择和自由活动，更多地让幼儿用直接感知、亲身体验、动手操作等方式参与活动，让幼儿在玩中学、操作中学、活动中学。

4. 充分重视生活活动的价值和意义

《纲要》指出："教育活动内容应既贴近幼儿的生活来选择幼儿感兴趣的事物和问

题，又有助于拓展幼儿的经验和视野。”“寓教育于生活、游戏之中。”

《规程》指出：“幼儿园应当把安全教育融入一日生活，并定期组织开展多种形式的安全教育和事故预防演练。”“幼儿园应当培养幼儿良好的大小便习惯，不得限制幼儿便溺的次数、时间等。”“幼儿园日常生活组织，应当从实际出发，建立必要、合理的常规，坚持一贯性和灵活性相结合，培养幼儿的良好习惯和初步的生活自理能力。”

《指南》指出：“幼儿的学习是以直接经验为基础，在游戏和日常生活中进行的。要珍视游戏和生活的独特价值，创设丰富的教育环境，合理安排一日生活，最大限度地支持和满足幼儿通过直接感知、实际操作和亲身体验获取经验的需要，严禁‘拔苗助长’式的超前教育和强化训练。”

幼儿园一日课程方案设计要尊重生活活动在幼儿一日生活中所占时间最长的事实，按照保教并重、保教结合的原则，寓教育于生活之中，凸显幼儿园教育的独特性，让幼儿在生活中学。

（三）案例

长沙师范学院附属第一幼儿园大班活动计划

（选自“2016年迎接长沙市素质教育督导评估一日活动计划”）

上　午

一、晨间活动：踢毽子

（一）活动内容与要求

1. 乐于参与踢毽子游戏，能与同伴之间保持安全距离、友好合作。

2. 学习用脚踢毽子，初步了解踢毽子的方法。

（二）活动组织与指导重点

1. 引导幼儿讨论踢毽子的方法。

2. 鼓励幼儿自由结伴，尝试用脚踢毽子。

3. 提醒幼儿在活动中与同伴保持安全距离，学会保护自己和他人。

二、餐后活动：阅读图书

（一）活动内容与要求

1. 能自由选择书本安静、专注阅读。

2. 会与同伴小声谈论书本内容并根据图片进行故事讲述。

（二）活动组织与指导重点

1. 提醒幼儿有序、整齐地摆放图书。

2. 指导幼儿安静阅读，不大声喧哗，不打扰他人。

三、教学活动——科学活动：纸兔跑起来

（一）设计思路

风是日常生活中常见的自然现象，它可以让静止的东西动起来，风与幼儿的生活息息相关。而小兔又是幼儿熟悉喜爱的一种小动物，一谈起小兔子就会联想到它会跑、会跳的特点。大班的幼儿乐于探索，喜欢在操作中寻找解决问题的方法并享受其中的成就感。本次活动“纸兔跑起来”试图引导幼儿在游戏中利用不同工具产生风帮助纸兔跑动起来，并积极探索寻找最适宜的工具与办法，既让幼儿初步感受风的形成及给人们带来的好处，也充分调动幼儿自主学习，从而体验到实验探究的乐趣。

（二）活动目标

1. 体验探索纸兔跑起来游戏的乐趣，养成有序操作的良好习惯。

2. 寻找让纸兔跑起来的方法，并能清楚地表达自己的操作和发现。

3. 选择最合适的工具、办法来解决问题，感受风的形成，学习记录实验的结果。

（三）活动准备

1. 经验准备：在日常活动中积累有关风的经验。

2. 物质准备：小兔纸偶人手一个；矿泉水瓶、扇子、打气筒、CD盒子等辅助工具若干；笔、记录表等。

（四）活动过程

1. 观察教师出示的兔子纸偶，对问题产生兴趣并进行猜想。

指导语：纸兔很想运动起来和我们一起做游戏，我这里有一些工具，一起来看看。如果我们的手不直接碰到它，你猜猜哪种工具可以帮助我们？

2. 借助材料想办法产生风让纸兔动起来，并选择和记录自己认为最好的工具。

（1）了解记录表。

（2）借助材料进行实验操作，并将自己认为最合适的工具进行选择记录（在工具旁打“√”）。

（3）汇报、交流，统计选择工具的结果。

指导语：刚才在实验的时候每一种工具你都用到了吗？你觉得使纸兔动起来哪种工具最合适？你是怎样用这种工具让纸兔动起来的？

3. 再次实验操作，探索如何利用合适的工具及办法使纸兔跑动得又快又稳。

(1)分组讨论。

指导语：如果选择了合适的工具，那怎样使用这些工具让小兔子跑动得又快又稳呢?

(2)实验操作。

指导语：用最合适的工具并探索最好的办法使纸兔跑动得又快又稳。

(3)汇报交流或演示操作。

4. 玩游戏，积极选择自己认为最好的工具与最好的方法让纸兔进行“跑步”比赛。

(1)选择工具进行游戏。

指导语：工具、手不能直接碰到纸兔。

(2)讨论交流。

指导语：为什么大家运用这些材料，想了办法，但是这些东西又没有直接碰到纸兔，而纸兔就动起来了呢? 平时，你们还发现风给人们的生活带来了哪些好处?

四、户外活动

操 节

(一)活动内容与要求

1. 听信号迅速集合，有序地排队入场。

2. 能跟随教师有精神地参加锻炼。

(二)活动组织与指导重点

1. 提醒幼儿队伍站整齐，按操节要求与同伴友好合作。

2. 引导幼儿切段分队走，鼓励幼儿做操时动作准确、到位。

体能大循环：跑道区域(晴天)

(一)活动内容与要求

1. 能积极参加体能大循环的游戏，体验其中的成就感。

2. 能听教师口令，并按规则进行跑步、攀爬、跳跃、跨跳等运动。

(二)活动组织与指导重点

1. 提醒幼儿遵守规则，如排队、听口令等。

2. 注意在游戏过程中不互相碰撞，保护好自己。

3. 根据幼儿发展水平及时调整跨栏高度，并提醒幼儿整理好跨栏。

区域运动项目大循环(雨天)

项目	发展动作	器械准备	玩法	教师指导
高个子探险	走、平衡	高跷 20 对； 条木 4 根； 塑料跨栏 4 根； 椅子标志 2 张	小班：每人一对高跷，在 3 米远处放置标志物，游戏开始后，幼儿踩着高跷往前走，绕过标志物原路返回。	小班：指导幼儿用正确的方法踩着高跷走并绕过标志物原路返回，注意幼儿安全。
			中班：每人一对高跷。在 4 米处放置标志物，途中放置低矮障碍(条木)。游戏开始后，幼儿踩着高跷往前走，通过障碍，绕过标志物原路返回。	中班：指导幼儿用又快又好的方法通过障碍物，提醒幼儿有序前进。
			大班：每人一对高跷，在 5 米处放置标志物，途中放置中高障碍(塑料跨栏)。游戏开始后，小朋友踩着高跷往前走，通过障碍，绕过标志物原路返回。	大班：指导幼儿听到口令后有序踩高跷前进，提醒幼儿通过障碍物时注意安全。
小车向前冲	平衡	红绿灯一组； 平衡车 20 辆	中、大班：按规定路线踩平衡车，看到红绿灯信号做出相应反应。	中班：指导幼儿用正确的姿势和方法踩平衡车，帮助个别幼儿向前行驶。提醒幼儿观察信号灯，让车辆靠右前进。
				大班：指导幼儿自行有序地踩平衡车向前行驶，并帮助个别幼儿一起用信号灯指挥其他幼儿的车辆行驶。

五、游戏活动

户外写生：各种各样的建筑(晴天)

(一)活动目标

1. 积极参与户外写生活动，萌发对此项活动的喜爱之情。

2. 能与小伙伴谈论自己的绘画内容，不弄脏地面和衣服。

3. 知道写生是将自己看到的景象描绘出来，了解户外写生的注意事项。

(二)活动准备

画板人手一个，绘画材料若干。

(三)活动过程

1. 来到户外场地，讨论进入主题。

(1)组织幼儿分组讨论自己想要绘画的内容。

指导语：今天我们来到了哪里？我们要干什么呢？你看到了什么？它是什么样子的？

2. 大胆创作，并和老师、小朋友谈论自己的绘画内容。

指导语：现在请你将自己的看到的画下来吧！你看到了什么就画什么。注意要拿好画板，不要画到自己和其他小朋友的衣服上。

3. 欣赏作品，相互评价。

(1)幼儿分组欣赏。

指导语：现在，请你把你画好的画给旁边的朋友一起看看，并说说你画的是幼儿园的哪个地方。

(2)集体欣赏。

4. 收拾材料，结束活动。

折纸游戏：花儿朵朵开(雨天)

(一)活动内容与要求

1. 乐意参与折纸活动，按自己的喜好选择纸张的颜色。

2. 能将纸对边折叠制作花朵，用作品装饰教室。

(二)活动组织与指导重点

1. 提供红、黄、蓝三种颜色的纸张，引导幼儿选择自己喜欢的纸张颜色。

2. 用儿歌的形式引导幼儿学习对边折叠，知道要将两个相对的边对齐后再进行折叠。

六、餐前活动：击鼓传花

(一)活动内容与要求

1. 乐于参加活动，能遵守“听到鼓声传花，鼓声结束停止传递”的游戏规则。

2. 安静欣赏幼儿的节目表演，并能够给予同伴鼓励。

(二)活动组织与指导重点

1. 引导幼儿在传花的时候，一个挨着一个传递。

2. 鼓励拿到花的幼儿大方地表演节目。

下　午

一、起床、盥洗、午点

(一)活动内容与要求

1. 起床后自行将衣服穿好，在同伴的相互帮助下整理自己的衣物及床铺。

2. 有秩序地排队如厕、洗手、洗脸、喝水并尝试自己梳头发、扎头发。

3. 帮助老师分发点心并有序地拿取点心，安静品尝点心。

(二)活动组织与指导重点

1. 帮助幼儿整理着装，鼓励幼儿相互帮助进行整理。

2. 提醒幼儿叠被子，指导女孩子扎头发。

3. 引导幼儿安静品尝点心并在吃完点心后整理餐桌和餐具。

二、区域活动

(一)活动目标

1. 解决问题：幼儿帮助同伴一起解决问题。

2. 与其他幼儿建立社交关系：幼儿与两个或更多幼儿合作，他们会分享自己的想法，并把他人的想法纳入正在玩的游戏中。

(二)活动准备

1. 经验准备：幼儿有买菜去餐厅就餐、观察家长做饭的经验、观察过桥梁、高楼、停车场等建筑。

2. 材料准备

各区角材料：①美工区——各色水彩笔、油画棒、各种纸张、小剪刀、胶水、双面胶、透明胶、棉签、颜料、废旧纸盒、纸盘子、塑料瓶子、橡皮泥、泥工板、各种包装纸、纸袋、报纸、铅笔、小纸盒子、卫生纸内筒、纸盘、瓶酒瓶、鸡蛋壳等。②拼搭区——泡沫积木、大小不一的盒子、饮料罐、薯片桶、奶粉罐、积木、卫生纸筒、PVC管、多元整合材料盒等。③美食屋——菜单、饮水机、碗、勺子、盘子、炒锅、砧板、锅铲、塑料切菜刀若干、塑料碗、小勺子、蔬菜、水果、抹布三块、一次性手套、扫把、簸箕、垃圾桶、厨师帽、厨师围兜、烧烤串、纸质钱币、收款机、ATM取款机等。④语言区——各种图画书、卡通动物图片、动物纸偶、动物手偶、数字书写本、铅笔等。⑤科学区——尼基丁玩具、地球仪、中国地图、世界地图、打气筒、魔方、放大镜等。

教学材料：袋子、幼儿的名字卡、图标卡片。

(三)活动过程

1. 计划时间

第一组：游戏“猜猜他是谁”

体验和描述相对的位置、方向及距离。从不同的空间角度来观察物体和地方。

通过说出将要做计划的幼儿所在的位置，鼓励幼儿观察相对位置。例如，“坐在××与××之间的小朋友，是今天第一个要来介绍他的计划的人。”在这位幼儿说完他的计划后，请他指出接下来要来介绍计划的人所坐的位置。

第二组：游戏“好玩的口袋”

从袋子中拿出一个幼儿的名字和图标的卡片。这名幼儿就可以从一个纸中看过去，看自己工作时想要的东西。然后问这名幼儿他想要这些东西干什么。当这名幼儿和大家分享过后，就可以去实施他的计划了。每位幼儿都要用以上方式做出计划。

2. 工作时间

刘老师将以客人的身份进入美食区，重点支持美食区的工作，关注幼儿在美食区介绍菜谱的情况。彭老师重点支持建构区的工作，关注幼儿在建构区围挡能力的发展。罗老师重点支持美工区，重点指导使用颜料绘画的幼儿。

3. 整理时间

在离工作结束还有5分钟时给予口头提醒，告诉幼儿活动时间还剩下多少。在整理时间中教师关注每一个幼儿，并提示幼儿将材料按标记放回原处。

4. 回顾时间

第一组：游戏“拉个圆圈走走”

教师和幼儿一起站在一个有标记的圆圈上，边走边念儿歌“拉个圆圈走走，拉个圆圈走走，走……看谁站在标记上”，儿歌停止时，站在标记上的幼儿进行回顾。依此类推，直到所有人都回顾完毕。

第二组：游戏“写或画”

给每个幼儿一张纸、一支铅笔或几支水彩笔，请幼儿写出或画出他们在工作时间所做的事情。教师同时要将区域卡放在桌子上以便于幼儿在想书写区域名称时能照着写。

三、户外活动

龙门单组

(一)活动内容与要求

1. 能按规则进行攀爬练习，在活动中保护自己和朋友不受伤害。

2. 有序地进行游戏，在游戏中不推挤同伴。

(二)活动组织与指导重点

1. 提醒幼儿用安全的方法进行攀爬，帮助攀爬能力较弱的幼儿进行游戏。

2. 指导幼儿在游戏中注意不推挤，按顺序排好队。

玩水区

(一)活动内容与要求

1. 能利用玩水区的工具进行游戏，并能与同伴说出自己的发现。

2. 注意在玩水的过程中不故意弄湿自己及同伴的衣服。

(二)活动组织与指导重点

1. 指导幼儿正确使用玩水工具，并帮助幼儿总结玩水中的发现。

2. 提醒幼儿有序地玩水，不故意弄湿衣服。

四、餐前活动——游戏“送信”

(一)活动内容与要求

1. 积极参加邮递员送信游戏，能根据儿歌的内容一问一答。

2. 听邮递员的指令做身体模仿动作，保持动作与指令的一致。

(二)活动组织与指导重点

1. 介绍送信的环节，了解邮递员送信的基本步骤。

2. 引导幼儿根据游戏中的提问有节奏地回答问题，对所提出的问题能给予回应。

五、离园活动——玩拼插玩具

(一)活动内容与要求

1. 能根据自己的意愿及需要取放玩具并拼插不同的事物。

2. 能在活动中专心拼插，不影响同伴的游戏。

(二)活动组织与指导重点

1. 指导幼儿用玩具构建不同的事物并鼓励幼儿表达和描述自己建构的事物。

2. 提醒幼儿按需拿玩具并在活动后将玩具收拾整齐。

幼儿园不同层次课程方案设计涉及不同的时间维度，也涉及不同的空间维度。相对而言，整体课程方案、学年课程方案、学期课程方案更具统筹概括性，而月课程方案、周课程方案、日课程方案是逐层细致具体的。幼儿园课程方案设计强调的根本在于保证课程实施的计划性，即按计划施教，不至于幼儿园课程是盲目的、非理性的、不符合规定的。当然应该指出的是，这种计划性更多地体现为对课程的预设，而不是主动建构意义上的生成。因此，应特别注意在幼儿园课程方案设计时，合理把握“预设”与“生成”的关系。

·幼儿园活动计划的特点及集体教学活动设计·

学以致用

（1）收集一份幼儿园整体课程方案，对其设计进行系统分析。

（2）根据某幼儿园整体课程方案，分别设计小、中、大班学年课程方案。

（3）根据某幼儿园小、中、大某一年龄阶段的学年课程方案，设计上、下学期课程方案。

（4）根据某幼儿园小、中、大某一年龄阶段某一学期课程方案，设计某一个月课程方案。

（5）根据某幼儿园小、中、大某一年龄阶段某一学期中某一个月课程方案，设计一个周课程方案。

（6）根据某幼儿园一日作息制度及小、中、大某一年龄阶段某一学期某一个月中某一周课程方案，设计一个一日课程方案。

本讲要点

幼儿园整体课程方案，一般来说，可包括幼儿园课程背景、课程目标、课程结构、课程内容、课程实施、课程管理与评价等内容。

学年课程方案是整体课程方案的细化，可包括指导思想、幼儿学习特点分析、课程目标、保教工作重点、家长工作重点、活动安排等内容。

学期课程方案是学年课程方案的细化，要结合班级教师特点、幼儿特点、家长特点制定，一般可包括班级基本情况分析、课程目标（合理期望）、主题活动安排、主题内容等。

月课程方案是学期课程方案的细化，一般可包括课程目标（幼儿学习与发展合理期望）、学习活动、区域活动、环境创设、家园共育、生活活动及其他活动等。

周课程方案是月课程方案的细化，一般会包括周活动主题，环境创设，每日活动安排(包含晨间活动、教育活动、游戏活动、户外活动、午睡、生活活动、区域活动、离园活动)，其他活动指导重点(教育教学活动指导重点、生活活动指导重点以及家园活动指导重点)等内容。

一日课程方案是对周课程方案的具体化，一般分上午、下午，按照一日生活的时间顺序逐一呈现，包括晨间活动、餐后活动、教学活动、户外活动、游戏活动、午睡、起床、盥洗、午点、区域活动、离园活动等。

模拟练习

(1)幼儿园整体课程方案设计应包含哪些内容？

(2)周课程方案为什么要体现活动的全面性、丰富性、均衡性？

(3)课程方案设计中如何处理好预设与生成的关系？

课外拓展

调研某幼儿园各层次课程方案设计的现状。

· 第三单元检测题 ·

▶第四单元

▶国内外幼儿园经典课程方案

思维导图

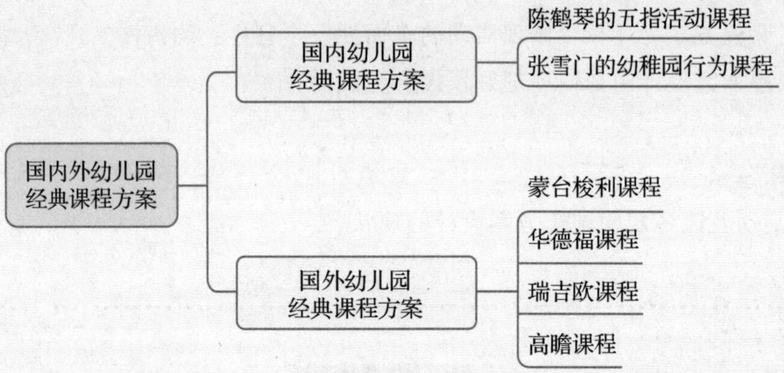

学习目标

1. 了解国内外幼儿园经典课程方案。
2. 掌握国内外幼儿园经典课程方案的特点。
3. 合理评析现有幼儿园课程。

第一讲

国内幼儿园经典课程方案

头脑风暴

针对幼儿普遍不爱吃蔬菜的现象，贝贝就读的幼儿园最近以“蔬菜”为主题开展了一系列活动，组织幼儿去参观周围的菜市场，让幼儿学着买菜、择菜、做菜，贝贝爸爸觉得幼儿园不务正业，这些活动会浪费幼儿的学习时间，认为老师们是想偷懒，你怎么看?

导入语

在我国幼儿园课程改革与发展的历程中，涌现出了陈鹤琴、张雪门等众多幼儿教育家，他们长期致力于幼儿园课程的本土化和科学化探索与实践，对我国幼儿园课程的发展产生了深远影响。其中具有代表性的经典课程方案有陈鹤琴先生的五指活动课程、张雪门先生的幼稚园行为课程。

一、陈鹤琴的五指活动课程

陈鹤琴(1892—1982)，浙江上虞人，是我国现代著名的儿童教育家，幼儿园课程理论和实践研究中国化和科学化的开拓者。

20 世纪二三十年代，西方近现代教育理论逐渐传入中国，受其影响，当时的幼儿园课程格局十分混乱，引起了当时很多教育人士的反思，批评当时的幼稚教育严重脱离国情，弊端丛生。陈鹤琴对中国幼儿教育的关注，尤其是对中国化和科学化幼儿园课程的探索正是在这种反思热潮中开始的。陈鹤琴说中国的幼儿园有四种弊端：一是幼儿与生活在其中的自然和社会环境接触太少；二是幼儿园交给幼儿的东西都太简单，不能促进幼儿的发展；三是幼儿园的集体活动过多，不利于幼儿个性的发展；四是幼儿园没有具体的办学目标。为了改变这种状况，陈鹤琴于 1923 年亲自在南京创办了鼓楼幼稚园，进行了课程、教法、玩具、设备等多项试验。终于，功夫不负有心人，陈鹤琴在数年艰苦探索之后，总结出创办中国化幼儿园应该遵循的 17 条原则，并形成了一套独具特色的中国化幼儿园的办园思路。尤其是在课程研究方面，独具特色的“单元教学”“五指活动课程”等幼儿园课程思想，对形成具有中国特色的幼儿园课程思想和体系做出了重要的贡献。其中，五指活动课程成为我国当时极具影响力且富有代表性的本土化学前课程方案之一，至今对幼儿园课程仍有重要影响。

陈鹤琴以五个连为一体的手指比喻课程的内容由五方面组成，而课程内容的组织又是整体的、连通的，就像人的手，虽有五指之分，但却相互联系，共存于一个手掌。他说：“五指，是活的，可以伸缩，互相联系……课程是整个的、连贯的，依据儿童心身的发展，五指运动在儿童生活中结成一个教育的网，有组织、有系统，合理地编织在儿童的生活上。”①

(一)五指活动课程的理论基础

陈鹤琴留美多年，这期间师从克伯屈、孟禄、桑代克、罗格等教授，深受以杜威为代表的美国进步主义思潮的影响，认为应该以儿童为中心，反对知识灌输和死记硬背的教学模式。同时受到陶行知“生活教育”理论的启示，陈鹤琴对如何改变陶行知提出的“读死书、死读书、读书死，教死书、死教书、教书死”做出回答，即要“读活书、活读书、读书活，教活书、活教书、教书活”，由此创造了他的“活教育”理论，作为其课程编制的理论基础。陈鹤琴的“活教育”理论体系主要包含以下三大方面，分别是“活教育”的目的论、“活教育”的课程论和“活教育”的方法论。

1.“活教育”的目的论

鉴于当时中国教育领域的弊端，陈鹤琴指出“活教育”的目的是“做人，做中国人，做现代中国人”，强调了人的社会性以及教育的民族性和时代性。而要成为这样的人，要具备以下五个条件：要有健全的身体、建设的能力、创造的能力、合作的态度及服务的精神。陈鹤琴提出的这五个条件涵盖了人的德、智、体诸方面的和谐发展，尤其是创造能力和合作态度与当前基础教育改革与发展的核心理念是相吻合的。之后随着国情的发展，陈鹤琴进一步提出了“做人、做中国人、做世界人”的目标，在原有的基础上更加展现了他放眼国际的视野与胸怀。

2.“活教育”的课程论

陈鹤琴抨击传统教育脱离自然、脱离社会、脱离儿童生活，反对把书本作为学校教学的唯一材料，只能获取死的、间接的经验，主张儿童从自然和社会中直接获知，得到活的、直接的经验，由此提出“大自然、大社会都是活教材”的观点。他指出，活教育的课程是以大自然、大社会为出发点，让儿童直接去学习它们。活教育的课程应该②：

① 北京市教育科学研究所：《陈鹤琴全集》第二卷，613页，南京，江苏教育出版社，1989。

② 北京市教育科技研究所：《陈鹤琴全集》第五卷，32页，南京，江苏教育出版社，1992。

·以大自然、大社会作为主要的教材，以课本作为参考资料，这是直接的活知识，是直接的经验。

·各科混合或互相关联。

·不受时间的限制，没有分节的时间表，时间为功课所支配。

·内容丰富。

·生气勃勃。

·儿童自己做的。

·整个的，有目标的。

·有意义的。

·儿童了解的。

3."活教育"的方法论

陈鹤琴将"做中教，做中学，做中求进步"作为"活教育"的基本方法，与陶行知的"教、学、做合一"的教学方法、黄炎培的"手脑并用，双手万能""学做合一"的职教理念一脉相承。"活教育"非常重视直接经验，主张儿童在学校里的一切活动都要以"做"为中心，凡是儿童自己能够做的，就应该让他们自己做，只有这样才能与事物发生直接的接触，才能得到直接经验，知道做事的困难，认识事物的性质。除此之外，陈鹤琴还提出了"活教育"的 17 条教育原则①：

·凡儿童自己能够做的，应当让他自己做。

·凡儿童自己能够想的，应当让他自己想。

·你要儿童怎样做，应当教儿童怎么学。

·鼓励儿童去发现他自己的世界。

·积极的鼓励，胜于消极的制裁。

·大自然、大社会是我们的活教材。

·比较教学法。

·用比赛的方法来增进学习的效率。

·积极的暗示，胜于消极的命令。

·替代教学法。

·注意环境，利用环境。

·分组学习，共同研究。

·教学游戏化。

·教学故事化。

·教师教儿童。

---

① 中国教育史编写组：《中国学前教育史资料选》，344 页，北京，人民教育出版社，1989。

· 儿童教儿童。

· 精密观察。

（二）幼儿园五指活动课程基本内容

1. 课程目标

教育的三大要素是儿童、教师和教材。“儿童还是教育的主体，课程与方法都是达到目的的工具。说教育，第一应当解释目标。”①陈鹤琴认为教育应当先设想期望儿童达到的目的，然后再根据儿童的个性选择最适合的材料和教育方法，以达到所期望的目的。他从身体、智力和情感等层面提出了五指活动课程的目标：

第一，培养受教育者有合作的精神、同情心、服务的精神。

第二，培养受教育者有健康的体格，养成卫生习惯，并且有相当的运动技能。

第三，培养受教育者有研究的态度，充分的知识和表达的能力。

第四，培养受教育者能欣赏自然美和艺术美，养成快乐精神，打消惧怕的情绪。

他提出的幼稚教育的目标——“做怎样的人”“应该有什么样的身体”“应该怎样开发儿童的智力”“怎样培养情绪”以及主张的要注意幼儿的健康，注重音乐课程等反映了当今幼儿教育促进幼儿德、智、体、美全面发展的要求。

2. 课程内容

依据“活教育”的课程观，陈鹤琴指出幼稚园的课程可以以自然、社会为中心进行选择，形成五类活动，正如儿童手上的五根手指，伸缩自如，相互联系，共同构成一个有整体功能的手掌。五指活动的五个方面包括：

第一，健康活动，包括静养、饮食、睡眠、早操、游戏、户外活动、健康检查、散步等。

第二，社会活动，包括升降旗、朝夕会、周会、纪念日集会、每天的谈话等。

第三，科学活动，包括植物的栽培、动物的饲养、自然现象的观察、研讨、计数、当地自然环境的认识等。

第四，艺术活动，包括音乐（唱歌、节奏、欣赏）、图画、手工等。

第五，语文活动，包括故事、儿歌、谜语、图画书、读法等。

他的“五指活动课程”——健康、社会、科学、艺术、语文——与当前《幼儿园教育指导纲要（试行）》所提倡的健康、社会、科学、艺术、语言五领域活动如出一辙。由此可见，陈鹤琴幼稚园课程思想对解决目前幼儿园课程改革中的问题也仍具有重要的借鉴价值。

---

① 北京市教育科学研究所：《陈鹤琴全集》第二卷，23页，南京，江苏教育出版社，1989。

3. 课程内容选择标准

陈鹤琴说："凡是儿童能都学的而又应当的，我们都应当教他。"[①]由此制定了幼稚园课程内容选择的三条标准：

第一，凡儿童能够学的东西，就有可能作为幼稚园的教材，但有时在"能学"的标准之下，还要有点限制，比如，有些东西小孩子虽然能学，不过学习会妨碍他身心的发育，那就不必勉强他学习。

第二，教材须以儿童的经验为依据。幼稚园应该着眼于幼儿的实际生活经验，从幼儿的实际生活和现实需要出发选择教学内容。

第三，凡能使儿童适应社会的就可取为教材。这是考虑到为幼儿更好地适应社会生活服务的目的。

4. 课程组织

陈鹤琴将其提出的课程内容的组织方法称为"整个教学法"，就是把儿童所应该学的东西整个地、系统地去教。他反对幼稚园分科教学，认为分科教学是在模仿大学，幼稚园的分科教学是杂乱无章的，是违反儿童的生活和心理的。对于儿童所学的东西，必定要有一种组织，在相当范围内，使其成为一个系统并使各科目之间互相联结起来发生关系。因此，他主张幼稚园的课程打成一片，成为有系统的组织，而这个有系统的组织就是以儿童的环境为中心，而这里的环境是指自然环境和社会环境。自然环境包括动植物和自然现象；社会环境包括个人、家庭、集社、市廛等类的交往。可确定的中心如节日，包括中秋、元旦、端午等；自然界的应时物，包括秋菊、冬雪、春桃、夏荷等；社会性事件，包括纪念日、庆祝会、恳亲会等。自然和社会这两种环境是儿童天天接触到的，应当成为幼稚园课程的中心。同时这些课程活动都是以单元的形式进行编排的，各单元活动围绕一个共同的目标而联系在一起，因此被称为"单元教学法"。对于单元活动的设计与组织，陈鹤琴具体指出了大致要经历的过程和注意的问题：

- 本星期教师会议上讨论下星期大约可以做些什么。
- 把要做的活动拟定以后，商议它的内容，大约分为几个步骤是可以做的。
- 教师对各活动内应用的材料和可以参考的书进行详细的预备。不过所谓预备是教师自己的预备，不是替儿童件件都装配妥当，让儿童坐享其成。
- 寻找或布置一个适当的环境来引起这个设计。
- 儿童既然感兴趣，教师就顺着儿童的兴趣，引起各方面的活动，并且与各科联络。但是并不强求合乎预定的设计。
- 时间完全不限制。多做就多做，少做就引起别的设计来。

---

① 同上书，113 页。

• 儿童如不能维持到做完设计全部的历程，教师急需了解一下，究竟是什么缘故，可以补救吗？

• 儿童临时发生特种兴趣，教师要尽力去指导，有时可以改变全部预定的设计，做这个临时发动的事。

• 儿童急需看到结果，所以各个设计应当分作许多小段落，他们的兴趣方才可以维持。

• 同一设计单元里，各方面的活动很多，儿童愿意做任何一方面，应该让儿童自由去做，不过希望每个儿童每方面都做到。

• 在同一设计单元中，有许多活动是需几个人合作的，有许多活动只需单独做。教师可以做他们的领袖，同时可以训练几个儿童来做领袖。

• 每个设计单元的每一个阶段或一方面的活动，得到结果，应当有极短的、简单的批评与讨论。

陈鹤琴还指出，幼儿活动课程应采用游戏式、小团体、环境创设等教学方法。他认为，儿童以游戏为生活，天生喜欢游戏，幼儿园的课程又易于通过游戏开展，儿童在游戏中、在活动中学习，会有事半功倍的效果。而幼儿园的儿童年龄不齐、兴趣各异，所以应该采用小团体式，区别对待，分组施教，使处于各个发展水平的儿童都能得到进步。同时教师要开展活动，就需要布置相应的环境，投放适合的材料，以达到活动的目的。此后，他又继续提出比较法、比赛法、替代法、观察法等。通过多样的方法，他生动、形象、具体地向幼儿进行教育，提升了幼儿的学习兴趣，增强了教学效果。

5. 课程编制

陈鹤琴在 1951 年发表的《幼稚园的课程》一文中提出了适合我国国情的幼儿园课程编制应该遵循的十大原则：

• 课程的民族性：课程应是民族的，不是欧美的。

• 课程的科学性：课程应是科学的，不是封建迷信的。

• 课程的大众性：课程应是大众的，不是资产阶级的。

• 课程的儿童性：课程应是儿童化的，不是成人化的。

• 课程的连续发展性：课程应是连续发展的，而不是孤立的。

• 课程的现实性：课程应符合实际需要，而不能脱离现实。

• 课程的适合性：课程应适合儿童的身心发展，促进儿童健康。

• 课程的教育性：课程应培养儿童五爱、国民公德以及团结和勇敢等优良品质。

• 课程的陶冶性：课程应陶冶儿童性情，培养儿童情感。

• 课程的言语性：课程应培养儿童说话技能，以表达其情感和思想。

在幼稚园课程的编制上，陈鹤琴还提出了三种方法①：

第一，圆周法。各班预定的单元相同，研究的事物也相同，但取材内容应依据儿童年龄的不同而变化。即各班课题相同而要求由浅入深。

第二，直进法。就是将儿童生活中可能接触到的事物，依照事物的性质和内容的深浅而分布在各个不同年龄的班级里，如小班研究猫和狗，中班研究羊和牛，大班研究马和虎。即各班课题和要求均不相同。

第三，混合法。就是在编制课程的时候，以上两法均需采用。即课题和要求有相同或不同。这是编制课程时最常用的方法。

6. 课程评价

陈鹤琴认为，要对课程的实施过程和儿童的发展进行督察与评定，就一定要有具体的标准。他说："考察品行，应当有品行的标准；甄别习惯，应当有习惯标准；检验技能，应当有技能标准；测验知识，应当有知识标准。"②在鼓楼幼稚园，最初考察的主要是幼儿应有的习惯技能。陈鹤琴与张宗麟于1925年共同编制了《幼稚生应有的习惯和技能表》，包括卫生习惯、做人的习惯(个人的、社会性的)、生活的技能、游戏运动的技能、表达思想的技能、日用的常识等185项指标，每项指标都很明确、具体。如卫生习惯里要求儿童"不吃手指""不随地吐痰"，做人的习惯里要"不说谎"，生活的技能里要"会自己吃饭""会洗手"，日常的知识里要求儿童能"识别植物二十种""会做十以内的加减""知道日、月、时间"，等等。这种结合儿童特点，运用形象、生动、直观的方法对儿童进行检查与观察的方法，开创了我国幼儿园课程评价的历史。

陈鹤琴通过在自己创办的南京鼓楼幼稚园进行各种实验探索，形成了独具特色的五指活动课程，五指活动课程是以"活教育"为理论基础的，是系统的、整体的课程体系，包含的教育内容相对比较全面，组织教学方法符合幼儿的身心发展特点，针对传统教育僵化的、固定的教育内容，主张以大自然、大社会为幼儿的活教材、活教具、活教师，是幼儿的课程。五指活动课程提出课程实施中的"计划性"和"灵活性"的结合，开始意识到了幼儿活动中的一些生成的东西，对现代幼儿园课程的发展实施，提供了一定的启发和指导。因此，陈鹤琴的五指活动课程对形成具有中国特色的幼稚园课程思想和体系做出了重要的贡献。据此，陶行知大力赞叹说："陈鹤琴教授所指导的幼稚园教育实验，也是意义重大又令人鼓舞的。"③但是在新中国成立后不久，陈鹤琴的"活教育"遭到批判，被认为是"杜威实用主义教育的翻版，用在半殖

① 唐淑：《中国学前教育史》，280页，北京，人民教育出版社，1993。

② 《陈鹤琴全集下》，124页，南京，江苏教育出版社，1989。

③ 陈一飞：《陶行知谈陈鹤琴——关于陶行知和陈鹤琴关系的史料》，载《中国陶行知研究基金会会讯》，2000(9)。

民地的旧中国为帝国主义买办阶级官僚资本服务”①。自 20 世纪 80 年代开始，人们又开始重新认识到陈鹤琴教育思想，尤其是幼稚园教育思想的重大价值。至此，国内开始出现了研究陈鹤琴教育思想的热潮。尤其是 80 年代初期的幼儿园课程改革，主要的指导思想就是陈鹤琴的“单元教学”理论，在这其中形成的主导课程模式——“整合课程”“综合主题活动”等就是证明。

例如，浙江上虞鹤琴幼儿园形成的生态式五指活动课程，对课程框架进行了重构。确立了“以做人为基点，以生活为载体，以创新为主线，以实践为核心，培养健康、自主、探究、珍爱、创造的和美儿童”课程总目标，体现“真生活、真情境、真实践、真体验”四真课程特色，通过主题活动多元、日常生活浸润、游戏活动体验、专项活动实践和环境资源拓展五大途径进行课程实施，具体如图 4-1 所示。

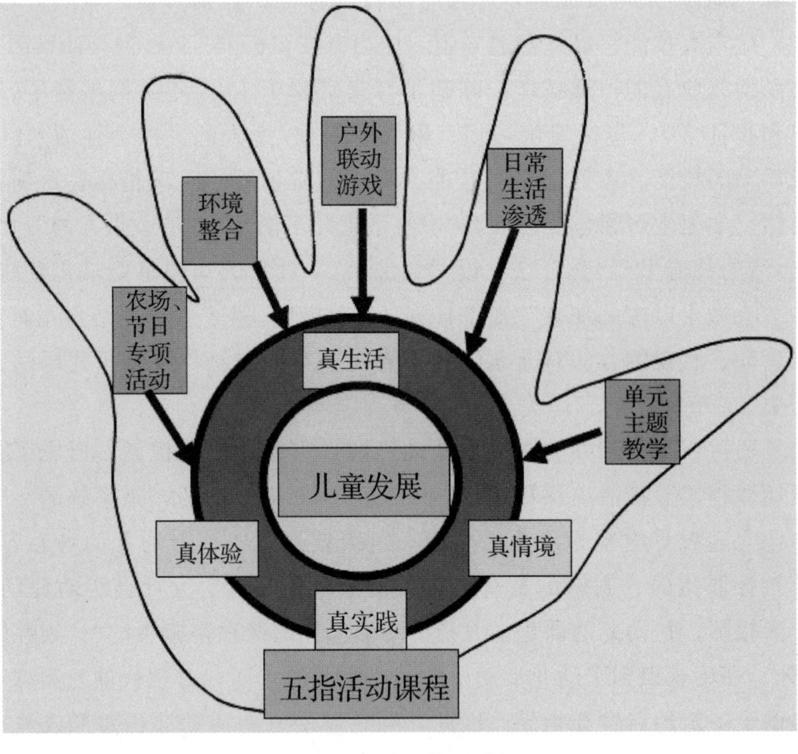

图 4-1　生态式五指活动课程

又如，依据吉林省编《幼儿园主题活动课程》，以“春天来了”为主题的课程设计如表 4-1 所示。

---

① 唐淑：《童心拓荒——现代教育家陈鹤琴》，26 页，南京，南京大学出版社，2001。

表 4-1 “春天来了”主题的课程设计

主题名称	子主题名称	课程目标	活动过程
春天来了	美丽的花蝴蝶	观察蝴蝶，体验观察的乐趣 了解蝴蝶的外形特征及生活习性 感受并大胆地表现蝴蝶飞舞的美丽情景	出示蝴蝶标本，引导幼儿观察 分组活动讨论(《蝴蝶找花》音频) 创编动作 动手制作 游戏——谜语 活动总结与分析
	小蝌蚪找妈妈	观察蝌蚪变化，记录蝌蚪生长情况，初步了解青蛙的外形特征及生长过程 理解《小蝌蚪找妈妈》情节，尝试复述故事	通过故事《小蝌蚪找妈妈》引出问题 通过视频《小蝌蚪找妈妈》观察蝌蚪生长过程 游戏——儿歌《小蝌蚪》 活动总结与分析
	小草变绿了	丰富有关小草的知识，了解小草生长与变化的情况 通过观察发现野草和种植草的不同，知道爱护草坪 初步理解小草与人类，动植物与环境的生态关系	户外观察 观察后提问 引导思考 动手操作 活动总结与分析
	我和小树做朋友	认识几种常见的树 培养观察力、想象力和动手操作能力 知道树的作用，培养环保意识	感受树的存在 动手操作——作画 学习歌曲《大树妈妈》 活动总结与分析
	春游	观察春天，欣赏春天的美 整理采集树叶，学习制作标本 学习儿童诗《春天说了什么》	谜语导入 感受春天的到来(视觉、听觉、嗅觉) 制作标本 学习儿童诗《春天说了什么》 活动总结与分析
	主题总结		

二、张雪门的幼稚园行为课程

张雪门是我国著名的幼儿教育家，在中国近现代学前教育史上具有重要的地位和影响，在 20 世纪 30 年代，他与陈鹤琴有“南陈北张”之称。他的幼稚园行为课程，作为他教育思想中最具特色的一部分，针对当时幼稚园以教材为中心的状况，提倡幼稚教育生活化、幼儿生活教育化。该课程不仅符合当时世界教育思潮，而且还促进了中国幼儿教育的发展，并对今天我国幼稚园课程的改革有借鉴意义。

(一)幼稚园行为课程的理论来源

随着新文化运动的推进，多种教育思想传入中国，通过对当时幼儿园课程的实地考察，张雪门在《我国三十年来幼稚教育的回顾》中提到，当时的中国幼稚园主要是这三种不同的课程模式：宗教化课程、日本式课程、福禄贝尔或蒙台梭利式课程。日本式幼稚园课程纯粹是一种小学注入式课程，其科目和对幼儿的训练力求和小学衔接。“他们将游戏、谈话、手工、唱歌、识字、算术、图画、排版、检查身体、习字、积木分作一个时间一个时间的功课，明明白白地规定在逐天的功课表里，不会混杂而且也不许混杂，保姆高高地坐在上面，孩子们一排一排地坐在下面。……他们所注意的是衔接小学，却忽视了幼稚园的本身，他们所顾到的是成人的主观，却忘怀了孩子的心身”。[①] 宗教化课程在当时为数最多，据南京一女师在1924年的调查统计，“全国有幼稚园190所，其中教会办的有156所，占全国总数的80%”[②]。宗教化课程出于教会的手泽，教法也是模拟的西洋局部，“有美丽的教室，小巧的桌椅，精致的恩物”。[③] 张宗麟曾批评道“如此教育，是替基督教养成基督徒，非为中国教育；如此教育，贻害吾国者实大，急宜设法干涉也”。[④] 福禄贝尔课程模式是依据福禄贝尔的“恩物”思想形成，蒙台梭利式课程模式也是根据蒙台梭利的“教具”设计而成，但是落到实际却是新上任的教师在学校所学的东西用不上，却要用在学校没有接触过的东西，教育理念与实践脱节。正是这样混乱的幼稚园课程格局引起了当时很多教育人士的反思，批评当时的幼稚教育严重脱离国情，弊端丛生。由此，张雪门及一批有识之士走上了探索幼儿园课程科学化和中国化的道路。

张雪门深受杜威的实用主义教育哲学观点和行为主义心理学思想的影响。杜威的实用主义教育哲学以儿童为中心，认为课程是为生活而准备，张雪门认为行为课程在设计和实施过程中，始终把课程要符合儿童身心发展规律作为一条根本原则，强调课程须和儿童的生活融合为一。因此“从生活而来，从生活而开展，也从生活而结束”的行为课程借鉴了实用主义教育哲学以儿童为中心和注重生活的观点。行为主义心理学强调“操作”这一积极、主动的互动行为，张雪门将这些观点运用到行为课程中，提出行动是实施幼稚园行为课程的主要手段，幼稚园应以积极的环境引起儿童的主要活动。

---

① 中国教育史编写组：《中国学前教育史资料选》，195页，北京，人民教育出版社，1989。

② 何晓夏主编：《简明中国学前教育史》，132页，北京，北京师范大学出版社，1990。

③ 中国教育史编写组：《中国学前教育史资料选》，195页，北京，人民教育出版社，1989。

④ 张宗麟：《调查江浙幼稚教育后的感想》，见《张宗麟幼儿教育论集》，428页，长沙，湖南教育出版社，1985。

同时，行为课程理论还借鉴了中国传统教育思想和陶行知、福禄贝尔、蒙台梭利等人的课程思想。张雪门从小接受私塾教育，深受中国传统文化浸染，其中，王阳明的“知是行之始，行是知之成”的观点对他的行为课程有直接的影响，张雪门行为课程中强调儿童行动的观点可以说是对“知行合一”的继承和发展。和他同一时代的陶行知提出了“生活即教育”“社会即学校”和“教学做合一”的理论，张雪门以生活为中心，以行动为中心的整个课程的设计和实施都体现了这一思想。张雪门早年在北京大学教育系主任高仁山的影响下，开始接触外国著作，认真研读福禄贝尔和蒙台梭利的教育著作。在之后的幼稚园实践中，他不仅汲取了福禄贝尔的恩物思想，还对蒙台梭利的自由思想、感官教具的价值给予了高度评价，并在课程的创立中对其进行改造，形成了只有从实际生活出发才能训练儿童的创造和思想能力的观点。

(二)幼稚园行为课程的基本内容

“课程是什么？课程是经验，是人类的经验，用最经济的手段，按有组织的调制，用各种方法，以引起孩子的反应和活动。”①而幼稚园的课程就是“给三足岁到六足岁的孩子所能够做的而且喜欢做的经验的预备”②。这些经验不是零散无序的，而是通过有目的、有计划、有组织的活动使儿童获取的有益经验。张雪门反对把课程当作“知识的积体”，当作书本的知识，认为课程既然是源于生活经验，满足人类需求，那么从人的生长过程看来，包括技能、知识、兴趣、道德、风俗礼节种种经验，即课程是适应生长的有价值的材料。可见，幼稚园课程的实质包括了儿童在幼稚园的一切经验和活动，甚至是生活。

对于行为课程的定义，张雪门是这样说的：“生活就是教育，五六岁的孩子们在幼稚园生活的实践，就是行为课程。……这份课程包括了工作、游戏、音乐、故事等材料，也和一般的课程一样。然而这份课程完全根据于生活；它从生活而来，从生活而开展，也从生活而结束，不像一般的完全限于教材的活动。”③可见，行为课程的基本要素就是生活与行动。“凡扫地、抹桌、熬糖、炒米花以及养鸡、养蚕、种玉蜀黍和各种小花等，能够让幼儿实际行动的，都应该让他们去实际行动。从行动中所得的知识，才是真实的知识；从行动中所发生的困难，才是真实的问题；从行动中所获得的胜利，才是真实的制驭环境的能力”④。行为课程既是经验的选品，同时

① 戴自俺：《张雪门幼儿教育文集》上卷，369页，北京，北京少年儿童出版社，1994。
② 同上书，24页。
③ 戴自俺：《张雪门幼儿教育文集》下卷，1088页，北京，北京少年儿童出版社，1994。
④ 同上书，1089页。

又要符合儿童身心发展的需求，生活就成为两者之间的结合点，但必须是儿童眼前的、属于他们自己的生活而不是未来的生活。只有通过对这种生活的学习才能使他们获得真正有益的经验，使儿童获得真正的发展。儿童先有了生活，然后有教材的需要；不是有了教材，再去引起儿童生活作机械的反应。可见，行为课程是以生活为基础，以实际行动为中心的。

1. 课程目标

张雪门对行为课程目标的认识经历了由反对传统“社会中心”转向“儿童本位”，再由中国社会现实认识到应兼顾社会和个体两方面的发展过程。他具体分析了身心与环境、个人与社会、现在与将来的关系，依据幼稚教育“应完全以儿童为本位，成就儿童在该时期内心身的发展并培养其获得经验的根本习惯，以适应环境”而提出“幼稚园课程的目的，在于联络孩子们的旧观念，以引起其新观念，更谋其旧经验的打破，新经验的建设”①，强调了经验的价值。同时课程需要注意到社会生活的意义，但绝不能凭着成人主观的意见，因为幼稚生时期满足个体的需要实甚于社会的希求。所以，以儿童为中心的幼稚园行为课程的目标就在于：

第一，满足儿童心身的需要。从科学的儿童观出发，张雪门认为儿童的身心发展是有特别的规律的，教育必须从儿童的能力、兴趣和身心发展水平出发，才有可能促进儿童发展。

第二，养成儿童“扩充经验”的方法与习惯。根据杜威“教育就是经验的改造或改组”的观点，张雪门主张着重培养儿童“改造旧经验，扩充新经验”的方法，而不是像传统教育总是急于塞进去很多“新经验”，那样只能适得其反。

第三，培养儿童生活的能力与意识。当时中国需要的是能够自食其力的劳动者和建设者，不再是手无缚鸡之力的书生。这一目标不仅体现了那个时代的特征，而且在幼儿教育“唯智化”倾向愈演愈烈的今天，依旧适用。

九一八事变发生后，面对国家与民族的危亡，鉴于儿童本位的课程目标已无法适应当时国情和时代的需要，张雪门提出要把社会和儿童联系起来，才能完成教育的使命。他提出的课程目标不仅关注儿童个体的发展，而且开始关注社会的需要。要解决当时我国的幼稚教育问题，张雪门认为必须认清三点：一是儿童的生理和心理状况，即儿童在幼稚园时其身心发展的情形；二是我国社会的现状；三是根据社会现状谋求民族的改造，同时根据儿童的需要，谋求社会基地的建设。可见，他已

---

① 戴自俺：《张雪门幼儿教育文集》上卷，128页，北京，北京少年儿童出版社，1994。

能够兼顾社会需要和儿童身心发展来考虑幼稚园课程，并最终确立了以社会需要为远景，以儿童个体发展需要为近景的课程目标。即“铲除我民族的劣根性，唤起我民族的自信心，养成劳动与客观的习惯态度，锻炼我民族为争中华之自由平等而向帝国主义作奋斗之决心与实力”。行为课程儿童—社会双向的课程价值取向充分体现了来源于儿童的生活、尊重儿童的兴趣和需要并兼顾社会需要的特色，既符合抗日战争背景下社会对儿童的需要，又符合儿童发展的需要。

2. 课程内容

张雪门将行为课程的内容表述为来源于儿童生活的“教材”，他说：“儿童到幼稚园要学些什么？幼稚园教师须教些什么？教和学又怎样地联络起来？这三个问题就是幼稚园教材研究的中心。”①行为课程内容虽也被称为教材，但从教材的性质看，行为课程的教材与传统的教材却是不同的。“幼稚园教材是一般在幼稚园的时候儿童生活的经验”②，“教材的范围很大，并不限于一首歌曲，一件手工，凡儿童从家到校，从校到家，在家庭、道路、幼稚园所受到的刺激，能够引起儿童生活的要求，扩充儿童生活的经验，潜移儿童生活的意识都是”③。行为课程的内容虽然表述为教材，但行为课程的教材来源于儿童的生活，范围广，只要是符合课程目标，并且能引起儿童生活的经验都可以作为教材使用。而经验作为教材，来源于哪里呢？张雪门认为来自三个方面：一是本身个体发展所得，二是和自然环境相接触所得，三是从社会环境交际所得。所以教材主要来源于儿童本身和与其接触的环境。儿童本身即儿童个体的生活，是指儿童自发的诸般活动，即儿童自身发展中主动进行的一些活动。儿童接触的环境即儿童的生活，是指儿童周边的自然环境和社会环境。只有把社会的生活和个体的生活联系起来，儿童的生活才能充实，教材的目的也才能实现。

由此，张雪门把行为课程的内容分为以下三个方面。

第一，儿童自发的活动，即儿童自身发展中所进行的一些活动。

第二，儿童的自然环境，即儿童周围生活中一切有关自然界的事物与知识，如植物、动物、旅行，儿童探索各种自然现象的活动。

第三，儿童的社会环境，即儿童现在生活与未来生活相关的社会生活知识，如家庭、临近的地方、各种职业活动等。

总的来讲，行为课程的内容就是儿童周围生活的自然环境与社会环境中能为儿

---

① 戴自俺：《张雪门幼儿教育文集》上卷，394 页，北京，北京少年儿童出版社，1994。

② 同上书，404 页。

③ 同上书，394 页。

童所接受并有助于其身心发展的各种经验。

除此之外，张雪门还提出了选择教材的五条标准①。

第一，应合于儿童的需要。张雪门认为幼稚园的孩子喜欢模仿，而且具有强烈的好奇心，所以大人的事、动植物的生长、天气的变化、各种感觉游戏等，都能引起他们寻求新经验的欲望，所以把这些材料编入课程，定能适合儿童的兴趣。

第二，应顾到社会生活的意义。认识社会生活是适应社会生活的基本前提，所以不论是文字、数的观念，还是饮食起居、风俗等，都应该成为课程内容。

第三，应在儿童自己的环境里收集材料。“儿童所能反应的，是他自己环境里的社会，但绝不是成人的社会。”②所以要从儿童所处的家庭、社会环境中收集材料。

第四，应顾到社会生活的重要。课程固然是实现现在，但并不是放弃将来。因此在教材内容的选择上，既要注重现实环境，又要有利于社会发展。

第五，上面所述还没有道及的一切冲动习惯态度。张雪门认为，儿童在日常生活中产生的兴趣感情和动作的冲动，虽然有时是暂时的，但若有利于儿童发展，有利于儿童适应环境，教师就需抓住机会并选择相应内容给予儿童练习的机会。

张雪门认为幼稚园课程的组织完全不同于小学、中学和大学各级学校的课程，它有自己的特点和要求，主要是以下三点。

第一，整体性。“幼稚生对于自然界和人事界没有分明的界限，他看宇宙间一切的一切，都是整个儿的。”③所以编制课程时如果分得太清楚了，反而不能引起儿童的反应。

第二，偏重儿童个体发育。“幼稚生时期，满足个体的需要，实甚于社会的希求……我们编制课程时，原不能忽略社会的希求，但需极力注意儿童现在的需要和能力。”④所以编制课程时，在兼顾社会个体两方面需求时要侧重个体一些。

第三，注重儿童的直接经验。“幼稚园的课程，须根据儿童自己直接的经验。”⑤虽然这种经验不如传授式的经验直接、系统，但对儿童来讲，其意义和价值更大。

此后，张雪门总结了几十年来的幼稚园课程实践研究，于 20 世纪 70 年代出版《中国幼稚园课程研究》一书，进一步提出了组织幼稚园课程的一些标准：“课程须和儿童的生活联络，是有目的、有计划的活动。事前应有准备，应估量环境、应有相

---

① 戴自俺:《张雪门幼儿教育文集》上卷，126～127 页，北京，北京少年儿童出版社，1994。
② 同上书，127 页。
③ 同上书，342 页。
④ 同上书，342～343 页。
⑤ 同上书，343 页。

当的组织，且须有远大的目标。各种动作和材料，全须合于儿童的经验能力和兴趣。动作中须使儿童有自由发展创作的机会。各种知识、技能、兴趣、习惯等全由儿童直接的经验中获得。”①

3. 课程实施

(1)实施原则

张雪门提出了以儿童行动为中心的课程实施体系，行为课程中的行动即是“活动”“做”。“做”即行动的价值，“做”也是儿童最基本的学习方式，“做学教”要打成一片。儿童在课程中的行动就是在生活中所做的事、动作，生活化的课程就是行动化的课程。行为课程内容来源于儿童每日的生活和活动，儿童就是在自己的生活实践中，不断探索和学习，由此获得各种生活知识、习得各种学习经验，形成以后发展的基础。行为课程重视儿童的实际行动在课程实施中的作用，即使教师明明知道儿童这样做会错，但先不要告诉他们，而是让他们自己找出错误的原因，然后让他们自己改进，通过儿童的行动来获得直接经验，完成教材要实现的课程目标。

为此，张雪门提出了两项行为课程实施的原则：①课程固然由于自然行为，但却须经过人工的精选。从价值上而言，要评估儿童在活动里是不是可以得到想得到的知识、技能、习惯、态度等；就转移上而言，儿童是不是可从活动里得到初步概念，进而用到日常生活中，例如，有跑跳能力以后可进行韵律活动，替娃娃洗被子做衣服可以引导到家事劳动；而在结果上来说，必须评估儿童完成事情的可能性，如果提供完成可能性高的活动，可养成其独立、合作的习惯。②课程固然重劳动行为，但是却须在劳动上劳心。“从做中学”可说是行为课程的中心，“做”是劳动，而这个劳动，不只是身体的劳力而已，更须在身体劳力的同时劳心(运用心思)，因为只有劳心的人不能真的把事做成，只有劳力(动)的人则会动手不动脑。真正的“做”，是在行为课程上切实做到运用身体做事时也用心、用方法②。

(2)实施步骤

儿童的行动作为行为课程实施的过程，应该是整体的。为了保证课程实施中儿童行为的有效价值，张雪门借鉴了克伯屈的设计教学法，这种方法打破了分科教学、儿童被动学习的特点，使各科教材自然地融于儿童的实际生活中，实行的是一种大单元教学，具体包含以下几个要素：①动机。激发儿童学习动机是第一位的。动机可分为内发的动机和外界引起的动机。内发动机引起原因可能是基于前一种活动的

① 戴自俺：《张雪门幼儿教育文集》下卷，776页，北京，北京少年儿童出版社，1994。
② 同上书，1090～1091页。

延续(春季旅行引起种野花、种野花引起开垦地)或是受到环境的刺激引起(下大雨想研究雨从何而来)。而外界引发的动机主要是通过教师完成的。比如，利用环境(玫瑰花开成为做鲜花饼的动机)、利用设备(吃点心和糖果成为做粽子糖的动机)，或是利用语言(借由图画书、故事，以语言文字引起儿童的动机)。②目的。这里的目的是教师想让儿童在行为里得到的效果，而不是儿童自己的目的，老师在设计教案时有目的，指导儿童行为时才有一定的标准和依据。教师只有确定了教学目的，才能有效地指导儿童在课程中的行为，教学也才能有一定的标准。③活动。在活动进行之前，要先有详细的评估，从人数、时间地点的分配到活动的动作要点为何，都有组织，才不会在活动进行时发生不连贯的情形，在组织课程时，对这些要有初步的计划，但在真正实施行为时，则需要每天计划，符合实际需求，让儿童有自我发表和创作的机会。④活动过程。在活动过程中，要把所有有形、无形的动作都归纳在课程里，也就是清楚交代活动如何开始，如何展开，如何结束。⑤工具及材料。配合设计的活动，工具、材料上做充分的准备。这样的配合不是一成不变的，因为行为是活的，所以在可预期的活动范围内，尽可能做好工具和材料的准备。"在线索范围以内，力求切合动作上的需要，当然是准备上的必要了"。[①] 这五种要素既考虑到了儿童的主体地位，又兼顾了教师的主导作用，使师生之间有良好的互动。

4. 课程评价

行为课程实施后，就要有后续的动作，以达到改进的目的，张雪门的行为课程提到的实施后的进展即为课程的评价。主要是以下四个方面。

(1)对幼儿行为应有检讨

张雪门指出："行动终了，接着便须检讨，不论做得好做得坏，都应像审判一样的来考察：好的在哪一点？坏的在哪一点？为什么好？更为什么坏？幼童如果明白了好或坏的所在和好或坏的原因，然后才能将成功或失败的原因组织在自己的经验中，更可以加强下次活动趋避的倾向。"[②]

教师在行动结束后应该通过言语及实物对照对儿童的行为进行恰当的评价，主持团体讨论，鼓励自我批评，使儿童了解其好或坏的原因。

(2)对幼儿行为应有继续的注意

一般的教师进行完一个单元之后，总是匆忙地进行下一单元，对原来单元的行为就不再注意。事实上，幼儿有可能不断地发展出后续的活动，例如，从替娃娃穿

① 戴自俺:《张雪门幼儿教育文集》下卷，1095页，北京，北京少年儿童出版社，1994。
② 同上书，1100页。

衣，产生布置房间的行为，再发展到请客，再到铁路交通，这种从一种活动发展到另一种活动，或是从小活动扩展到大活动，都是平常的事，教师应该注意到这样的行为继续性，对儿童要保持观察和注意，以引导进入下一个单元。

(3)对幼儿行为应有记录

老师应该每天利用个案记录的形式，把幼儿重要的动作记录下来，一方面作为将来参考，另一方面可发现自己成功或失败的地方。

(4)对幼儿行为经验应有估计

每一个大单元活动结束之后，教师应该做幼儿经验的估计，也就是把预定达成的行为和幼儿的实际行为做一比较，看是否达到预定的目标，这才是从行动中所获得真实的成绩。

幼稚园行为课程以儿童的生活经验为中心，强调课程的科学性，体现了以“儿童为主体”和“教师为主导”的精神，是具有民族改造功能的幼稚园课程，作为张雪门一生教育实践与智慧的结晶，也是他与同事们在长期教育实践中集体工作的结果，是当时幼稚教育中国化的三大课程之一，对 20 世纪三四十年代我国幼稚教育起到了极大的推动作用。行为课程不仅反映了当时幼稚教育中普遍存在的教育与儿童实际生活相脱节的现象，而且对当前的幼儿园课程改革也有一定的启发意义和借鉴价值。

张雪门幼稚园行为课程是在实践基础上形成的，符合当时的国情文化。在当代，私立星荫幼稚园(今宁波市第一幼儿园)在行为课程的基础上进行了探索，形成了具有时代精神的由课程目标、内容、组织和评价构成的园本课程。其提出的作业目标—分解目标—总目标—课程目标四级目标既继承行为课程特色，又赋予符合了时代精神的课程内容；在甄选和梳理原有课程内容后，增设了两条与生活有关的线索——环境与一日生活，这样使行为课程的内容更丰富，也更贴近儿童生活；课程实施则采用了集体教学活动、小组活动与个人活动，集体教学既关注儿童内在的动机和需要，又强调同伴之间经验的分享，小组与个人活动设置了儿童工作室、生态园、蜗牛考察队、蛤蟆剧团和心理辅导站，既发展幼儿的兴趣，又有针对性地采取有效措施促进儿童心理发展；课程评价在原有行为课程以教师评价和终端评价为主的基础上开发了注重多维评价、关注近期和长期评价的评价体系。宁波市第一幼儿园的园本课程(见表 4-2)为探索如何开发行为课程提供了借鉴。

表 4-2　宁波市第一幼儿园的园本课程

<table>
<tr><td rowspan="10">宁波市第一幼儿园新行为课程</td><td rowspan="8">实施模式</td><td rowspan="2">个人、小组活动</td><td>儿童工作室：根据幼儿兴趣、需要设立的幼儿专用活动空间</td></tr>
<tr><td>蜗牛考察队：幼宝贝蜗牛考察队
年级组蜗牛考察队
班级蜗牛考察队
家庭蜗牛考察队</td></tr>
<tr><td>“集体—分组”活动</td><td>大量的小组、个人活动来满足每个孩子的兴趣与需求。例如，在科学活动“会浮起来的土豆”中个别孩子对土豆的颜色变化感兴趣，他们亦可利用小组活动时间到班级科学区角里，继续进行土豆实验</td></tr>
<tr><td>个性化活动纵深发展</td><td>全园儿童工作室与班级儿童工作室</td></tr>
<tr><td rowspan="2">提供“分散—聚焦”分层支持</td><td>表格式分层支持</td></tr>
<tr><td>区域式分层支持。例如，光影游戏分为“手影游戏—光源探索—光影制作”三个层面</td></tr>
<tr><td rowspan="2">“家庭—社区”助教网络</td><td>建立资源库，制作新行为课程资源表(社会资源、社区资源等)</td></tr>
<tr><td>成立助教团(爸爸妈妈进课堂、大蜗牛带小蜗牛、家教经验沙龙、网络交流会等)</td></tr>
<tr><td rowspan="2">组织系统</td><td colspan="2">青青生态园：促进幼儿与自然、动植物互动而开设的空间。幼儿在生态园中种植、饲养、观察、记录和实验，与动植物亲密接触，获得愉快的劳动体验</td></tr>
<tr><td colspan="2">心理辅导站：心理环境的创设
个性心理档案
心理辅导活动
行为训练</td></tr>
</table>

• 张宗麟、陶行知的课程观 •

学以致用

(1)以陈鹤琴的五指活动课程为基础设计一个幼儿园主题活动课程方案。

(2)收集一份陈鹤琴先生的五指活动课程方案，进行讨论分析。

本讲要点

陈鹤琴的五指活动课程理论以“活教育”为基础，包括“做人、做中国人、做现代中国人”的目的论、“大自然、大社会都是活教材”的课程论以及“做中教、做中学、做中求进步”的方法论，提出了做人、身体、智力、情绪四个方面的课程目标；其课程内容包含“五指”，分别是健康活动、社会活动、科学活动、艺术活动和语文活动；以儿童周围的自然环境、社会环境为中心组织课程内容，并通过“整个教学法”展开。

张雪门的幼稚园行为课程理论以生活为原点，以设计教学法为基础，提出了兼顾儿童需要与社会需求的课程目标，课程内容则是来源于儿童生活，它以“生活”为教材，以“知”“情”为标准选择内容，主要包含儿童自发活动、儿童的自然环境和儿童的社会环境三个方面；课程的组织偏重儿童的个体发展和直接经验，通过单元教学法来突出儿童行动在活动中的整体性。

模拟练习

(1)五指活动课程的理论基础是什么？

(2)陈鹤琴的五指活动课程包含的是哪“五指”？

(3)对于五指活动课程的评价，你是怎样理解的？

(4)在幼儿园课程的编制上，陈鹤琴主张什么方法？

(5)在幼儿园课程的实施方面，陈鹤琴主张采用哪些方法？

(6)你是如何认识张雪门的幼稚园行为课程的理论来源的？

(7)简述幼稚园行为课程的目标。

(8)张雪门对于教材的选择，提出了哪些标准？

(9)怎样认识张雪门幼稚园行为课程的实施？

(10)幼稚园行为课程实施后的评价应该如何展开？

课外拓展

收集南京市鹤琴幼儿园“田老师的草坪婚礼”相关文字视频资料，谈谈对幼儿园课程方案设计的启示。

第二讲

国外幼儿园经典课程方案

头脑风暴

华德福课程好还是蒙台梭利课程好呢？到底哪种课程方案更适合幼儿发展？国外的课程方案到底适不适合我们国家的国情呢？我们的幼儿园教育应该采用何种课程方案？

导入语

近几十年来，国外许多幼儿园课程方案在理论和实践上都取得了一定的成就，一些优秀的课程方案在世界范围内得到推广。当前，我国许多幼儿园热衷于借鉴国外的课程方案。每一种课程方案都深受其所处时代、国家、历史、文化的影响，对教育都有独特的理解和理念，也有其特定的课程内容和实施方法。因此，学习或借鉴某一课程方案时，关键在于理解其课程理念的精髓，而不能仅仅模仿了表面，或是曲解了这些课程的本质。

当今世界上比较流行的国外幼儿园经典课程方案主要有：蒙台梭利课程、华德福课程、瑞吉欧课程、高瞻课程。

一、蒙台梭利课程

蒙台梭利(Maria Montessori，1870—1952)，是20世纪杰出的幼儿教育家，也是西方教育史上与福禄贝尔齐名的两大幼儿教育家之一。

(一)蒙台梭利课程的理论基础

蒙台梭利深受卢梭、裴斯泰洛齐、福禄贝尔等人的自然主义教育思想的影响，并在吸收医学、生物学、心理学、人类学和教育学等学科成果的基础上，通过在教育实践中对儿童的实验和观察，认为儿童心理发展存在四个显著特点。

1. 具有独特的心理胚胎期

蒙台梭利在其著作中写道：“人似乎有两个胚胎期，一个是在出生以前，与动物相同；另一个时期是在出生以后，只有人才有……人类具有一种双重胚胎生活。”[①]蒙台梭利称前者为“生理的胚胎期”，是在母体内生长发育的过程；后者为“心理的（或精神的）胚胎期”，是人类所特有的，具体表现在从出生到 3 岁的婴幼儿阶段，是个体与环境的交互作用中形成心理的过程。儿童心理的发展经历着和生理胚胎期发展同样的路线，在“内在生命力”的驱使下，实现心理从无到有、从简单到复杂的发展。

2. 心理具有吸收力

蒙台梭利认为儿童的成长受内部潜能的驱使，这种独特的能力使其心理发展成为可能，她称之为“吸收性心智”。她曾提出：“儿童有一种能够吸收知识的心理，他们能够自己教自己。”[②]即儿童能通过与周围环境的密切接触和情感的联系，获得各种印象和文化，从而形成心理、个性和一定的行为模式。

蒙台梭利提出的“吸收性心智”与“双重胚胎期”两个概念是紧密联系在一起的。如同生理胚胎通过从周围环境中吸取一切养分以完成发育过程一样，心理胚胎也需要通过从周围环境中吸收营养成分以完成自我成长，而且她认为幼儿这种自然吸取和创造性的功能是成人所没有的，儿童在婴幼儿时期所获取的一切将保持下去，甚至影响其一生。

3. 心理发展具有敏感期

蒙台梭利受荷兰生物学家胡戈・德弗里斯的影响，认为在儿童发展过程中存在着针对特定环境刺激的敏感时期。在某种刺激的敏感期内，儿童对这种刺激及其相关的活动非常感兴趣。一旦儿童置身于与敏感期相适应的环境，他就能轻松、愉快、迅速地掌握与刺激相关活动的能力。特定的敏感期常与特定的年龄阶段相联系，在发展过程中经过不同的阶段，每个阶段都有某种心理的倾向性和可能性表现出来，过了特定时期，敏感期则会消失。

蒙台梭利还提出了常见的敏感期：感觉的敏感期（0～5 岁），在 2～2.5 岁时达到顶峰；秩序的敏感期（1～4 岁）；语言的敏感期（8 周～8 岁）；动作的敏感期（0～6 岁）。她认为，敏感期是有时间性的、会转移的，对不同个体，敏感期出现的具体时间和程度是有差异的，因此，成人必须善于识别，并努力创造条件予以最大限度地利用。

4. 心理发展具有阶段性

与敏感期理论紧密联系，蒙台梭利认为儿童发展具有阶段性，教育者既要看到发展的连续性，又要正确把握发展的阶段性。儿童在不同发展阶段表现出不同的身心特征，前一阶段的发展是下一阶段发展的基础。她将儿童的发展分为以下三个阶段。

---

① ［意］蒙台梭利：《蒙台梭利幼儿教育科学方法》，任代文译，391 页，北京，人民教育出版社，1993。

② 同上书，337 页。

第一阶段：0～6 岁。这是儿童个性形成的重要阶段。其又可分为两个阶段：心理胚胎期(0～3 岁)和个性形成期(3～6 岁)。前者是儿童通过吸收周围环境中的信息来形成心理和适应生活，不受成人的直接教育；后者是通过作用于环境的活动发展意识及充实、完善已形成的能力，是受成人的直接教育，这一阶段的发展状况对未来具有决定性的作用。

第二阶段：6～12 岁。这是儿童增长学识和艺术才能，有意识学习的时期。这一阶段的儿童已经具有一定的稳定性，开始具备抽象思维能力，产生道德感和社会意识，开始渴望探究更大范围的世界。因此，蒙台梭利主张对儿童的教育也要相应的发生改变，应从感官教育转向抽象的智力活动，并给儿童提供更大的活动和探索空间。

第三阶段：12～18 岁。这时进入了青春期，儿童身心有了更大的变化，具备了理想，产生了爱国心和荣誉感，能根据自己的兴趣主动探索事物。因此，对他们可以进行与成人一样的教育。

(二)蒙台梭利课程基本内容

1. 课程目标

蒙台梭利认为教育的首要目的是完善每个儿童的人格，其次是在此基础上建设和平的理想社会。而蒙台梭利认为儿童天生具备自我发展并形成健全人格的生命力。因此，其课程的主要目标就是协助儿童开发内在的潜能，帮助其发展健全的人格，养成一种自立、自主、自信、自足、自我管理的活动习惯，并为儿童进入成人世界做准备。

2. 课程内容

蒙台梭利课程内容共有五个中心：日常生活练习、感官教育、数学教育、语言教育和科学文化教育，以下将一一详细阐述。

(1)日常生活练习

日常生活练习是协助儿童真正融入蒙氏环境的基础阶段。手的能力发展与智能的发展是并行的。通过日常生活练习，促进肉体化，养成自发性，发展了儿童的自我管理、自我控制和自我保护的能力，自然建构独立自主的内心需要、自信心和相应的技能，有助于儿童责任意识的养成，为今后的可持续发展及生存打下基础，这也是作为社会的完整人格形成的必要过程。具体的日常生活练习如下。

第一，基本动作，包括走、站、坐、跑、攀、登、投掷等大运动，还有拿、舀、抓、穿、折、拧、剪、贴、切、按、缝等小肌肉运动。

第二，自我服务，包括整理物品、洗手、洗脸、刷牙、梳头发、穿脱衣服和鞋袜、叠衣服等管理自己、照顾自己的生活技能。

第三，照顾环境与为他人服务，包括清理地毯、整理书架、记录气温、饲养小动物等。

第四，文明礼貌、行为习惯的养成。

(2)感官教育

重视感官教育和智力培养是蒙台梭利教育的一大特征。感官教育的直接目的是使感觉器官更加发达，促进其机能的敏感性，以正确地了解环境中的情况。其间接目的是通过感官训练，发展儿童的观察、判断、区别、比较、归类等能力，最终达到促进智能的发展。

蒙台梭利的感官教育主要包括视觉教育、触觉教育、听觉教育、味觉教育和嗅觉教育，其中以触觉教育为主，蒙台梭利说："儿童常以触觉代替视觉或听觉"，即常以触觉来认识周围事物，故尤为重视触觉。① 为此，她还精心设计了一系列感官教具，每项教具都有直接和间接的教育目的，具有配对、序列、分类三个属性，并总结归纳出了感官教育的具体教育方法——"三段式"教学法：

第一，命名。本体的认识——这是什么？建立实物与名称之间的关系，使儿童了解"物体"和"名称"之间的联系。例如，向幼儿出示水杯这一物体，边出示边说："这是水杯。"并把水杯放在儿童面前，让其感知。

第二，辨别(指认)。按教师说的名称辨别出相应的物体。例如，教师问："水杯在哪里？请你拿给我。"儿童按要求从众多物体中拿出水杯即可。

第三，记忆(确认)。儿童能够自己说出物体的名称。例如，教师指着水杯问："这是什么?"儿童能够回答："水杯。"

在感官教育中，蒙台梭利强调：第一，刺激孤立化，即使训练材料集中在"某种感觉"的某种属性上，不受其他感觉或属性的干扰。如在进行触觉、温觉、压觉的训练时，要戴上眼罩，避免视觉的影响。而且蒙氏教具以朴实、干净的色调为主，通常用单色调，凸显真正的教育目标，也是孤立性的体现，如粉红塔的十块木头全都是粉红色。蒙台梭利希望通过这种训练，使儿童具有更加敏锐的观察力，增进和发展他们的感受能力。第二，教具具有控制错误的特性。教具的这一特性能使儿童自行发现错误，并且自己修正，达到"自我教育"的作用。如插座圆柱体组，每个圆柱体都有对应的洞穴，错了就放不进去。这样，既有助于儿童发现问题、了解问题、解决问题，又能发展儿童独立、负责的品质。

(3)数学教育

数学教育以感官教育为基础，注重教育过程中系统的数学感知经验的积累。蒙

① 杨汉麟、周采：《外国幼儿教育史》，294页，南宁，广西教育出版社，2003。

台梭利认为，数字是抽象符号，数学是抽象科学，要使儿童学好数学必须使其具备丰富的感官经验来培养逻辑思维能力。为此，她设计的教具都十分科学、严谨，这也正是蒙台梭利的伟大之处，主要为帮助儿童初步形成数的概念，包括：数字练习、数的记忆练习等。可运用的教具有数棒、砂数字版、纺锤棒和纺锤箱等，还有帮助儿童形成初级计算能力的，包括从 1 到 20 的加减乘除法、10 以上的算术运算等；可操作的教具有金色串珠、数字卡片等。除此之外，还有一些高级计算方法的复杂教具：二项式、三项式教具。

蒙台梭利把抽象的数学知识转化成可操作的数学活动和具体的教具，让儿童通过操作教具获得数学经验，以此来激发儿童学习数学的兴趣和欲望，促进儿童逻辑思维能力、推理能力及问题解决能力的发展。

(4)语言教育

蒙台梭利认为，0～6 岁是语言发展的敏感期，而且语言的敏感期具有阶段性和特定性，一旦错过便无法弥补，所以要把握好时机。蒙台梭利同样为儿童语言学习自制了教具，这些教具围绕着听、说、写、读四方面，种类丰富、形式多变。语言教育的具体内容相应的包括四部分：

第一，听的教育，包括听指令做动作、寻声游戏、音响的配对、辨别不同质地物品的声音、声音与图片配对、听故事等。

第二，说的教育，包括练习发音、辨别语音、词语接龙、故事接龙、悄悄话等。

第三，写的教育，包括书写预备和书写练习。相应的教具有描摹砂字母板、自制砂纸字母、金属嵌板、描画字母凹槽板等。

第四，读的教育，包括阅读练习和语言常识，如看图做动作、名词盒中的实物模型与文字卡片的配对、动物图卡与名称卡片的配对、姓名三步卡的配对等。

(5)科学文化教育

通过介绍宇宙万物，引导儿童参与并关心生命过程，培养儿童对自然的情感，使儿童感受自然美，发展自我，建立独立的人格意识，从而成为具有敏锐赏识力的观察者，并知道关爱生命，尊敬他人。具体教育内容包括动植物学、地理学、历史学、物理学、天文学及人类艺术教育。蒙台梭利主张，在科学文化教育中，应充分利用日常生活中的科学，让儿童通过观察、比较、实验等方法来认识事物的本质。

3. 课程实施

蒙台梭利教育虽然是以“教具”为中心，但并不是直接运用“教具”来指导儿童，而是以儿童的内在需求为出发点，要求必须仔细观察儿童，引发儿童的内在认知。教具的呈现依据儿童各个敏感期而设计，儿童可按自己的能力去操作，无需他人指定。教育的组织与实施需要具有以下几个前提。

(1)提供一个有准备的环境

蒙台梭利认为，儿童的内在潜能是在环境的刺激下发展起来的，是个体与环境之间相互作用的结果。儿童要适应社会，取得经验，需要成人的协助，“有准备的环境”就架起了成人与儿童世界之间的桥梁。蒙台梭利主张为3岁以后的儿童提供一个能激发其活动动机的预备环境，即有准备的环境，并对这个“有准备的环境”提出以下标准和要求。

一个自由发展的环境。允许儿童独立地活动，自然表现，并意识到自己的力量，有助于儿童创造自我、实现自我。

一个有秩序的环境。这里必须是有规律、有秩序、真实的生活环境，儿童能够在此安静地、有规律地生活。

一个生气勃勃的环境。儿童在这里富有生气，充满欢乐，毫不疲倦地生活，精神饱满地自由活动。

一个愉快的环境。这里几乎所有的东西都是为儿童设计的，美观、实用的生活设备和用具，适合儿童特点，对儿童有极大的吸引力。

按上述要求设置的环境，就是满足儿童发展需要的真实环境。儿童在这样一个充满爱、自由、快乐、便利的环境中，就能够按照自己内部的需求、发展的速度和节奏来行动，不厌其烦地反复进行某种操作，表现出热爱秩序、严肃认真、注意力高度集中等优秀品质和智慧。

(2)给予自由

蒙台梭利认为，儿童的生命潜力是通过自发的冲动表现出来的，这种冲动的外在表现就是儿童的自由活动。允许儿童自由活动，是实施教育的第一步。儿童在自由活动中，体验到自己的力量，这也正是激励儿童发展的最大动力。因此，“有准备的环境”要求给儿童精心布置一个充分自由、便利的活动场所。

但是，蒙氏教育并不提倡无条件的自由，也是强调纪律的。蒙台梭利指出，一切想直接达到纪律的目的都是不能实现的，真正的纪律对于儿童来说必须是主动的，只能建立在自由活动的基础上。[①] 但有两件事情除外，第一，冒犯、打扰他人；第二，没有正确使用教具。出现任何一种情况都要被限制自由。

(3)保证集中工作

上述所提到真正的纪律是建立在自由活动基础上的，而这种活动不是随心所欲的胡动蛮干或胡思乱想，而是一种手脑结合、身心协调的活动，即蒙台梭利称为“工

---

① 杨汉麟、周采：《外国幼儿教育史》，290页，南宁，广西教育出版社，2003。

作”。她认为，工作是人类的本能与人性的特征，而且在教育实践中，她发现儿童喜欢工作甚于游戏，儿童从工作中获得满足与乐趣。她说：“儿童的工作欲象征着一种生命的本能，在顺利的环境下，工作这种本能会自然地从内在冲动中流露出来。”①工作促进了非压迫、非强制的纪律的形成。

因此，蒙氏教育中，教师要观察了解儿童，并能尊重儿童，让儿童自己做，保证儿童集中工作，儿童就会在工作中学会尊重他人的工作权力及懂得“善”和“良好的规范”。

(4)教师的协助

蒙氏教育主要是协助儿童的自我发展，因而，教师要退出主导地位，是辅导者、引导者。要通过观察、记录、研究，深入发现儿童内在的需要，创设环境，并针对儿童的需要提出相应的教育计划，促进生命更美好的成长。蒙台梭利认为教师在儿童工作中具有以下三种角色。①环境的创设者。教师要通过观察、研究了解儿童的内在需要，为其创设“有准备的环境”，即儿童所需要的“工作”和生活环境，并负责环境的管理和维护。此外，教师还要将教育内容融入环境中，激发儿童主动、自由地活动。同时，还要重视维持环境中的秩序和纪律，协助儿童建立和发展内在的秩序感。②观察者。观察是一种科学方法，是了解儿童的重要手段。教师只有观察儿童，了解儿童的需求，才能做到不干涉儿童，尊重儿童的各种活动。蒙台梭利认为，观察是幼儿工作者“必须学习和研究的唯一一本书”②。“观察时等待”是教育者的座右铭，善于观察是教师必须具备的素质。教师通过观察儿童对教具材料的兴趣及兴趣持续的时间，了解儿童的发展和需要，以此来为儿童进一步发展提供更适宜的环境。教师在观察儿童的同时，还要为儿童不断变化的需求提供相应的支持，例如，对儿童做出真实、温和的反应，激发和维持平和、有秩序、快乐的心理氛围，启发儿童集中工作等。③指导者。观察、了解儿童的最终目的是根据儿童工作的需求给予必要的指导，这也是教师的主要职责。蒙台梭利把“儿童之家”的教师称为“导师”，更大意义上就是指教师对儿童的指导作用。第一，教师作为儿童“有准备的环境”中的一个要素，是儿童模仿的对象，所以，教师要注意自身的示范性，教师的言行举止都会影响儿童人格的发展。第二，根据儿童的成熟程度——敏感期的不同，引导儿童选择相应的工作，使其达到自我发现和自我成长。

(三)蒙台梭利课程改革与发展

1913年，蒙台梭利教育法即由日本传入中国。20世纪20年代以前，国内翻译

① 杨汉麟、周采：《外国幼儿教育史》，291页，南宁，广西教育出版社，2003。

② 同上书，306页。

出版了蒙台梭利的有关著作，宣传和介绍她的教育思想，仿制并推广蒙台梭利教具。1914 年至 1915 年，江苏省成立了蒙台梭利教育法研究会。1916 年美国巴士蒂夫人携带全副蒙台梭利教具来我国演讲“蒙台梭利教育法”。有些蒙养园还曾试用过她的教学法，她的教育主张当时成为我国幼教界注意的中心。[①] 1923 年，国立北平女子师范大学附属蒙养园开办了两个蒙台梭利班，这些是蒙台梭利教育法传入我国之初的情况。中华人民共和国成立后，蒙台梭利教育法因被冠以资产阶级性质而被否定和排斥。改革开放后，蒙台梭利教育法才被系统地介绍和评价。1994 年北京师范大学与台湾蒙台梭利启蒙研究基金会合作引进蒙台梭利教育的研究项目后，蒙台梭利课程开始在国内流行。蒙台梭利课程有其自身的优势，我们除了要借鉴它的成功经验之外，还要结合中国国情，将其本土化，使其能更好地促进我国幼儿身心健康成长。

1. 开发设计符合时代特征和有中国特色的教具

蒙氏教具在蒙氏课程中发挥着重要作用，但我们不能过分依赖经典教具，而应当根据蒙氏教具的设计理念积极制作自制教具。教育的目的是使幼儿能成功地生活在自己的社会文化环境之中。因此，自制教育要坚持密切联系生活的原则，要反映现实世界，尤其是幼儿所处的文化背景。例如，结合汉语言文字的特点，创造出符合汉语言文字特点的语言教具。因此，理解蒙氏教育的意图和目的，掌握基本原理，就可以灵活地运用教具，大胆创新，适应我们今天的需要。

2. 课程内容要更加关注儿童的现实生活与经验

蒙氏课程是一个逐步完善的课程体系，不可避免地存在缺点和不足。其中，脱离生活实际的课程设计就是一大显著不足。针对这点，有些幼儿园将蒙台梭利课程与单元主题活动有机结合起来，例如，上午进行蒙氏课程，下午进行单元主题活动。单元主题活动的主题往往来自幼儿实际的生活，在进行主题活动时，可以充分利用蒙氏教具，这在一定程度上与蒙氏教育有机结合起来，同时又弥补了蒙式课程脱离实际生活的不足。而且有些幼儿园还将蒙氏课程与《纲要》中的五大领域结合起来，关注幼儿在活动中提高实践能力。

3. 注重家长参与，加强家园合作

当前，我国幼儿园教育越来越注重家园合作，家长参与课程是现代教育的重要内容之一，幼儿园教育离不开良好家庭教育的支持。而现实中，家长对蒙氏课程缺乏最基本的了解，与幼儿园缺乏相应的沟通、交流，严重影响了家园共育的效果。因此，幼儿园要提供合适的机会和条件，让家长通过课程活动参与到课程实施当中

① 刘文、林红霞：《蒙台梭利教育模式中国化探索》，载《湖南师范大学教育科学学报》，2003(11)。

去，使家长对蒙氏教学理念及课程等有比较清晰的认识和理解，进而调动其参与幼儿园课程建设的积极性，推动蒙氏课程教育的本土化实践进程。同时，家园合作、家园共育能有效地促进幼儿身心健康发展，给予幼儿一个良好、适宜的发展环境。

二、华德福课程

华德福(Waldorf)教育起源于1919年的德国，是联合国教科文组织所倡导的一种国际教育。其创始人——鲁道夫·史代纳(Rudolf Steiner，1860—1925)，是20世纪初期奥地利一位具有独立精神的哲学家、科学家、人智学家、教育家，深受歌德自然哲学、达尔文进化论和尼采生命哲学的影响，这为他的华德福教育理念奠定了基础。

(一)华德福课程的理论基础

史代纳在很多领域成就斐然，而人智学理论是他自然观、社会观、人类发展观以及教育观的基础。史代纳认为，教育要顺应人的生理和思想意识的发展，引导人寻找真正的自我，利用与生俱来的智慧和本质达成自我，唤醒个人对生活和自我的观察和判断。同时，他还提出了合适人的教育也要对社会、人与精神有深刻的认识。

1. 华德福课程的哲学基础——人智学

人智学(anthroposophy)是史代纳的华德福课程思想的哲学基础。人智学希望通过探寻生命存在的起源及其本质，探究人类智慧、人类以及宇宙万物之间关系的奥秘，唤醒人类的认识并联结人与自然、宇宙之间的灵性，引导人以正确、客观的方式走进灵性世界，启发人对自然界、宇宙间的一切产生感恩与虔诚之心，从而帮助人更清楚地认识自己和人类精神的存在。

人智学理论认为人存在三种方式，即身体、心灵和精神，并以这三种方式与世界发生联系。人通过身体与环境接触，通过心灵把印象保存在心里，通过精神认识到事物的本质，人是身体、心灵和精神三位一体的存在。身是心灵与物质世界沟通的媒介——心透过身来感受物质世界，灵透过身来观察与认识物质世界。

身体、心灵和精神是人的本质的三个方面，但这三者并不是天然和谐的，人需要通过学习才能让这三者处于和谐与合一的状态。根据史代纳对人的发展三阶段的划分，幼儿期是身体建构的阶段，身体是心灵和精神的容器与载体，这一阶段为幼儿心灵与精神的发展打下良好的身体基础，是幼儿教育的重要任务。

2. 华德福课程的社会学基础——三元社会秩序理论

第一次世界大战后，德国社会遭到了严重的破坏，经济萧条、政治动荡，史代纳开始思考社会问题，并提出了三元社会秩序理论。史代纳认为必须将社会问题看作一个精神文化问题，理想的社会应该由政治权利、物质经济和精神文化三个元素构成，即三元社会结构。而健康、文明的社会秩序应达到这三元素间的平衡，即政治权利赋予每个人公平与正义，并赋予经济和文化领域公平和正义，所有的公民都有平等的权利和义务发展其心灵、个性，获得平等的政治生活体验。物质经济给予政治和精神文化领域的物质支持，满足所有公民的物质需求，丰富人们的物质生活，提高人们对生活的热情与投入。精神文化是人们心灵的精神寄托，应给予政治和经济领域意义和精神，赋予人精神上的独立与自由。

三元社会秩序理论把教育归于文化领域，认为教育是一个人表达自己意志，展现其精神自由的一种媒介。在三元社会秩序中，如果缺失某一元素，就会造成社会结构的不稳固。因此，为了维护社会的安定，要同时健全这三个领域，这也把教育提高到了国家稳定发展层面上，将教育发展放在了与经济和政治建设同样重要的地位。通过教育，人类可以最大限度地认识自我并发掘自身潜能。培养学生的三元社会秩序思想，形成独立的教育文化，这是三元社会秩序的基础。教育实施应不以营利为目的，充分尊重受教育者的个性和自由，在此基础上使其产生社会责任感和使命感，从而促进整个社会的发展进步。

3. 华德福课程的心理学基础——人的发展三阶段理论

人智学理论认为，人类本质的四部分是物质体、生命体、感知体和自我体。而这四个组成部分在人类不同年龄阶段分别得以发展，因此，提出了人类发展三阶段的理论。

第一阶段：出生后(0～7 岁)。这个阶段是物质体的持续生长期，幼儿的生命力主要用于建设、健全和平衡身体的发展，是幼儿物质身体的关键期。这一阶段的主要任务是发展幼儿的意志，因为意志的增强是生命发展的象征。这个阶段的幼儿相信所有的人，相信世界是善的。因此，我们要给幼儿呈现美好的、善的事物。而且他们又很好奇，对任何事物都有充满兴趣，喜欢模仿，因而生活中要有好的典范或榜样。在人生命成长的第一阶段，外在的教育不应该试图影响记忆特质的构造。如果我们给予它足够的营养，将会看到幼儿的记忆特质自动、自由地发展。因此，这个阶段不提倡对幼儿进行智力教育。

第二阶段：7 岁后(7～14 岁)。这个时期生命体从建构身体的任务中解放出来，儿童是身体和心灵的存在，通过心灵感受物质世界并形成对物质世界的印象。这个时期的儿童生命力主要活跃在情感的发展方面，生命体逐渐成熟。这一阶段的儿童喜欢接受、吸收新事物和新概念，但又容易感到迷惑，因此需要权威的指引。生命体的出现，意味着儿童正式学习的开始。

第三阶段：青春期后(14～21岁)。这一阶段是感知体的孕育成熟，自我孕育阶段。这一时期表现为身体、心灵和精神三位一体的同时存在，而且开始理性的观察、探究因果关系。因此，这一阶段要给他们独立思考的空间。自我的出现，意味着人生命成长的第三阶段的完成，这个时候人成长为成人。

这三个阶段的发展是相互影响的，前一个阶段是后一个阶段的基础。教育要配合人发展的阶段性，使生命得到全面的呵护。

(二)华德福课程基本内容

1. 课程目标

华德福课程的目标源于史代纳对人的本质及教育本质的理解。他认为，人是身体、心灵和精神三位一体的生物，教育首先要促进人的身体、心灵和精神的全面发展；其次，他强调要协调好身体、心灵和精神三者间的关系，教育还要关注这三者的和谐发展。华德福课程的总目标即促进幼儿身、心、灵整体的全面和谐的健康发展，尊重自然与人的和谐相处，强调人的精神自由和解放。华德福教育还重视儿童对真、善、美的追求。教师的任务是唤醒每一个儿童的潜能，允许儿童自由地表现和发展个性。为了使其成年后不会迷失生活方向，引导儿童追求真、善、美。

虽然史代纳没有对课程目标做具体明确的阐述，但根据人智学的观点，各个阶段的教育目标是明确的。幼儿期属于人生的第一阶段，教育的主要目标是锻炼意志。史代纳十分重视意志的价值，强调意志是人实现所有发展的基础，是感受和思维的前提。因此，在学前教育阶段，所有的活动(课程)都要围绕着意志来进行，发展和锻炼幼儿的意志是这个阶段最重要的目标。

2. 课程内容

史代纳对老师们在课程内容的设定上没有提出过多的要求和规定，而是让他们在其指导性意见的基础上自行制定教学大纲。因此，华德福幼儿园的教师对课程内容的选择更多受教育哲学、教学大纲的影响。根据史代纳的人的发展三阶段理论，7岁之前由于幼儿生命体还没有展开，知识训练会使幼儿思维僵化，过早的单一的智力开发会透支幼儿用于建设身体和进行模仿的生命力，甚至会影响到成年后的健康状况。因此，在华德福幼儿园里，没有关于智育方面正规的训练和指导。而其课程内容更多是社会技能和生活技能，如烹饪、绘画、唱歌、跳韵律舞、过家家、看偶戏、家务劳动、扮演各种人物、捏蜂蜡造型、听故事、园艺劳动、生日庆祝等活动，让幼儿知道如何与人相处，如何学习等，以此为幼儿将来适应社会生活做准备。课程内容具体可以概括为艺术活动、游戏活动、生活活动、节日庆典与生日会四个方面。

(1)艺术活动

艺术教育在华德福教育内容中占有重要地位。主要为了滋养幼儿的情感，激发幼儿的想象力，使他们的内心世界变得充实而丰富。①故事。故事是语言的艺术，是精神的食粮，是华德福课程内容的重要组成部分。华德福教育认为故事是滋养孩子的源泉。故事包括寓言故事和童话故事，以童话故事为主。因为童话故事让幼儿看见善良、勇敢的行为，以及智慧的思想，使幼儿对未知的世界产生崇敬、热爱。聆听故事也是对幼儿想象力的发展和注意力的培养。同时，美好的、描述性的语言，能够培养幼儿的语言能力和文学感受能力。在故事选择方面，教师会依据季节、幼儿年龄或幼儿状况的不同，而选择不同主题的故事。教师在讲故事时采用平常的语气，不需要刻意地变化声调和戏剧性地夸张，目的是让幼儿从叙述的故事中，发挥想象与创造；同时，通过故事潜藏的真理让幼儿去感受万物存在的基本规律。华德福教育中，故事的呈现还有一种独特的方式——布偶戏。配合当时的季节、节庆或故事背景，教师在桌子或膝盖上铺上棉布或丝绸等面料，再利用石头、木头、贝壳等搭制成不同的场景，这样的布置使故事更具有真实性和立体感。等幼儿安静后，教师会弹奏五音琴作为开场，再将丝绸掀开，开始布偶戏。布偶戏避免了长时间观看电子媒体的危害，并且带给幼儿的是温暖且有生命力的感觉。②湿水彩和蜡笔画。湿水彩和蜡笔画是华德福幼儿园经常进行的活动，史代纳曾说，“颜色表现出自然的灵魂、宇宙的灵魂。透过颜色的体验，我们能共同感受到彼此的灵魂”。湿水彩和蜡笔画并不是让幼儿进行线条和图像的绘制，而是色彩的重叠产生调和心灵的作用。湿水彩在每周固定的时间进行，是通过红、黄、蓝三原色在略微沾湿的纸上进行色块的调制和渲染，以此来感受自然的灵魂和表达内在的生命力。教师并不询问幼儿画了什么、画的是什么意思，只让幼儿透过画纸与水的渲染，使想象力得以充分发挥。蜡笔画一般采用华德福特制的蜡笔。蜡笔是四方形，可以用平面涂色，而且蜡笔的颜色不会沾到幼儿手上。蜡笔画可以根据实际情况在自由活动中进行，通过画画表达幼儿内心的感受。③手工。手工艺术是华德福幼儿课程的特色，也是教师最常做的事情。比如幼儿模仿成人雕刻木马、缝制简易娃娃、用蜂蜡或黏土捏塑各种动物形象。在手工活动中，幼儿的意识通过指尖作用于活动对象，每个作品都是独一无二的，仿佛自己主宰着力量，孕育出另一个新生命，幼儿感受到意志力的影响和感情在艺术创作中的作用。华德福幼儿园会为幼儿设置专门的裁缝师的角落，为幼儿提供碎布、剪刀、针线、棉球及羊毛等，以方便幼儿随时取用。如果教师经常缝制东西，教师的榜样作用就会潜移默化地影响幼儿。在手工制作过程中，幼儿集中精力于手中的工作，同时锻炼着手指灵巧度。蜂蜡雕塑是幼儿很喜欢的活动。蜂蜡是用蜂巢和蜡融合制造的。蜂蜡不会粘手且有天然的香气，可以反复使用。在制作过程中，教师不指导幼儿如何捏塑，让幼儿自由、自主地进行创作，并收藏好幼儿的作品。幼儿在此过程中既能享受纯粹的捏、揉、搓、拉等动作的快乐，同时也能锻炼小肌肉。④音乐教育。华德福幼儿园非常重视音乐教育，认为幼儿体内深藏着一股音乐的力量，教师要保护和引导这股力量的发展。在华德福幼儿园，音乐活动随处可见，当自由游戏、盥洗、户外活动、进餐等活动开始和结束时，教师都会以轻柔的歌声或温和的音乐来提醒幼儿，这些音乐活动与幼儿的一日生活融合在一起。幼儿在教师带领下也会每天哼唱歌曲，不过歌唱活动并不是有意识的教学活动，而是教师一天天反复吟唱，幼儿自由模仿歌唱。此外，幼儿还学习吹奏五声音阶竖笛。音乐的韵律与幼儿的呼吸、心跳节奏的呼应，能够提高他们对艺术美感的领悟，进而唤醒他们的心灵力量。⑤晨圈活动。晨圈活动是融合了自然季节元素、童话故事、韵律、歌谣的综合活动，在有些幼儿园也称为轮舞，又称韵律游戏或歌剧。晨圈是华德福幼儿园每天都要进行的活动，幼儿围成圈，配合歌曲或语言，用身体表现晨圈的内容。配合晨圈的歌谣主题一般围绕季节展开，包括四季的自然现象、人与季节的关系和成人的活动，以及各种童话。春天的歌、小鸟的舞、长满花草的大地和农人耕作的样子等都可以成为晨圈的主题。晨圈活动中，幼儿手牵手围成圆圈，因为圆圈是最适合 7 岁之前幼儿的形状，能安定幼儿的心灵。

(2)游戏活动

游戏是幼儿园的基本活动，是幼儿学习和生活的主要方式，这也是古今中外教育家对游戏所达成的共识。华德福教育对游戏的界定比较宽泛，幼儿练习使用身体、对他人的模仿、对物品的使用都算作游戏。①自主游戏。根据华德福教育理念，幼儿不是靠头脑来理解事物的，而是完全靠感官，通过对生活中周围的环境和行为的模仿来形成完全的意志，形成自我。华德福幼儿教育强调幼儿自主的模仿，这种模仿不是生硬照搬，而是经过了幼儿的选择和加工，形成自我的表现。华德福教育反对提供幼儿现成的、精美的玩具，游戏材料多以非结构和低结构的为主。它更提倡让幼儿开始真正游戏时，自己去制造玩具，使幼儿在游戏中意识到任何东西都可以被拆散，而且可以用于不同的地方。对幼儿来讲，重要的是在游戏过程中发挥想象力，而不只是使用或操作一个现成的玩具。在游戏的过程中，幼儿通过感官的开启来感受世界之“善”，从而发展“心”之感觉。②远足。亲近自然是华德福教育很突出的特色，户外游戏活动一个很重要的内容就是远足。每周至少一次远足活动，由教师带领幼儿走进大自然，在自然环境中自由玩耍与游戏，观察自然中的一切。幼儿通过玩耍来参与自然及其环境文化，理解人类与自然是息息相关的，我们与动物、植物有着密不可分的关联性。让幼儿走进自然、接触自然、感受自然，从而认识这个世界，在模仿中创造他们心中未来的世界。

(3)生活活动

生活活动也是华德福课程的重要内容之一，教师有意识地引导幼儿参与和模仿实际生活的内容，培养幼儿的协作精神与劳动的成就感。①烹饪。烹饪活动是幼儿非常感兴趣的活动，幼儿和教师一起制作简单的食物。幼儿在制作食物的过程中，体验各种器皿的使用，感受食物的变化，享受食物制作完成后的成就感，同时，又锻炼了手腕和手指的小肌肉。②用餐。华德福幼儿园非常重视感恩教育。使幼儿怀着一颗感恩的心，这是一切道德的基础。对幼儿进行感恩教育的重要时间就是用餐时间。每次用餐，教师都会带领幼儿用优美而隆重的仪式进行。在用餐前，教师引导幼儿表达对食物的感谢及喜悦，愉悦的心情有利于幼儿对食物营养的充分吸收；用餐后，朗诵感恩词。③园艺农作和照顾小动物。通过让幼儿直接参与园艺农作，以及照顾小动物的方式来认识自然，并引导幼儿热爱动植物，培养幼儿的爱心，使幼儿逐渐与大自然形成一种相互依赖的情感和责任。

(4)节日庆典与生日会

①节日庆典。节日呼应着自然宇宙的运转规律，是华德福课程非常重要的课程内容。节日的选择与设计一方面遵循幼儿发展的需要，另一方面依据自然的节奏。让幼儿通过自己动手，积极参与庆祝节日，培养幼儿对时间规律和自然变化的感受力，建立起对自然节律的感性认识以及对各种传统文化的直观感受。同时，节日庆典时会邀请幼儿家长来园和幼儿、教师一起举行庆典仪式，包括亲子轮舞、布偶戏以及准备节日特色食品和礼物等，增强家园合作，促进相互沟通和理解。不同国家和地区，有着不同的传统习俗和传统节日，因而不同地区的华德福幼儿园所庆祝的节日也不尽相同。②生日会。华德福幼儿园还非常重视幼儿和教师的生日。幼儿生日时，教师会提前特意为幼儿写生日故事，并亲手烤制蛋糕，唱生日歌，同时，家长也会到场为自己的孩子庆祝生日。教师生日时，其他教师会事先准备好鲜花、饼干，然后组织幼儿献花、唱歌，表达对教师的祝贺和感谢，使幼儿养成感恩的习惯。生日会的过程是隆重而神圣的，幼儿可以从给予和祝福中，感受到生命存在的伟大与重要。

3. 课程实施

(1)整段式的主题课程形式

华德福幼儿园课程主要采用整段式的主题课程形式，即"课程具有横向发散性，从多个领域对某一主题进行发散和扩展，形成一个大的网状结构，课程就围绕这一主题来进行"①。不设计课程表，每一个主题会作为一段时间的主要课程连续进行，每天两到三个小时，持续时间一般是四到六周，其他活动也主要围绕这个主题来开展，直到大部分幼儿完全吸收了这一内容才会进入下一主题的学习，这样是为了保证课程内容的实施具有完整性和系统性。

(2)呼吸式的生活节奏

①一日活动的节奏。"节奏是有变化的重复，它保证生命体的健康。"②万物都有自己的节律，生命自我存在的安全感是通过每天的节律和重复建立起来的，教育的节律即为教育活动在扩展(呼)与收缩(吸)之间的平衡转换。在华德福幼儿园，幼儿每天的生活都非常有节奏，每日作息都有着明确的安排，如表 4-3 所示。

表 4-3　华德福幼儿园一日作息时间一览表③

<table>
<tr><th>时间</th><th colspan="4">活动</th></tr>
<tr><td>8:30—9:00</td><td colspan="4">迎接儿童入园</td></tr>
<tr><td>9:00—9:40</td><td colspan="4">室外自由活动</td></tr>
<tr><td>9:40—10:00</td><td colspan="4">晨圈活动</td></tr>
<tr><td>10:00—10:20</td><td colspan="4">喝水、上午水果</td></tr>
<tr><td>10:20—11:40</td><td>自主游戏</td><td>湿水彩</td><td>布偶戏</td><td>蜂蜡手工</td></tr>
<tr><td>11:40—12:00</td><td colspan="4">收拾整理</td></tr>
<tr><td>12:00—12:40</td><td colspan="4">午餐</td></tr>
<tr><td>12:40—13:00</td><td colspan="4">收拾整理与睡前准备</td></tr>
<tr><td>13:00—13:20</td><td colspan="4">睡前故事</td></tr>
<tr><td>13:20—15:20</td><td colspan="4">午睡休息</td></tr>
<tr><td>15:20—15:30</td><td colspan="4">起床与收拾整理</td></tr>
<tr><td>15:30—16:00</td><td colspan="4">蜡笔画</td></tr>
<tr><td>16:00—17:00</td><td colspan="4">室外自由玩耍</td></tr>
<tr><td>17:00</td><td colspan="4">再见圈、放学</td></tr>
</table>

① 薛燕：《大主题式生活课程——华德福课程观及其启示》，载《内蒙古师范大学学报》，2011(12)。
② [英]马丁·洛森：《 解放孩子的潜能》，吴蓓译，125 页，北京，人民文学出版社，2006。
③ 张磊：《华德福幼儿园课程领导的个案研究》，40 页，南昌，江西师范大学，2014(6)。

通过观察华德福幼儿园一日的生活作息，不难看出园内生活的每一天都非常有节奏，有着明确的安排。一日作息正如三次大呼吸：在上午的自由活动时间，幼儿自由地呼气，按照自己的节奏活动；而晨圈、水果时间等活动则如一次吸气，幼儿学着适应集体活动；接下来的自由游戏、手工和艺术活动是呼气，幼儿在活动中表达自己，午餐又是一次吸气；下午的蜡笔画和自由玩耍是呼气，再见圈是吸气，平复幼儿一天的心情，给予幼儿一天活动结束的信号。这样一动一静的节奏中，幼儿在活动中体会自身状态的变化，感受平衡。②一周、一年生活的节奏。华德福幼儿园一周生活也是富有节奏的。周一的园艺活动、周五的远足活动都是固定的。还有，每周的食谱也是固定的。比如，周三下午的点心是全麦馒头，那么在每个周三下午，幼儿都会分享到充满麦香的小馒头。这样的规律和节奏给了幼儿充分的安全感。除此之外，一年生活的节奏与季节和节日密不可分。四季变化，故事、歌谣、歌曲也随之变化。针对每个节的特色，幼儿园提出适合节日氛围的活动内容。由此可见，华德福的课程实施是有节奏的、有韵律的。每天的课程安排都是松与紧的结合，每周、每年的课程都通过重复与节律让孩子们找到生命循环的规律。

(3)艺术化的教学方式

①艺术化的环境。华德福幼儿园课程实施很重要的特色是具有艺术化且亲自然的环境创设。华德福教育非常重视园所环境的艺术气息。幼儿的活动室就像舒适、愉悦的家，墙上飘着粉红或橘红色的丝绸窗帘，地上铺着棕色的实木地板，墙边放着各式“宝贝”——石头、贝壳、松果，还有摆放得非常好看的各色布料。靠近窗户的墙角摆放着四季桌，放有各个季节特有的物品，整个搭配充满着艺术的智慧。生活在这样的环境中，幼儿在潜移默化中接受着艺术的审美教育。华德福幼儿园的环境建设多用自然素材，强调生态与环保。幼儿园的选址一般都在生态、自然、健康的环境中，室外空间尽量宽敞，能满足幼儿身体活动的各种需要。室内环境也强调亲近自然，不仅有自然的环境，如室内多用原木的家具、地板，而且玩具也是自然材质做成的低结构的玩具，如采集的果实种子、漂流木或自制积木等。华德福教育特别反对幼儿园使用塑料制品，认为塑料制品不仅影响幼儿想象力的发展，而且其中有毒物质还可能对幼儿造成严重伤害，引起幼儿早熟。华德福幼儿园为幼儿提供亲近自然环境的机会，自然的环境和自然的玩具能使儿童集中注意力，舒缓心情，引导幼儿观察和感受自然的变化节奏，与自然的和谐相处，教育幼儿用爱心对待周围的一切，使这种爱深深根植于幼儿的心灵中，感受人类与自然的一体，体会生命的意义。②艺术化的课程。华德福幼儿园课程就像乐曲，节奏优美而又有节律，每

日的活动都是重复稳定的韵律节奏。如每天的来园、自由游戏、收拾、进餐、童话时间和户外活动时间都是固定的，每年的传统节日就像音乐中的休止符，把传统节日的庆祝过程当作主旋律，让幼儿感受到生活如同感受音乐那样。健康稳定的节奏创造出一个充满爱意和活力并有序的“呼吸”，有利于帮助幼儿稳定情绪，建立秩序感、安全感和信任感。③艺术化的教育方式。史代纳坚信“艺术化的教学法具有应治疗的效果，对迫使幼儿适应社会文化所产生的有害后果来说，起到缓解的作用”①。因此，他强调教育活动是一门艺术，在课程实施中采用艺术化的教学方式。艺术之美被看作是人类健康成长的关键，教师相信幼儿本来就是一个不断完善自己身体和能力的艺术家，而教师要做的就是通过合适的教育方式使幼儿在内心深处感受健康、和谐的艺术之美。教师充分利用时间、声音和运动的韵律，使教育像一首乐曲一样，有韵律、节奏、高潮和休止符，让幼儿在音乐流淌的幼儿园中感受艺术的魅力，健康成长。

(4)教师的作用

在课程实施过程中，教师发挥着重要的作用，教师的一言一行都会深深地影响着幼儿。①榜样作用。幼儿的主要学习方式是模仿，这是幼儿的自发行为。对于幼儿来说，教师就是他们在幼儿园模仿的主要典范。因此，作为教育者的教师首先必须塑造自己。苏珊·霍华德曾指出，华德福教育的本质因素实际上就是教育者自身，他们塑造和影响着幼儿的环境，他们不仅通过各种布置、活动以及一天的节奏来影响幼儿。最重要的是教师个人的特质以及他与外界的关系，包括他与幼儿、幼儿园里的其他成人、家长、幼儿园的日常生活、自然界的各种生命活动之间的联系，以及互动中外在和内在的态度和表现。② ②生活环境的营造者。良好的环境是课程实施的前提。华德福教师不仅要给幼儿提供一个生态、自然、健康的物质环境，还要给幼儿创设一种安详、温暖的精神氛围。让幼儿在这里没有匆忙、没有害怕、没有失败、没有命令，可以自由、自信地去参与一切活动。③幼儿活动的组织者、支持者。教师要观察、研究幼儿，对幼儿的行为有预见性，懂得幼儿每一个动作的含义，这样在工作之前，才能做好详细的计划与安排，井然有序地执行完每项程序，使日常生活自然地融入幼儿的教育。比如华德福幼儿园的厨房是开放式的，幼儿可以随负责做饭的阿姨一起做一些简单的食物，比如揉制面团、洗水果等。因而，教师努力组织、创造出一个开放的工作过程，让幼儿可以随时加入。

---

① [英]吉尔伯特·蔡尔兹:《做适合人的教育》，王荣婷译，7页，北京，新世界出版社，2012。

② 王春燕:《幼儿园课程概论》，274页，北京，高等教育出版社，2014。

（三）华德福课程改革与发展

自 2004 年中国大陆第一所华德福学校创立，华德福教育在中国发展到现在，已经形成了从幼儿园到高中的完整的办学体系。不少幼儿园已将华德福的教育理念与中国的文化、国情相结合，创办有中国特色的华德福教育，具体表现如下。

1. 华德福课程与中国传统文化相结合

当下，对中华优秀传统文化的传承和弘扬势在必行。华德福教育理念中非常重视节日庆典，中国不少幼儿园借助华德福教育的这一特点来弘扬中华优秀传统文化。中国传统的节日：春节、元宵节、清明节、端午节、中秋节、重阳节、腊八节等，这些节日大都与节气相关，正好与华德福注重节律的理念相吻合。同时，这些节日记录着中华民族丰富多彩的社会生活文化内容，通过庆祝这些节日，让幼儿对中国的传统文化有更深入的了解。此外，华德福的感恩教育与中华传统美德的精髓相一致，借鉴华德福的教育方式，有利于支持和加强我国的道德教育。

2. 华德福课程与中国的环保教育相结合

华德福课程强调亲近自然，尊重生态，与自然融为一体，中国不少华德福幼儿园将华德福这一理念与我国的环保教育相结合。让教育回归自然，把幼儿放在自然的大环境中，增加自然界中的内容，在教育手段上多运用自然素材，在活动安排上多注意与自然节律的和谐统一，使幼儿亲近大自然、认识大自然，亲身感受人类与大自然的关系，从而自觉产生要爱护大自然的情感。

3. 华德福课程与中国教育政策相结合

华德福课程目标重视对幼儿个性的培养，强调培养幼儿的想象力和创造性，重视幼儿身体的发育，反对过早对幼儿施加超越其心智发展水平的智力教育，这与我国的《纲要》中的目标相一致，也与我国一直提倡“反对小学化倾向”的理念相吻合，有利于幼儿个体的全面发展。

尽管华德福教育在中国已经得到一定的发展，但因其引入中国的时间还比较短，以及文化差异、经济条件等多方面因素的制约，它的教育理念还没得到广泛认可。而且，在实践过程中，存在着资金短缺、师资力量不强等问题。因此，华德福教育在中国发展仍然需要不断的实践与探索。

三、瑞吉欧课程 ●●●

瑞吉欧教育体系产生在意大利北部的一个小城镇瑞吉欧，这个小城镇具有良好的城市公共生活的传统与艺术、人文的精神氛围。第二次世界大战后，意大利人民受尽了战争的折磨，他们想要营造一个和平的、宁静的、全新的、公正的世界，改变当时的社会现状，改变自己的生活环境，就创办了由家长团体自行运作的学校。瑞吉欧学前学校就是其中一例，其创始人马拉古兹带领当地的工人、农民、教师等，在政府的支持下通力协作，与专业人员(包括教师和教研员)经数十年的努力推出了瑞吉欧教育体系。

(一)瑞吉欧课程的理论基础

瑞吉欧教育体系的形成，深受杜威的教育思想、皮亚杰、维果斯基等的建构主义理论的影响，此外，布鲁纳的教学思想、布朗芬布伦纳的教育生态学观点、加德纳的多元智能理论等也影响着其体系的形成。其中，对其影响最深远、最深刻的是杜威的教育思想和皮亚杰的建构主义理论。

1. 杜威的教育思想

杜威的“儿童中心论”认为，以儿童为中心就是要尊重儿童个人的各种能力、兴趣和经验，使教师能按照其真实面貌来熟悉儿童；尊重自我首创和自我指导学习。儿童是教育的中心，让儿童成为教育的主宰，教育的措施就要围绕他们而组织。此外，杜威教育思想中一条重要的原则是：行动是观念的核心和主导，即“做中学”，重视儿童直接经验的获得。

基于以上观点，瑞吉欧教育认为，学习是一种基于社会生活的，需要学习者主动持续建构的过程。教学形式是成人参与儿童的活动，形成儿童与成人互相合作的模式。教师在教育实践中要清晰地认识到，儿童学到的知识与获得的能力一部分取决于儿童自己的实践，另一部分源于其接受的教育。因此，儿童知识的完善和能力的增长是儿童活动和教师教育策略共同作用的结果。

2. 皮亚杰的建构主义理论

皮亚杰为建构主义理论搭建了基本的框架，将儿童的心理发展看作是内外因交互作用、学习主体主动建构的结果。他认为，知识来源于主客体相互作用的过程，即活动的过程；操作活动是联系主客体的桥梁，应该让儿童在真实的材料中去探索、操作和摆弄，为儿童提供丰富的学习环境和机会，鼓励儿童去思考、推理和解决问题。皮亚杰认为，正是在与人、事、物交互作用过程中，认识上的不平衡产生，创造了加深认识的动力。因此，儿童遇到困难时产生的认知冲突是推动其进一步学习的动力。

在瑞吉欧课程中，皮亚杰的建构主义理论体现在其所提出的要发展“孩子的一百种语言”的儿童观。这一观点是瑞吉欧课程的基石，瑞吉欧课程以此为前提，开展了开放、生动、活泼的教育实践。瑞吉欧课程认为儿童是社会的一分子，是社会与文化的参与者，儿童有权利发表自己的看法，与成人一样，是拥有独特权利的个体。

同时，儿童具有巨大的潜能，他们有能力认识世界，而并非只能单纯地接受知识的灌输。他们富有好奇心、创造性，具有可塑性，有着强烈的学习、探索和了解周围世界的愿望，他们在与外部世界的相互作用中主动地建构自己的知识与经验，主动地寻求对这个复杂世界的理解。

(二)瑞吉欧课程基本内容

1. 课程目标

瑞吉欧课程的教育目标是要创造一个和谐的环境，使在环境中的每一位幼儿、教师都感到自在、愉悦、幸福。教育并不仅仅追求外在的目标，而是更多地注重内在品质。[①] 其中，主动性、创造性被视为愉快、幸福、健康的前提与核心。因为瑞吉欧课程的教育目标颇具人文主义特色，所以用今天儿童的内在特征来表述更为合适，即让儿童"更健康、更聪明、更具潜力、更愿学习、更好奇、更敏感、更具随机应变的适应能力，对象征语言更感兴趣、更能反省自己、更渴望友谊"。

2. 课程内容

瑞吉欧没有明确规定的课程内容，更没有固定的"教材"或预先设计好了的"教育活动方案"。课程的内容来自周围的环境，来自生活中儿童感兴趣的事物、现象和问题，来自他们的各种活动。马拉古奇曾说："我们是真的没有计划或课程，但是若说我们只依赖那种令人羡慕的技巧，像临时起意的课程，那也不正确……我们可以确定的是，幼儿随时准备好要帮助我们，他们可以提供我们想法、建议、问题、线索以及遵循的途径……所有的付出，加上我们所给的情境，形成一个完美的资源。"[②]

因此，日常生活是取之不尽的课程内容的资源。瑞吉欧的课程实践表明，幼儿感兴趣的具有学习价值的并非取决于经验的新颖或奇异，恰恰相反，对幼儿更具深刻的价值和趣味的是能充分地揭示日常生活的意义的主题。例如，广场上的狮子雕像、城市中的雨和雨中的城市、人群、影子……都是儿童探索的好主题。而且这些主题都是幼儿生活中常见的、熟悉的事，这样他们就可以根据自身的认知提出问题，设定探索的范畴，全身心地投入真实的探索中，去体会某些角色，分享意见与经验，学会解决问题。

除了围绕自己感兴趣的事物和问题开展研究外，幼儿还从事许多其他活动：玩积木、角色扮演、听故事、烹调菜肴、做家务以及穿衣打扮等自发性的活动，还有参与颜料画、拼贴画和黏土手工等活动。

---

① 屠美如：《向瑞吉欧学什么——〈儿童的一百种语言〉解读》，27页，北京，教育科学出版社，2002。
② 王春燕：《幼儿园课程概论》，247页，北京，高等教育出版社，2014。

3. 课程实施

瑞吉欧课程实施主要以方案教学的方式展开。所谓“方案”是指一个或一群孩子针对某个主题所做的探索活动。方案教学早在20世纪初由美国的克伯屈提出。美国幼教专家凯茨等人认为方案教学是以某一主题为核心向四周扩散编制主题网络，制作主题网络程序，然后根据儿童的兴趣、需要让儿童对主题网络中的不同子主题进行探索、研究的教学活动。①

4. 课程案例

以下将以“恐龙”主题为例，具体阐述瑞吉欧方案教学的实施。

(1)方案教学主题的选择

瑞吉欧方案教学的主题通常来源于幼儿的日常生活与经验，幼儿的兴趣，教师对幼儿的观察、倾听、了解，课程指导手册中教师为幼儿选择的相关主题路径，教师的经验与社区的资源等。方案教学主要是为了协助幼儿全面深入地理解周围生活中有价值的事物与现象，使幼儿通过探索主题活动，获得与周围的人、事、物的互动，从而自主建构、积累一些知识、经验，学习掌握一些技能，能自由地表达对世界的认识方式，学会解决问题，发展主动探索、自由创造、共享、对美的敏感性等方面的情感与态度品质。主题的选择要根据幼儿的兴趣、能力与教师的经验、园内外的教育资源状况，由师生共同决定。

以“恐龙”方案为例，最初是教师注意到5、6岁的幼儿经常带很多恐龙玩具来幼儿园。因为幼儿可以通过大众传媒等渠道获得大量有关恐龙的知识，而且对恐龙有浓厚的兴趣，经常玩恐龙玩具或恐龙游戏。因此，教师认为可以利用此机会加深幼儿对恐龙的进一步认识，决定开始与幼儿对恐龙进行深入的研究。

瑞吉欧方案教学一般不是全班幼儿集体参与，而是以小组形式进行，人数一般在8个以内。教师们认为小组形式更有于利幼儿间的交流、讨论，相互学习，有利于小组成员与全班幼儿的互动、分享知识与经验。因此，教师们决定选择对恐龙较感兴趣的一组幼儿实施方案。

(2)教师们预设方案的方向

在方案正式进行之前，教师们要一起讨论方案的各种可能，预设方案的方向。具体如下：①提出启发性问题，用于和幼儿的第一次讨论中，如恐龙住在哪里？现在还有恐龙活着吗？恐龙吃什么？恐龙如何生宝宝？恐龙如何照顾它们的宝宝等问题。②与幼儿共同设定方案的初步方向。通过与幼儿谈话，了解和评估幼儿对恐龙的认识程度，鼓励幼儿初步设定方案的方向。③教师们应如何鼓励、支持幼儿的探索活动。

---

① 屠美如：《向瑞吉欧学什么——〈儿童的一百种语言〉解读》，9页，北京，教育科学出版社，2002。

(3)组织实施方案

①方案活动的起始阶段。一是团队意识的建立。此阶段，教师重要的作用是激励每位幼儿全力投入小组的探索活动。所以，对瑞吉欧教育来说，方案教学中的方案主题是什么并不重要，重要的是幼儿在与其他人的互动中，一起感觉、思考、工作与成长。二是自由表达对主题的认识。此环节，教师鼓励幼儿运用自己喜欢的方式(如戏剧表演、绘画等方式)表达对主题的认识，共享他们与主题相关的经历和回忆，唤醒他们与该主题相关的知识。在“恐龙”这一主题中，鼓励幼儿画出自己喜欢的各种各样的恐龙，幼儿相互欣赏所画的恐龙，并议论着不同形态的恐龙。三是教师与幼儿共同讨论。此环节，教师可以与幼儿个别谈话，也可与小组集体讨论之前预设的问题，让幼儿充分发表自己的见解，鼓励幼儿通过协商讨论初步确定主题的方向，并编制主题网络图。当然，这个主题网络图不是一成不变的，将随着活动的开展而不断完善。四是教师的记录与分析。与幼儿的谈话内容，教师要以录音方式记录下来，之后对其进行分析研究：什么样的话题引起幼儿最大的兴趣，幼儿是否有足够的兴趣对主题进行长期探索，幼儿对主题的现有知识和经验有哪些，幼儿间有哪些共识，幼儿间是如何互动的等。教师通过记录分析，把握幼儿对主题的兴趣与专注程度，进一步了解幼儿的发展水平，把握主题的发展路径，完善主题网络图。在“恐龙”方案活动中，教师发现幼儿对恐龙的认识存在性别差异，而且第二天幼儿对恐龙的热情有所下降，于是决定暂缓几天，通过分析发现幼儿热情下降的原因是教师只让幼儿通过绘画表现恐龙。于是，教师决定让幼儿用黏土制作恐龙，幼儿的兴趣又高涨起来。②方案活动的发展阶段。此阶段的重点是通过多样化的手段获得信息，可以是直接考查，也可以是间接获得。但是无论是通过何种手段，都必须从幼儿的真实经历中获得。教师要为幼儿提供新的经验和研究机会，在幼儿进入主题后，鼓励他们根据所关注的不同方面来验证自己的假设、探寻事实的真相等，同时对客观的环境有目的地加以改造。在这个过程中，家长也可以以各种方式参与进来，为儿童提供丰富的信息资源。同时，教师要做好详细和客观的过程记录，并鼓励幼儿自己记录所获得的信息。幼儿可以通过谈论、绘画、表演等多种形式对所进行的活动进行回忆并记录，以便为下一个阶段做好准备。在“恐龙”方案中，教师发现幼儿对恐龙认识不足，决定让幼儿收集更多的恐龙资料，向幼儿提问：“通过什么方式可以获得更多关于恐龙的信息?”引发幼儿讨论。幼儿讨论结果有“爸爸妈妈”“电影电视”“商店”“杂志”“报纸”“图书馆的书籍”。教师鼓励幼儿去借阅相关书籍，并放在工作坊中，以便随时浏览和查阅。在此过程中，让幼儿学会学习、学会探究。③方案活动的总结阶段。该阶段是对幼儿活动的记录与见证，更是一个信息分享和展示的

过程。教师引导幼儿讨论并计划如何来分享他们方案活动的经验，如何和他人共同学习，并鼓励幼儿总结、反思、评价自己的活动。通过回顾过程，教师更加了解幼儿，同时也强化了幼儿的经验和技能，而且很有可能在这个过程中会延伸出新的主题。“恐龙”方案中，幼儿在教师的帮助下，自己协商分工，共同完成邀请函的书写与制作。他们用不同材质制作恐龙，与客人们分享。此外，幼儿还把制作的恐龙投射在墙上，进行影子游戏。关于恐龙的尺寸、特征成为幼儿讨论的焦点，教师趁机询问幼儿用什么来制作一只真正的大恐龙。幼儿通过多次讨论，查找资料，寻找材料，运用测量技能，最终圆满地完成了颇具难度的工作。

综上可以看出，第一，瑞吉欧课程是以幼儿的兴趣为基点进行探究的过程，而且课程随着探究的深入不断发展。第二，课程的运行模式是开放的，家长、教师、儿童或相关的主体都可以参与进来，并且相关的可用资源也可以吸纳进来。第三，整个课程实施过程是以幼儿的已有经验为基础，不断建构的过程，且这个过程不是直线式的，而是螺旋式的过程。第四，在课程实施过程中，教师并非控制或代替幼儿，而是始终扮演着材料的提供者、活动的帮助者的角色，集向导、伙伴和研究者身份于一体，最大限度地促进幼儿的发展。正如马拉古奇所言：“与其牵着幼儿的手，倒不如让他们靠自己的双脚站立着。”①总之，瑞吉欧的教师对幼儿主动性指导上的处理恰到好处。

(三)瑞吉欧课程改革与发展

瑞吉欧教育模式被认为是20世纪世界范围内具有极大影响力的幼儿教育实践模式之一，它符合幼儿教育改革的趋势：追求幼儿全面、和谐地发展，培养“完整的人”。瑞吉欧课程自引入中国后，也为我国幼教工作者提供了一种较理想的教育方案。但任何一种教育模式都有其独特的历史文化背景，因此，我们只有将其本土化，将瑞吉欧课程与中华优秀传统文化相结合，与中国传统教育理论相结合，才能更好地解决我国教育中的实际问题。

1. 转变教育理念，建立平等的师幼关系

以“教师为中心”还是“以儿童为中心”一直是教育改革中的两个极端。而瑞吉欧教育摒弃绝对的“教师中心”和“儿童中心”，在二者间找到了一个平衡点，创建了以儿童、教师、家长、社区相关人员为主的“团体中心”。我们的教育也要改变传统的模式，为教师和幼儿营造自由宽松的氛围，充分发挥教师和幼儿的积极性和主动性。教师适时、灵活地转变角色，和幼儿平等协商课堂内容，共同探讨感兴趣的内容、

① 屠美如：《向瑞吉欧学什么——〈儿童的一百种语言〉解读》，20～21页，北京，教育科学出版社，2002。

制订学习计划；课程进行中教师以同伴的身份介入幼儿的探索世界，采用幼儿的思维视角和幼儿搭建平等的、共同探讨的学习关系。

2. 改变学习模式，构建学习共同体

瑞吉欧教育中注重幼儿集体学习，“共同体”的形成是教学得以顺利开展的重要保障。在课程实施过程中，教师要和幼儿一起共同活动、共同成长，与幼儿形成“共同生活体”。同时，教师作为幼儿成长的助推者，要积极主动邀请家长、社区一起构建多教育主体的探究合作式的“学习共同体”。教师、家长、社区人员之间要相互支持与合作，共同分享经验，分享智慧，逐步建立幼儿园、家庭、社区的学习共同体，合力促进幼儿健康快乐成长。

3. 鼓励多样表达方式，促进幼儿全面和谐发展

马拉古奇认为，儿童有“一百种语言”，包括语言、手势、绘画、雕塑等。而我国传统教育多束缚了幼儿的思维和想象，表达方式较为单一。因此，教师应多鼓励幼儿采用不同的方式来表达自己的情感，这也是我国《纲要》和《指南》所提倡的精神。在方案教学探究中，教师运用拍照、绘画、泥塑等方式来记录他们观察到的幼儿活动现象，这种方式对幼儿产生潜移默化的影响，也有利于其产生不同的表达方式和学习方式。

尽管瑞吉欧教育在我国产生了很大的影响，但在其本土化的过程中，仍然存在着很多问题。第一，我国幼儿园中师幼比例不平衡。我国幼儿园人数普遍较多，教师受自身精力的制约，很难在活动中关注到每一个孩子。第二，教师素质参差不齐，较难达到瑞吉欧教育对教师的要求。瑞吉欧方案教学方式没有统一的模式，具有很大弹性，教师要在师幼互动中把握教学全程。因此，需要专业素质比较高的幼儿教师来胜任教学工作，这对我国的幼儿教师来说具有很大挑战。尽管近年来我国的幼儿教师队伍建设已经取得明显成效，但是总体素质还是偏低，这给实际的教学开展带来了困难，往往无法达到预期的目标。第三，幼儿园空间资源有限。瑞吉欧的教育空间往往比较宽广，会为儿童创设一个专门的工作坊，会为教师、幼儿、家长交流创建一个“广场”，而且幼儿园环境常常会因幼儿探索需要而不断延伸，甚至延伸到社区中，以便最大限度地实现幼儿园、家庭、社区的合作。但我国现有的条件很难达到这个要求。

四、高瞻课程

高瞻课程即海伊斯科普(High Scope)课程，也称高宽课程，是由美国儿童心理学家戴维·韦卡特(David P. Weikart)创立的海伊斯科普教育研究机构在1961年发

展起来的课程。[1] 由海伊斯科普教育研究基金会经过多年理论和实践研究，总结形成一套相对完善的儿童教育课程方案。它最初被应用于美国密歇根州伊普斯兰提地区佩里学校所实施的“佩里学前教育计划”(Perry Preschool Project)科研项目之中，旨在帮助处境不利的学前儿童，提升他们入学后的表现。

高瞻课程的发展大致经历了三个阶段。第一阶段(1963—1971 年)：此阶段课程的目标重点放在儿童入学准备所需的知识和技能方面，强调儿童认知和智力的发展。主要为处境不利家庭的儿童服务。这期间出版的第一本介绍高瞻课程的著作《认知中心课程》，标志着该课程模式的初步形成。第二阶段(1972—1979 年)：此阶段强调儿童的主动性和主体性，把儿童的主动学习和知识建构作为课程的核心思想。1979 年，《活动中的儿童》的出版奠定了高瞻课程模式的基本框架。第三阶段(1980 年至今)：此阶段更加强调学习过程中儿童的主动性，同时注重儿童的社会性与情感发展。服务对象也由处境不利的学前儿童转变为全体儿童。

随着时间的推移，该课程方案在不断地发展与完善，其被广泛运用于美国学前教育之中，对美国学前教育产生了深远影响，在美国学前教育发展史上具有重要地位。

(一)高瞻课程的理论基础

1. 皮亚杰的认知发展理论

高瞻课程是以皮亚杰的认知发展理论为基础的，皮亚杰所揭示的学前幼儿认知及心理发展的规律和特点，为其研究幼儿的发展和进行教育提供了心理依据。皮亚杰认为，儿童心理的发展是主体与客体相互作用的结果，他重视动作在促进儿童认知发展方面的作用。儿童认知结构的发展具有阶段性，一般可分为四个阶段：前语言的感知运动阶段、前运算阶段、具体运算阶段和形式运算阶段。各个认知发展阶段都与不同的年龄阶段相对应，具有独特的认知结构。高瞻课程将皮亚杰的“四阶段论”运用到实践中，要求教师以儿童的认知发展为依据，为儿童提供各个发展阶段所需的材料，以适应每个年龄段儿童的发展状况；主张教师应让幼儿主动探索外部环境以建构知识经验，让幼儿成为主动的学习者，为幼儿创设问题情境，并提供相应的环境和活动材料，以便其通过自由探索、发现问题、找到答案等一系列的过程进行学习，从而达到主动学习的目的。

2. 加德纳的多元智能理论

高瞻课程在《活动中的幼儿》一书中提出的儿童发展的八大关键经验(语言、数的概念、经验和表征、分类、排序、空间关系、时间关系、主动学习)[2]，是在借鉴加

---

① 王春燕：《幼儿园课程概论》，229 页，北京，高等教育出版社，2014。

② 王秀萍、储昭兴：《“关键经验”内涵及其对我国学前教育的启示》，载《教育导刊》，2015(1)。

德纳多元智能理论的基础上提出来。

加德纳认为，每个个体身上都同时拥有至少八种相对独立的智能，即言语—语言智能、逻辑—数理智能、视觉—空间智能、肢体—运作智能、音乐—节奏智能、人际—交流智能、自知—内省智能、自然—探索智能。但由于遗传与环境因素的差异，每个人在各种智能的发展程度上会有所不同，且会以不同的方法来统摄这八种智能。同时，人类在所有智能中都有创造的可能，但大部分的人都只能对某些特定领域进行创造。

(二)高瞻课程基本内容

1. 课程目标

正如前文所述，高瞻课程的发展经历了不同阶段，其目标在不同阶段也有所变化。发展前期的目标是：促进儿童认知能力的发展，为其今后的学习奠定基础。到了 1995 年，高瞻课程将“主动学习”作为教学设计的核心，主动学习成为儿童发展过程的核心，它不再只是一个手段，而更多的是一个目标。因此，高瞻课程发展后期的目标是：强调以儿童的主动学习为中心，促进儿童的认知、情感、社会性方面协调发展。而这些目标具体反映在 5 大类 49 条关键经验中，即主动学习的关键经验、语言运用的关键经验、经验和表征的关键经验、发展逻辑推理的关键经验(分类、排序、数的概念)、理解时间和空间的关键经验(空间关系、时间)。这些关键性经验是指幼儿应该掌握的知识技能、品性。每个方面的具体目标都是按照从简单到复杂、从具体到抽象以及从动作水平到言语水平的顺序提出来的。

2. 课程内容

高瞻课程的内容包括五大领域：学习方式，语言、读写能力和交流，社会性和情感发展，身体发展和身心健康，艺术和科学。其中艺术和科学又进一步分为数学、科学和技术、社会学习、艺术。①

关键经验是高瞻课程内容的重要部分，它是对学前儿童一系列社会的、认知的和身体发展情况的描述。关键经验也是学前儿童在他们真实生活中应该出现的东西，换句话说，关键经验就是学前儿童正在做的事情。因此，熟悉了关键经验，我们就能将关键经验作为观察、描述儿童行为的工具，更好地理解某阶段儿童正在做的事，理解他们的想法、兴趣和需要，并以关键经验来指导儿童的教育，更好地支持儿童的发展。关键经验不是教学活动的“菜单”，只是一种提示物，指明应努力促使儿童获得的学习经验。一个活动可含多个关键经验，多个活动可包含同一关键经验。高

---

① 王春燕：《幼儿园课程概论》，231 页，北京，高等教育出版社，2014。

瞻课程中 5 大类 58 条关键经验具体如表 4-4。

表 4-4　高瞻课程中的关键经验

类别	关键发展性指标	分析
(一)学习方式	(1)做出选择、计划和决定，并表达出来 (2)解决游戏中遇到的问题	所谓学习方式是指一个人获得知识、技能的方法(学习风格或学习模式)和对学习的态度，以及教师如何支持和增强儿童学习的动机。这两条目标是概括幼儿所有领域的教育经验，是概括性目标
(二)语言、读写能力和交流	(3)向别人讲述对自己有意义的体验 (4)描述物体、事件和关系 (5)从语言的应用中获得乐趣：听故事和诗歌，编故事和儿歌 (6)用各种方式进行书写：画、涂、使用类似字母的符号自创拼写，以及正确拼写 (7)通过各种阅读：阅读故事书、做标志和符号、自己进行书写 (8)口述故事	前三条强调说和听，后三条强调阅读和书写。蕴含了“全语言”的概念和“萌发语言”(语言是一个与儿童成长同步进行的过程)的思想：(1)语言的主要功能是人们间的交流；(2)语言能力不是教出来的，它是与儿童成长同步进行的；(3)语言的发展来自人们的相互交流；(4)儿童早期语言的发展应当是在一个能自由表达、辩论、大声讲话、边玩边说的环境中来实现的
(三)社会性和情感发展	(9)关照自身需求 (10)用语言表达自己的情感 (11)与其他儿童和成人建立人际关系 (12)创造和参与合作游戏 (13)处理社会性冲突	第一条验强调主动性和自我意识，后四条强调对别人的理解。在该类经验中强调“用语言表达自己的情感”，强调观察和认识别人的情绪、情感，这能帮助儿童在与别人的相处中获得成功，同时也能增强儿童参与活动的目的性，如增进友谊、解决相互间的矛盾等
(四)身体发展和身心健康	(14)非移动性运动(原地运动：躯体、转体、扭转、晃胳膊) (15)移动性运动(非原地运动：跑、跳、踏步、爬) (16)携物运动 (17)在运动中表现创造力 (18)用语言描述运动状态 (19)按指令运动 (20)感受和表达稳定的节拍 (21)按统一的节拍连续运动	前五条关键发展性指标强调儿童经历和用语言描述运动状态，第六条是强调根据语言和听觉的线索进行运动，最后两条是强调调整运动时间。运动是幼儿认识世界最初的方式，它先于语言，是幼儿切身体验的最直接的表现形式；运动是幼儿动作发展的最重要的形式。运动被列为关键发展性指标，符合幼儿发展的需求。

续表

类别			关键发展性指标	分析
(五)艺术和科学	1. 数学	序列	(22)对物体的各种属性(大/小、长/短等)进行比较 (23)将多个物体按序列或形式一个个地进行排列，并描述它们之间的关系(大/更大/最大) (24)通过试误法将一组按序列排列的物体与另一组按序列排列的物体进行匹配	第一条强调对总量差别的理解，而后两条则强调探索事物细微的特征和创造较多的方式。在具体的活动安排和为儿童提供的环境、条件中，强调儿童创造性的活动，即儿童按照自己的方式排序
		数字	(25)比较两组物品的数量，判断谁多谁少或是不是一样多 (26)将两组物体一一对应 (27)计算物体的数量	强调的是数概念的形成，而不是计算。强调数量关系在生活中的应用，而非仅仅是符号化学习
		空间	(28)填满和倒空 (29)拆装物体 (30)改变物品的形状和排列 (31)从不同的空间视角观察人、场地和物体 (32)在游戏场、楼房和社区中体验并描述物体的空间位置、方向和距离 (33)解释绘画、图片和照片中的空间	注重操作表征在学习"空间"这样的抽象概念中的意义，如提出了让幼儿填装物体。这表明研究者注意到许多幼儿包括学步儿是很喜欢这类活动的
	2. 科学和技术	分类	(34)通过视觉、听觉、触觉、味觉和嗅觉来认识物体 (35)探索和描述事物的相同点、不同点及其属性 (36)辨认并描述形状 (37)分类和一一对应 (38)用多种方式使用和描述物体 (39)同时注意事物的多种属性 (40)区分"一些"和"全部" (41)描述事物所不具备的特征或者它不属于的类别	特别强调对"可见的形状"的分类，反映出对幼儿认知特点的尊重。"辨认并描述形状"归入"分类"之中，是因为形状在这个年龄段儿童的认知水平上只是一个物体的特征，而不是空间的结构
		时间	(42)按信号开始或停止动作 (43)体验和描述不同的运动速度 (44)体验并比较时间间隔的长短 (45)预测、记忆并描述事件的顺序	去掉了许多远离孩子经验的时间体验方式和抽象的时间概念，强调以幼儿自身的感受去体验时间，那就是"预测、记忆并描述事件的顺序"。这些都反映出对孩子身心发展特点的尊重

续表

类别			关键发展性指标	分析
(五)艺术和科学	3. 社会学习		(46)参与集体常规活动 (47)对他人的感受、兴趣和需要敏感	社会学习的关键发展性经验能够帮助儿童正确地了解自己和别人
	4. 艺术	视觉艺术	(48)将模型、图片和照片与真实场景和事物联系起来 (49)用黏土、积木和其他材料造型 (50)绘画和涂鸦	这三条强调儿童美术方式来表征事物，强调儿童个体在游戏和工作中的发现和创造，同时还强调儿童个体表征的独特性
		戏剧艺术	(51)模仿各种动作和声音 (52)玩假装游戏和角色扮演游戏	这两条强调儿童利用感觉和模仿方式来创造性表征事物。通过创造性表征活动，增强了儿童建构真实事物和经历的符号的能力
		音乐	(53)随着音乐活动 (54)探索和辨认声音 (55)探索歌声 (56)自创旋律 (57)唱歌 (58)演奏简单的乐器	前三条关键发展性指标侧重于探索音乐，第四条强调幼儿能使用一个特殊的音乐元素，最后的两条是指幼儿自己会创造音乐。音乐在幼儿发展中具有重要意义，尤其是音乐的感受力及简单的表现力对幼儿的发展有重要作用。实际上音乐也是另一种语言，幼儿通过它可以了解自己和别人，了解自己国家的文化，如节日庆典等

3. 课程实施

(1)课程实施的前提

主动学习是高瞻课程的精髓所在，所谓主动学习(Active Learning)是指由学习者发起的学习，是学习者通过操作物或与人、观念、情景的相互作用，主动地建构关于现实知识的过程。① 高瞻课程的实施主要是为了促进幼儿主动学习的发生，而主动学习的发生需要相应的环境创设，主要包括五个要素：①材料。要提供丰富的、能适应孩子不同发展需要的材料，这些材料也是幼儿能够轻易取得的。②操作。要提供幼儿自由进行操作、转换、组合材料的机会。③选择。幼儿应能自由地选择自己操作的材料与活动，这是幼儿主动学习的中心要素。④来自孩子的语言。幼儿有机会描述事物、表达自己的想法，谈论自己做了什么以及与其他幼儿能很好地进行交流。⑤来自成人的支持。在高瞻课程中，成人都会支持鼓励孩子的选择与活动，

① 王春燕：《幼儿园课程概论》，231页，北京，高等教育出版社，2014。

鼓励他们按照自己的兴趣和想法去做。[①] 这五个要素是主动学习的必要条件，是主动学习发生的前提。

(2)课程实施的过程

高瞻课程的实施都是按照一个可预测的学习程序进行的，其核心程序包括“计划—执行—回顾”(Plan-do-Review)，而且计划时间、执行时间和回顾时间的先后顺序是不能变的。①计划时间(10～15 分钟)。幼儿入园后，首要的活动就是在教师的帮助下，制订一个简单的活动计划，即计划他们在随后的活动中想做的事情。比如，想在哪个主题区域中游戏，玩些什么，怎么玩等。在执行计划之前，教师会与幼儿沟通，帮助他们在脑海中形成关于计划的框架，并思考如何去执行。教师会轮流和每个幼儿交流，了解他们的愿望和兴趣，并根据每个幼儿的具体情况，为幼儿的计划做出引导，并向幼儿介绍有共同兴趣爱好的伙伴以便他们共同合作。然后大家会围坐在一起，共同畅谈自己的计划。比如，有几个孩子对烹饪感兴趣，教师会即时做出鼓励并支持他们的想法，为孩子准备相应的材料和工具。教师在倾听每个孩子执行计划后，会帮助他们形成一个计划方案，并与幼儿一起探讨方案可能会遇到的各种问题，让方案具有挑战性，并引导每个幼儿去承担适当的角色。“计划时间”能够为幼儿提供对成人表达他们想法和意愿的机会，并将自己视为个人行为的决策者。通过计划，幼儿能够预先知道下一步行动是什么，该干什么，使其后继活动变为有目的的活动。②执行时间(45～60 分钟)。计划完成后，幼儿就可以执行自己的计划，在活动区内从事自己喜欢的游戏活动。幼儿既可以按照自己最初的计划进行活动，也可以改变其计划从事其他活动。在活动期间，幼儿可以在任何活动区，用他们喜欢的材料从事游戏活动，或对学习材料进行探究，不断尝试新的想法或验证自己的想法。最初幼儿的活动会比较简单，随着时间的推移，教师会根据幼儿自身的情况给予恰当的引导，不断提高活动难度，使活动更具挑战性，并鼓励他们独自完成。那些完成了第一个计划的幼儿可以重新开始另一个计划。在这一过程中，教师注重观察幼儿如何收集信息，如何与同伴交流、解决问题，并记录、支持、鼓励幼儿的活动，在适当时机介入幼儿的活动，参与幼儿的讨论。③整理、回顾时间(10～15 分钟)。执行时间结束后，幼儿需要收拾、整理材料和器材并归还原处，如给物体分类和排序、把标签和物体相对应等。这一过程使活动室恢复了原貌，并给幼儿提供了基本认知技能学习的机会。整理收拾完毕后，教师和幼儿共同审视、回顾他们做了什么、学到了些什么。幼儿回忆和讲述他们的学习活动与经验，重温他们在工作中所遇到的问题，建立起他们对事物的理解，并把实际完成的活动和原计划进行比较，

① 王春燕：《幼儿园课程概论》，234 页，北京，高等教育出版社，2014。

从而将计划、行动和结果联系起来。幼儿经过回顾会发现，他们能使一些事件发生变化，他们学到了新的东西，他们能解决面临的问题。这一环节，为幼儿提供对他们所经历事情表达的机会，使他们对明日的活动和计划产生新的想法，培养他们的语言表达能力。

除了计划—执行—回顾三个核心环节外，高瞻课程中还有一些其他的活动时间，包括小组活动、团体活动、户外活动时间等。

小组活动：一般 6～10 位幼儿和一位教师一组。通常是教师引发的，根据幼儿的发展需要或未开发的材料及当地风俗等来精心安排活动内容、操作材料，甚至同伴。尽管这是由教师组织的，但仍然需要教师鼓励幼儿们提出建议并让他们以自己的方式去解决问题。在这些活动中，教师可根据特定的关键经验来观察和评价幼儿。

团体活动：全班幼儿和教师聚集在一起，共同参与一个活动的时间。如唱歌、跳舞、玩游戏、演奏乐器、阅读等，以培养他们的集体归属感。同时，团体活动中幼儿可以分享各自的想法，提供自由表达自己的想法和相互交流学习的机会，以及观察、了解同伴和自我的机会。在团体活动中，教师和幼儿轮流指导，主要以幼儿指导为主。教师可以提出自己的想法和倡议，最后由幼儿自己决定和选择参与的活动，主要是让幼儿成为活动的领导者。

户外活动时间：教师和幼儿参加富有生气的体育活动，如散步、奔跑、攀爬、游泳、踢球、捉迷藏等。户外活动的内容主要来源于幼儿的兴趣、发展身体、音乐的需要、一些需要合作的项目以及社会文化中流行的对幼儿有意义的活动。在活动中，教师观察幼儿并适时给予指导和帮助，也可以和幼儿一起交谈、一起玩耍。

表 4-5、表 4-6 是高瞻课程课程一日生活常规安排时间表①。

表 4-5　一所半日制幼儿园一日生活常规安排

8:30—8:50	计划时间
8:50—9:45	操作时间
9:45—10:00	整理时间
10:00—10:30	回顾、吃点心和小组活动时间
10:30—10:50	户外活动时间
10:50—11:10	集体活动时间
11:10—11:20	离园

① 王春燕：《幼儿园课程概论》，237～238 页，北京，高等教育出版社，2014。

表 4-6 一所全日制幼儿园一日生活常规安排

上午	
7:30—8:30	在教师的指导下从事短时间的操作活动
8:30—9:00	早餐和刷牙
9:00—9:20	计划时间
9:20—10:30	操作活动时间和整理时间
10:30—10:50	回顾时间
10:50—11:20	户外活动时间
11:20—11:45	团体活动时间和午饭准备
11:45—12:30	午餐
下午	
12:30—13:30	午睡或看书
13:30—14:15	小组活动和点心时间
14:15—16:00	离园，留下的幼儿和教师制订计划在活动区活动直到离园

(三)高瞻课程改革与发展

通过多年的实践与探索，高瞻课程体系逐渐被各国广泛运用，充分证明了其课程编制取向的正确性。高瞻课程之所以得到如此广泛的认同和应用，主要是在于它坚持为幼儿发展服务的基本原则。大量的研究表明，高瞻课程模式能使幼儿意识到并不断发掘自身潜能，在其后的学校学习中更容易获得成功，更能找到满意的工作，并在工作中拥有出色表现，而在社会生活中发生问题或需要福利资助的可能性则会明显减少。[①] 自从高瞻课程引入中国，其经验为我国幼教工作者提供了可资借鉴的思路。

1. 使幼儿成为主动的学习者

在高瞻课程中，其核心和精髓是突出强调了幼儿的主动学习。幼儿的最佳学习方式不是依靠教师直接灌输知识和经验，而是向幼儿提供大量丰富的材料供其操作，让幼儿在与周围环境积极互动的过程中建构自身的知识和经验。幼儿是学习的主体，主动学习贯穿于儿童的一日活动流程的各个环节：幼儿根据自己的兴趣和需要制订计划；自由地选择各区域的材料，并决定在哪儿玩、玩什么、和谁玩；小组活动时间时，幼儿可以用各种不同的方式探索材料；在团体活动时间，幼儿伴随着音乐可以用自己喜欢的方式扭动身体，而不必和教师步调一致。由此一来，幼儿的主体地位在学习中得到尊重，主动学习一直贯穿于整个学习过程中。

高瞻课程中的“主动学习”刚好吻合了我国《纲要》的精神。《纲要》指出：幼儿园的教育活动是教师以多种形式有目的、有计划地引导幼儿生动、活泼和主动的教育过程。因此，我们要借鉴该课程中的做法，真正确保幼儿成为学习的主体。

① 贾宏燕：《我们向海伊斯科普课程模式学习什么》，载《新课程学习》，2010(7)。

2. 为幼儿的主动学习创设环境

为确保幼儿的主动学习，高瞻课程中，教师为幼儿提供支持性环境，主要从兴趣区域、材料及存放空间三方面对环境进行了精心组织。根据儿童的活动兴趣和探索欲望，高瞻课程将支持性的学习环境分为若干个兴趣区域，每个兴趣区域都有目的、有计划地存储大量丰富、形式多样化、可操作的材料，以便幼儿进行探索、改造和结合活动，材料的组织方式并非简单陈列，而要有组织地摆放以便幼儿操作、探索，并在使用后物归原处；存放空间是可见且便于幼儿选择和取放材料。总之，环境创设不仅考虑空间、颜色、舒适度等因素，而且兴趣区的划分以及兴趣区中材料投放都是为了满足幼儿自主、自由操作的需求。

我国《纲要》中明确提出：幼儿园应为幼儿提供健康、丰富的生活和活动环境，满足他们多方面发展的需要，使他们在快乐的童年生活中获得有益于身心发展的经验。但《纲要》并未给幼儿园提供创设环境的具体做法，那么如何创设有效的环境才能促成儿童生动、活泼和主动的发展，就成为当前亟须研究和探索的问题。我们可以借鉴高瞻课程环境设计的理念，真正从幼儿的发展需要和兴趣出发去创设区角，并让幼儿真正参与到学习环境的创设中来，培养幼儿的主人翁精神。而且高瞻课程不要求购置和使用特殊的材料，材料可以来源于自然、家庭废弃物及其他一些“开发性”材料，这对我们国家来说也是非常值得借鉴的。

3. 把握幼儿的关键经验，使其成为评价幼儿的发展性指标

关键经验是高瞻课程模式的一个核心概念，如今已发展成为学前教育界制定课程标准、编制课程内容、进行课程评价的重要依据。它充分体现了学前儿童一系列的认知、身体和社会发展状况，并且真实地出现在学前儿童的生活中，也就是说，关键经验是学前儿童在生活中正在做的事情。关键经验作为教师引导幼儿学习与发展的“提示物”，在高瞻课程中具有鲜明的目标性，《活动中的幼儿》一书认为关键经验能够作为学前课程中制订计划和评价标准的指标。但与此同时，它也认为每一条关键经验都应该重复出现，因为它们并非是要达到的“目标”，而是儿童智力发展所需的必要营养，可以以不同形式反复出现。①

因此，了解了关键经验，我们就可以把它作为观察和描述儿童行为的工具，帮助我们更好地认知儿童在每个阶段所做的事情，从而融入他们的生活世界中，理解他们对事物的看法和兴趣，激发他们的主动性，更好地推动学前教育的发展。

---

① [美]玛丽·霍曼，伯纳德·班纳特，戴维·P. 韦卡特：《活动中的幼儿——幼儿认知发展课程》，郝和平、周欣译，7～8页，北京，人民教育出版社，1995。

学以致用

比较蒙台梭利课程、华德福课程、瑞吉欧课程、高瞻课程的异同。

·相关阅读推荐·

本讲要点

蒙台梭利课程方案提出了协助儿童开发自己内在的潜能，帮助其生命发展出健全的人格，养成一种自立、自主、自信、自足、自我管理的活动习惯，并为儿童进入成人世界做准备的目标；日常生活练习教育、感官教育、数学教育、语言教育和科学文化教育组成了主要的课程内容；课程实施以提供一个有准备的环境、给予幼儿自由为前提，在教师的协助下，保证幼儿集中工作。

华德福课程的目标是促进幼儿身、心、灵整体的全面和谐健康发展，尊重自然和人的和谐相处，强调人的精神自由和解放；课程内容主要包括：艺术活动、游戏活动、生活活动、节日庆典与生日会；以整段式的主题课程形式为主线，通过呼吸式的生活节奏，采用艺术化的教学方式保证课程的实施。

瑞吉欧课程的目标就是要创造一个和谐的环境，使在环境中的每一位幼儿、教师都感到自在、愉悦，生活的幸福。教育并不仅仅追求外在的目标，而是更多地注重内在品质；瑞吉欧教育没有明确规定的课程内容，更没有固定的“教材”或预先设计好了的“教育活动方案”。课程的内容来自周围的环境，来自儿童生活中儿童感兴趣的事物、现象和问题，来自他们的各种活动；主要以方案教学的方式实施课程。

高瞻课程的目标强调以儿童的主动学习为中心，促进儿童的认知、情感、社会性方面的协调发展，具体反映在5大类49条关键经验中；关键经验是高瞻课程内容的重要部分，主要涉及五大领域：学习方式，语言、读写能力和交流，社会性和情感发展，身体发展和身心健康，艺术与科学；课程实施都是按照一个核心程序——计划—执行—回顾来进行的，而且计划时间、执行时间和回顾时间的先后顺序是不能变的。

模拟练习

1. 儿童之家是(　　)创办的。

2. 蒙台梭利课程内容共有五个中心：(　　)、(　　)、(　　)、(　　)和(　　)。

3. 蒙台梭利课程中教师的角色主要有(　　)、(　　)和(　　)。

4. 关键经验是(　　)课程的主要内容。

5. 提倡教育要适合幼儿的“敏感期”的教育家是(　　)。

A. 卢梭　　B. 杜威　　C. 蒙台梭利　　D. 福禄贝尔

6. 下列(　　)课程方案是以方案教学实施的。

A. 蒙台梭利课程　　B. 华德福课程

C. 瑞吉欧课程　　D. 高瞻课程

7. 崇尚自然、尊重自然是(　　)重要理念。

A. 蒙台梭利课程　　B. 华德福课程

C. 瑞吉欧课程　　D. 高瞻课程

8. 简述蒙台梭利课程中有准备环境的要求。

9. 评析华德福课程方案的优缺点。

10. 简述高瞻课程对我国区域活动的启示。

课外拓展

调研某一地市引入国外幼儿园经典课程方案状况。

· 第四单元检测题 ·

▶第五单元

▶幼儿园课程的改革与发展

思维导图

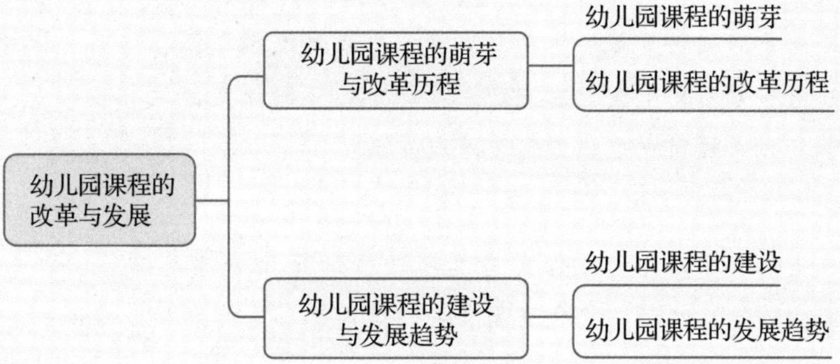

学习目标

1. 了解幼儿园课程的萌芽及国内外幼儿园课程改革历程。
2. 掌握幼儿园课程建设的相关方法。
3. 了解国内外幼儿园课程的整体发展趋势。

第一讲

幼儿园课程的萌芽与改革历程

头脑风暴

纵观幼儿园课程改革的历史与发展，影响教育的政治、经济、文化等基本因素中任何一方面发生较大的变动，都会对幼儿园课程的内容或形式产生种种影响。幼儿园课程究竟应该如何改革与发展？

导入语

自产生以来，幼儿园课程既与其所依据的理念紧密相连，又与其所处时代、国家的政治、经济、文化密切相关，是随着社会的发展而转变的。

一、幼儿园课程的萌芽 ●●●

（一）西方近代幼儿园课程的萌芽

资本主义的大发展，提出了建立幼儿教育机构的要求，为西方幼儿园课程的真正产生奠定了经济基础。

1840 年，德国幼儿教育家福禄贝尔创办了世界上第一所幼儿园，标志着幼儿园课程的萌芽。福禄贝尔撰写了《人的教育》《幼儿园教育学》等著作，系统地提出了幼儿园教育理论。他为幼儿教育学从普通教育学中分化出来，成为一门独立的学科做出了巨大贡献，其幼儿教育理论对现今幼儿教育实践仍具有重要的指导意义。

福禄贝尔的幼儿园课程思想主要有三点。

第一，教育应当顺应儿童发展之自然。福禄贝尔继承了前人关于“教育适应自然的探索”。他认为，对儿童的教学和训练在根本原则上必须是被动的、顺应的，而不是命令的、绝对的、干涉的，因此，应当谨慎地遵循儿童的本能。

第二，自我活动是儿童教育的基础。福禄贝尔认为，幼儿的行为是其内在生命形式的表现，是由内在的动机支配的。通过这些行为，幼儿才可以成长发展。保育者的任务是帮助幼儿除去生命发展的障碍，让其自我得到发展。命令的、绝对的、干涉的教育方法对幼儿的发展是无效的，必须尊重幼儿的自主性，重视幼儿的自我活动。

第三，强调游戏的教育价值。福禄贝尔是教育史上第一位阐明游戏教育价值的人。他认为幼儿是通过游戏将内在的精神活动表现出来的，游戏是其生命的镜子。他强调游戏对幼儿人格发展、智慧发展有重要意义，会使其产生喜悦、自由、满足，以及内在的平安、和谐；游戏是幼儿起于快乐而终于智慧的学习，能自动自发、用心认真地玩到累了为止的孩子，将来必是个健壮、坚韧，能够牺牲、奉献的人。他还认为游戏中的玩具是必要的，幼儿通过玩具可察觉到不可观的世界。他根据儿童的特点，将玩具、教具、教材融为一体，创造了一种操作物——恩物(gift)，现在仍有很多幼儿园在使用。

(二)我国近代幼儿园课程的萌芽

在我国，清政府因维持其统治所需，实施新政，促使了幼儿教育机构蒙养院的产生以及相应幼儿园课程的设置。康有为、梁启超等人重视教育尤其是儿童教育，并提出了幼儿教育体制的理论雏形。康有为的儿童公育思想促进了我国幼儿园课程思想的萌芽，从课程目标到课程内容，康有为在其《大同书》中均做出了较具体的规定，其幼儿园课程思想涉及儿童的全面发展以及自然社会环境，有重要借鉴价值。同时，受洋务运动“中学为体，西学为用”思想的影响，幼儿教育冲破了中国传统教育思想只重四书五经的课程设置格局，中国教育走向近代化。另外，外国传教士所传播的西方幼儿教育思想及教会幼儿园课程也潜在地影响着幼儿园课程的产生和设置。

1903 年，湖北巡抚端方在武汉阅马场创办了我国第一个幼儿园，1904 年癸卯学制把幼儿教育机构确定为蒙养院，幼儿教育开始由家庭走向社会。在制度化的幼儿教育机构里，设置了正式的幼儿园课程，其科目有游戏、歌谣、谈话、手技四项。这一设置一直实行到 1911 年。中华民国成立后，于 1912 年 9 月公布学校系统令，将幼儿教育机构蒙养院改为蒙养园。1916 年，政府颁布的国民学校令仍规定幼儿园课程为游戏、谈话、手技和唱歌。

1903—1918 年，中国的幼儿园课程刚刚发端，因无已有经验可借鉴，所以在幼儿园课程的宗旨、目标、课程内容与实施方面学习与模仿了日本的幼儿园课程模式，幼儿园课程缺乏本土化、民族化的特点，尤其是一些幼儿园照抄照搬国外的幼儿园课程的现象严重。然而，一分为二地看，当时的幼儿园课程引进外国的一些先进幼儿教育思想，试图照顾到儿童德、智、体、美等方面的发展，试图照顾到儿童的年龄特征，这在当时的历史条件下是一种进步，在一定程度上带动与促进了我国幼儿园课程的发展。

二、幼儿园课程的改革历程 ●●●

(一)我国幼儿园课程的改革历程

在我国幼儿园教育经历的发展过程中，幼儿园课程重大改革主要有三次，分别发生在20世纪二三十年代，20世纪50年代和20世纪80年代至今。自20世纪70年代以来，我国实行了改革开放政策，极大程度上促进了幼儿园课程的改革。特别是跨进21世纪后，一系列促进学前教育事业发展的重大举措，使得我国幼儿园课程彰显出新时代中国特色，并为幼儿园课程的理论研究和实践运用做出了中国贡献。

1. 20世纪二三十年代的幼儿园课程改革

新文化运动提倡政治民主和科学进步，反对封建旧传统、旧道德和旧礼教，为国外各种文化思潮与流派的传入敞开了大门。教育界也开始摆脱传统文化的束缚，走上了现代化的道路。教育革新浪潮下对传统儿童观和儿童教育的批判，为我国幼儿园课程的发展做了观念的先导和舆论的准备。五四期间，随着新教育运动走向高潮，西方形形色色的幼儿教育理论、教育学说被广泛介绍进来，从而出现了一个声势浩大的宣传西方幼儿教育理论、教育学说的热潮。

在我国广泛传播，并对我国近现代教育产生深刻影响的，首推杜威的思想。1919—1921年，杜威在华演讲多达200余次，足迹遍及10余个省市，他的实用主义哲学和进步主义教育思想，给当时的中国教育带来了新鲜的空气，受到热烈欢迎。杜威通过对传统教育的批判，系统地阐述了新教育的反传统精神。他的教育主张包括提倡科学和民主精神、尊重儿童的个性、反对教师的权威与知识灌输、注重教育的生活化和社会化等。杜威的教育思想和主张对包括幼儿园课程变革在内的中国教育产生了重要的影响，其实用主义教育理论成为幼儿园课程变革的指导思想。

20世纪二三十年代幼儿园课程改革是在五四新文化运动所创造的多元开放的文化背景下，在对传统儿童观和儿童教育的批判的舆论宣传下所进行的一种选择。

陶行知先生猛烈地抨击了旧中国的幼儿园所患的三大病：一是外国病，二是花钱病，三是富贵病。20世纪二三十年代，陶行知、张雪门、陈鹤琴等在批评教会宗教化课程、日本小学化课程的同时，一方面反对照抄照搬外国幼儿园课程的“熟料”，另一方面经过改造、思考，吸取西方幼儿园课程的有益经验，开始了探索幼儿园课程中国化、科学化的发展道路。

陈鹤琴的活动课程、陶行知与张宗麟的生活课程以及张雪门的行为课程的共同点是其内容都源于儿童的生活环境，包括了自然和社会两大部分，涵盖了健康、社会、艺术、科学等方面的活动，从而形成了各自较为完整的幼儿园课程内容体系。

1932年颁布的《幼稚园课程标准》体现了当时以陈鹤琴为首的教育家们先进的、科学的儿童观、教育观，更是他们的教育思想在课程试验实践中的成果与结晶。这是中国幼儿园课程发展史上第一个幼儿园课程标准。其中课程标准规定了幼儿教育的总目标是增进儿童身心健康，力谋幼儿应有的快乐和幸福，培养人生基本的优良习惯，协助家庭教养幼儿。课程的范围包括音乐、故事和儿歌、游戏、社会和常识、工作、静息、餐点七项。

《幼稚园课程标准》颁布后，国民政府教育部曾用法令的方式推广到全国，但是其思想与理念没有能够在中国得以大规模实行。即使在当时的一些地方如浙江、上海、江西一带实施，效果也不是很好，存在着很多问题。特别是要求全部幼稚园的课程都以单元教学的形式展开，以大自然、大社会的活动为中心来拟定，根据不同的时令、季节、社会的活动和自然的现象，选定每个单元的中心，并围绕这个中心开展各项活动，这样的课程指向和要求产生了诸多的与当时的幼儿教育实践不一致的问题。

2. 20世纪50年代的幼儿园课程改革

1949年，中华人民共和国成立初期，百业待兴。当时中国的包括教育在内的各个领域都选择了以俄为师的路径，在教育全面学习苏联的背景下，幼儿教育也全盘接受了苏联的理论与实践经验。

20世纪50年代初，教育部邀请了苏联的幼儿教育专家戈林娜、卡尔波娃等人来我国讲学，并在我国推广苏联的幼儿教育经验，主要表现为引进了“作业”，教学大纲为作业规定了内容和时间，通过作业对幼儿进行系统的教学。1952年3月教育部颁布了《幼儿园暂行规程(草案)》。1952年7月教育部颁布了《幼儿园暂行教学纲要(草案)》。这两个文件是在苏联专家的指导下，在吸收老解放区幼儿教育经验的基础上，由政府“自上而下”发起的幼儿园课程改革。文件规定幼儿园招收3～7岁的幼儿，幼儿园的活动项目包括体育、语言、认识环境、图画、手工、音乐、计算，幼儿园不进行识字教学，还规定了幼儿园教养活动的各个科目以及各科目的教育纲要，强调科目本身的科学性和逻辑性，强调教师的主导作用，提出有目的、有计划地组织幼儿活动，将教育贯穿于幼儿在幼儿园的一日生活中。受苏联教育学对课程的狭义理解(即把课程看作学科和教学内容)的影响，我国幼儿教育不再使用“课程”一词，而是通过幼儿园各科的教学对幼儿实施教育。

20世纪50年代的幼儿园课程改革是以苏联心理学教育学的理论为支撑的，它借鉴了苏联在建立多年研究基础上的分科教育的基础经验，因而批判杜威实用主义教育理论和儿童中心主义，以及陶行知的“生活教育”理论和陈鹤琴的“活教育”理论。

这一阶段幼儿园课程改革逐渐形成的幼儿园学科课程体系，其教育目标明确，教育、教学内容系统，教师在教育过程中容易操作，这种注重结果容易操作的学科课程体系符合新中国成立初期的需要，在教育资源缺乏、师资力量不足的情况下，对恢复正常的教育秩序、提高幼儿教育质量起了一定的作用。

3. 20 世纪 80 年代以来的幼儿园课程改革

1981 年，教育部颁布了《幼儿园教育纲要(试行草案)》，规定了幼儿园教育的内容包括生活卫生习惯、体育活动、思想品德、语言、常识、计算、音乐、美术八个方面，并强调通过游戏、上课、劳动、娱乐、日常生活等各种活动完成教育任务。该《幼儿园教育纲要(试行草案)》是在继承 1952 年《幼儿园暂行规程(草案)》《幼儿园暂行教学纲要(草案)》基础上制定的，根据其规定，教育部组织编写了全国统一的幼儿园教材，由指定的出版社出版，供全国幼儿园使用。

1978 年党的十一届三中全会后中国开始实行改革开放，政治、经济、文化和社会方方面面发生了变革，世界各国教育理论和思想涌入我国。针对学科课程过分强调系统的单科知识和技能的传授、忽视各个学科之间的内在联系、忽视儿童自身的活动和直接经验等种种问题，自 20 世纪 80 年代以来在民间自发进行了从单科扩展到整体、从城市扩展到农村幼儿园课程改革试验。其中比较有影响的是“幼儿园综合主题教育”。1989 年，原国家教委(现教育部)颁布了《幼儿园工作规程(试行)》(简称《规程》)，幼儿园课程改革转化为国家行政力量主导和推动的“自上而下”的改革。经过七年试行，《规程》于 1996 年经过修订正式颁发，以行政途径将其所规定的内容推向各级行政职能部门和基层幼儿园。

《规程》针对当时幼儿园教育实践中普遍存在的“三中心”(即教师中心、教材中心和上课中心)的状况，要求幼儿教育工作者实现“从单纯知识灌输、技能训练到培养能力、发展智力，进而研究幼儿各方面的协调发展；从注重教师如何教，到研究幼儿在教育过程中如何从被动教育转变为主动发展”。具体体现以下五个方面的精神：①强调幼儿的主动活动，为幼儿提供充分活动的机会；②注重教育对幼儿的个体差异的适应，促进每个幼儿在不同水平上的发展；③指出游戏是幼儿园的基本活动；④强调寓教育于幼儿园一日活动之中；⑤强调幼儿园活动的过程。幼儿教育理论与实践工作者设计和实施了各种幼儿园实验性的课程，各地区也相继开展了改革试点工作。

为进一步深化幼儿园教育改革，2001 年，教育部颁布了《幼儿园教育指导纲要(试行)》。《纲要》为贯彻《规程》精神，指导幼儿园深入实施素质教育，强调幼儿园教育要“尊重幼儿的人格和权利，尊重幼儿身心发展的规律和学习特点，以游戏为基本活动，保教并重，关注个别差异，促进每个幼儿富有个性的发展”“幼儿园的教育内容是全面的、启蒙性的，可以相对划分为健康、语言、社会、科学、艺术五个领域，也可作其他不同的划分。各领域的内容相互渗透，从不同的角度促进幼儿情感、态度、能力、知识、技能等方面的发展”，并对每个领域的目标、内容与要求及指导要点进行了阐述。基于《规程》和《纲要》精神，全国进行了各种幼儿园课程探索实践，主要有“幼儿园渗透式领域课程”“多元整合幼儿园活动课程”“幼儿园主题式课程”“幼儿园快乐与发展课程”“幼儿园游戏课程”等。

为深入贯彻教育规划纲要，落实国务院《关于当前发展学前教育的若干意见》，帮助广大幼儿园教师和家长了解幼儿学习与发展的基本规律和特点，全面提高科学保教水平，2012 年 10 月，教育部印发了《3～6 岁儿童学习与发展指南》。《指南》以为幼儿后继学习和终身发展奠定良好素质基础为目标，以促进幼儿德、智、体、美各方面的协调发展为核心，从健康、语言、社会、科学、艺术五个领域描述幼儿的学习与发展。每个领域按照幼儿学习与发展最基本、最重要的内容划分为若干方面。每个方面由学习与发展目标和教育建议两部分组成。《指南》目标部分分别对 3～4 岁、4～5 岁、5～6 岁三个年龄段末期幼儿应该知道什么、能做什么，大致可以达到什么发展水平提出了合理期望，指明了幼儿学习与发展的具体方向；教育建议部分列举了一些能够有效帮助和促进幼儿学习与发展的教育途径与方法。基于《规程》《纲要》和《指南》，国家行政力量介入并主导的幼儿园课程改革如火如荼，“区域活动课程”“安吉游戏课程”等全面铺开。2016 年 1 月，教育部公布了重新修订的《幼儿园工作规程》。

(二)国外幼儿园课程的改革历程

1. 美国幼儿园课程改革历程

(1)美国幼儿园课程改革的历史传统

殖民时期的美国教育完全是宗主国教育的移植。17 世纪 40 年代，欧洲殖民者先后在不同殖民地区设置各类学校。与此同时，英国和欧陆的教育思潮也涌入美国。培根、洛克的思想先后影响当时人们对教育目的、教育机会的理解。19 世纪初，美国移植英国的幼儿园课程。19 世纪中后期则移植德国的福禄贝尔式幼儿园的教育观念、课程设置。当时在美国开创幼儿教育事业的大多是曾在德国留学的人或是生在美国而接受德国教师教导的人，他们大都标榜福禄贝尔的理论或主张。1855 年，舒尔茨夫人在威斯康星州的沃特镇开办了一所福禄贝尔式幼儿园；南北战争后，又陆续再办约十所。1860 年，伊丽莎白 · 皮博迪(Elizabeth Peabody)在波士顿仿照德式幼儿园设置了英语幼儿园。在福禄贝尔式的幼儿园中，教师利用唱歌、游戏、讲故事、玩“恩物”等充实和美化孩子们的生活和学习；待幼儿年龄稍长，就可以从事种植花木等园艺游戏和制造船只、房屋等建造游戏。

(2)美国幼儿园课程的现代流变

美国南北战争推动了美国的现代化，幼儿园开始扩充。20 世纪初，杜威的教育思想逐步产生影响。由于他重视实用知识，强调儿童实际能力的培养，颇受美国社会的欢迎。20 世纪 30 年代实用主义思想进一步发展，并且出现了新的教学方法。幼儿教育也进一步发展，即由城市面向农村。幼儿园不再是小学的附属部分，而独立存在。指导这个时期的儿童教育思想是美国的儿童心理学家和教育心理学家们的研究成果。这标志着美国的教育理论研究已向更成熟的方向发展，摆脱了过去依赖外国的现象。

第一次世界大战以后，随着美国幼儿心理和生理研究工作的发展，美国本土的教育理论研究日趋成熟。这个时期幼儿园的主要活动是游戏、故事、音乐，少量适合幼儿的简易图画册或识字本，只是使儿童有阅读的要求或兴趣而已；美工和科学常识也被列为学习项目，目的是增进幼儿肢体的发育。幼儿园的任务是培养幼儿良好的社会态度、卫生习惯、独立生活能力、活泼精神和健康体质。教师利用指导、说明和演示，组织幼儿共同参加设计，启发幼儿对活动的爱好，使幼儿通过个人和集体活动扩大经验范围和掌握适应能力。20 世纪 60 年代针对美国科技“落后”而进行的教育改革，总的来说是不成功的。但幼儿园的教材里增添了一些学科的基础知识，其中以阅读和计算为重点，个别园、校还开始了外国语教学。20 世纪 70 年代中期，美国幼儿园课程变化较大。幼儿园的教育计划非常灵活，它没有什么学科的安排但具有学科的内容，基本原则是“做中学”；课程安排首先考虑儿童身体、心理、社会、情绪等的成长。20 世纪 80 年代，美国“2061 计划”发布。在课程编制上，“2061 计划”建议美国的学生从幼儿园到中学毕业只学十几门课，每门课都综合自然科学、社会科学和数学知识，并训练必要的技能。

(3)美国幼儿园课程的现状及发展趋势

①提供的教育必须适合儿童的发展要求。1986 年，美国儿童教育协会出版了《为零至八岁儿童服务的儿童教育计划中的恰当发展实践》一书。提出儿童教育计划应该能满足儿童的各种需要，而不是期望儿童去适应某一特殊计划的要求。②综合性课程的开设。在设计课程时，教师常常围绕一个主题而采用多种方法把各种知识和能力有机地统一起来，即采用综合性课程。围绕某个主题的综合治理性课程需要围绕某一中心来安排一系列的教学活动，教师要选择并决定这些中心，了解儿童的兴趣特点、发展能力以及儿童生活与学习相互影响的生态关系。③全面性评价的实施。美国每年有 3 000 万至 4 000 万份标准化测验用于幼儿园和幼儿。2009 年，美国

50个州以及哥伦比亚特区均已建立了系统的早期学习标准。与此同时，全美幼教协会和一些教师理事会也制定了各领域的儿童早期学习标准。全面性评价的方法之一就是整理和检查儿童活动的文件夹。文件夹是一份有关儿童学习过程的原始记录。④尝试混合教育。混合年龄组教育是一种将不同年龄和能力发展水平的儿童组织在一起进行教育的实践活动，它不主张对儿童进行分类，也不赞成把课程分成一块一块地贴上年级标签，即不考虑年龄或者年级因素，允许儿童超前发展，而不是一步一步地循序发展。这种教育模式不注重年终学生能否通过考试，而是注重通过该课程的学习，儿童是否在原有水平上有所提高。⑤倡导多元文化教育，即通过在课堂主动讨论差异性和平等等问题促进儿童潜能的充分发展。

2. 英国幼儿园课程改革历程

(1)19世纪中叶到20世纪初“双轨模式”

19世纪20年代，英国教育改革家欧文在新拉纳克创立幼儿学校，主要招收贫儿。欧文从“性格形成”哲学出发，认为在幼儿学校中早期的性格培养将对儿童以后性格的形成产生决定性的影响。课程的终极目标应该是使儿童得到全面的发展，即在德育、智育、体育、美育、劳育等方面全面发展。

19世纪中叶，英国经历了工业革命的洗礼，率先进入工业社会。英国工商业资产阶级积极寻求新的方式对其子女进行幼儿阶段教育，于是，英国中上层阶级开始设立私立幼儿学校，然而幼儿学校服务的对象却按阶级划分为穷人子女和富人子女，于是形成了“双轨制”的幼儿园课程模式。

19世纪末，福禄贝尔思想开始传入英国，但是由于幼儿学校数量有限，福禄贝尔思想渗透较为缓慢，福禄贝尔式幼儿园也多为贵族幼儿学校。

19世纪末20世纪初，随着进步主义教育思想的传播，兴起了“儿童中心”课程，将儿童视为有潜力的个体，要采取灵活的教学方法，自由的教学内容使儿童多方面的潜能得到充分自由的发展。随着1870年《初等教育法》的颁布，福禄贝尔教育思想在英国广为传播，为贵族子女设置的福禄贝尔式幼儿园，主张以游戏课程为主，不主张过早教授读写算知识。

(2)20世纪初到70年代“儿童中心取向”

1933年《哈多报告》(《关于幼儿学校及保育学校的报告》)中提出了课程的基本原则，即应该根据活动和经验，而不是那些需要掌握的知识和需贮存的事实去考虑课程。报告指出，将“课程”一词完全运用到幼儿学校的教学是非常危险的，也与幼儿学校长期形成的自由主义方法背道而驰。19世纪60年代，儿童中心的进步主义教育思想在实践中的影响主要集中在幼儿学校中。此时，在英国掀起了“开放学校运动”

和“乡村学校实践”，开放学校力图摒弃传统的课程分科以及学科相应的教学大纲，根据儿童的活动组织课程，在教学组织形式上，以小组活动或个别活动代替传统的班级教学，打破儿童年龄限制，崇尚儿童的自由学习，发现学习和创造性学习。虽然儿童中心的思想对英国学前教育的发展产生了很大的影响，但是在这之前它尚未在学前教育机构中得到广泛的实施，直到 20 世纪 60 年代《普洛登报告》才将“儿童中心”课程用法律的形式固定下来。

(3)20 世纪 70 年代以来“统一标准”

1988 年，英国撒切尔政府颁发了《教育改革法》，设立了国家课程。对于 5 岁以下儿童没有实施国家统一的课程，但是出于幼小衔接的考虑，需要参考国家课程，在此基础上保持一定的灵活性。2000 年，英国布莱尔政府“教育和就业部”颁发了《基础阶段课程指南》，首次在基础阶段设立了统一的国家课程。统一后的课程强调基础阶段的“六大领域”的课程：第一，学生个体的、社会的、情感能力；第二，交流、语言和读写能力；第三，数学能力；第四，对世界的理解能力；第五，身体发展；第六，创造力。2008 年，儿童、学校与家庭部颁布了《早期基础阶段法定框架》。

2010 年，卡梅伦政府将“儿童、学校与家庭部”更名为“教育部”，2011 年 7 月，政府着力对儿童早期教育中心进行改革，将要消减 0～5 岁早期教育课程，重点关注儿童入学准备和学习能力，将 69 条具体课程目标减少到 17 条。为了确保儿童健康快乐地学习，改革主要关注儿童教育三大核心目的：个人、情感和社会的发展，身体发展，语言交流能力；发展四项重要技能：读写能力、数学能力、表达艺术以及对世界的理解和构想能力；同时将基础阶段学习与初等教育第一阶段学习内容紧密衔接。2012 年，教育部修订了 2008 年的《早期基础阶段法定框架》。2014 年，教育部又修订了 2012 年的《早期基础阶段法定框架》(简称《框架》)。《框架》涵盖了 0～5 岁儿童的教育与保育，包括以下内容：①概要，对《框架》进行简要介绍，并指出从 2014 年 9 月 1 日起，所有学前教育机构都要根据《框架》进行教育。②导言，阐述学前教育的重要性，指出《框架》的目的是促进儿童学习和发展，保证儿童的健康和安全，促进教育公平及提高教育质量。③学习与发展要求，提出学前课程的七大领域及儿童在每个领域应掌握的知识、技能和理解能力。④评价，强调过程性评价的重要性，并介绍了对 2 岁和 5 岁幼儿的评价方法。⑤保护与福利要求，对幼儿的保护、教职员工的适合性、教师的培训与发展支持、师幼比和环境与设备等提出了要求。

3. 日本幼儿园课程改革历程

19 世纪 60 年代，身处变革时代的日本受到西方资本主义工业文明的冲击，自上而下进行了一场资产阶级性质的改革。日本格外重视教育，不仅出台了新的幼儿园规程，还对一系列课程实行了变革。

第二次世界大战后，日本战败并由美国接管，随后在教育领域展开新的改革。1947 年文部省在教育基本法、学校教育法的基础上，规定幼儿园是在文部省管辖之下的“学校”的一种，是正规的、具备官方认可的教育场所。此外，文部省确立幼儿园教育对象为 3 岁及入小学之前的儿童。同时，提出在一日生活中通过唱歌、韵律、观察、游戏、绘画等活动形式，培养幼儿科学发展的理念。

(1)20 世纪六七十年代——从精英教育到自然教育的过渡

1964 年，文部省为了满足社会多方的需要，重新修订了《幼儿园教育大纲》。这份文件囊括了整个 60 年代幼儿园基础教育的教育方针、目标和内容。此外，大纲将幼儿教育课程分工细化，形成了系统明确的教育内容，主要分为了六个方面，分别是：社会、健康、音乐、绘画手工、自然、语言。针对每个方面都提出了相应的目标，文部省认为每个目标都需要给予重点的指导。

到了 20 世纪 70 年代中期，由于一味主张科学技术的学习，强调精英教育和天才教育，政府将许多深奥的知识融入课程，导致教育内容晦涩难懂，与幼儿的实际接收能力相悖，致使很多幼儿丧失了学习的兴趣，甚至引发了十分棘手的心理矛盾和制度隐患。为了解决这些问题，日本政府于 70 年代中期展开了“回到基础”教育改革，主张尊重儿童自主性，要求在幼儿学习基础知识的同时也要使教育符合幼儿的身心发展规律，提升个体的能力和展现个性。

(2)20 世纪八九十年代——从经验发展向个性发展的嬗变

临时教育审议会在 1985—1987 年分别发布了四次咨询报告，表达了对儿童个性、基础知识以及创造力的重视；同时提出了培养创造力、思考能力、信息交流能力并逐步向终身教育过渡的措施。1985 年，文部大臣向中央教育审议会递交有关“改善幼儿园、小学、初中、高中课程标准的咨询”，促使幼儿教育课程改革向培养幼儿的生存力、态度和经验方向发展。1988—1989 年，日本修改了发表的幼儿园教育大纲，在几经讨论与广泛地征求意见之后，最终出台了完善后的《幼儿园教育纲要》。指出必须重视幼儿的自主学习、生活经验和活动，课程应该围绕环境对幼儿的影响力来设置。不仅要让幼儿对周围的事物感兴趣、乐于探索，还需要通过这些事物引起进一步的思考与创造。

20 世纪 90 年代，基于 80 年代遗留的教育问题，日本政府认为教育应该尊重儿童的个性发展，创造一个以“宽松时间”为基础的发展方向。根据这一宗旨，1996 年 8 月日本中央教育审议会递交了最终的审议报告。随后文部省根据这些报告修订了课程概要，于 1998 年 12 月颁布了新的基础学习指导要领。此后教师和学校被赋予了极大的自由权；课时得到合理削减，学生们能够真实感受到身体与精神上的“宽松时间”；不仅如此，教师可以在一个较大的范围内选择适宜的课程内容；针对课程的组织与实施，教师们亦能自己选择，并对此负责。1999年对《幼儿园教育要领》进行大范围的修订，现代日本通行的要领即在此基础之上历经多次改进而来。

(3)21世纪——以环境为依托进行教育

2008年的新教育要领明确提出了幼儿园的教育目标是“通过幼儿园生活，培养儿童生存能力的基础”。在课程的组织与实施方面，要领规定理应考虑从进幼儿园到步入小学这段时期的整体培养计划，要让孩子们拥有充实的幼儿园生活。幼儿园的课程内容主要分为健康、人际关系、环境、语言、表现五个方面，每个领域又分成了具体目标、具体内容、注意事项三个层次。

新的日本《学校教育法》第22条规定“幼儿园应当保育幼儿并为幼儿提供健康成长的适宜环境”，考虑到该要求，教师需要和幼儿建立良好的师幼关系，根据儿童身心发展规律辅以环境来教育，激励幼儿对周围的环境产生好奇，增加与自然界的联络，树立道德意识，培养探究精神。

4. 俄国幼儿园课程改革历程

为解决弃婴和孤儿的收容问题，1763年，俄国开办了第一所教养院和产科医院。19世纪上半期，社会上一些进步人士组成各种慈善团体(包括收容所和孤儿院)，为外出谋生的母亲照顾孩子，但这些机构都重养不重教。19世纪60年代，福禄贝尔式幼儿园运动波及俄国。1866年，彼得堡的慈善团体“廉价寓所协会”开办了第一所幼儿园。1869年，俄国最早的学前教育刊物《幼儿园》在彼得堡发行。

(1)20世纪二三十年代——把学前教育纳入国民教育体系

十月革命后不久，苏俄教育人民委员部设立了学前教育司，从那时起一直把学前教育看成是整个教育体系中的一个环节。1932年，第一个国家统一的幼儿园教育大纲草案颁布，规定了幼儿园的工作任务与内容。1938年，第一部《幼儿园规程》和《幼儿园教养员工作指南》出版，后经多次修订。

(2)20世纪50年代——致力于托儿所、幼儿园一体化

1959年以前，苏联的学前社会教育机构分为托儿所和幼儿园两个独立的系统。1959年苏共中央和部长会议通过了《关于进一步发展学前儿童机构，改善学前儿童教育和医疗服务的措施》的决议，把两个机构合并成托儿所-幼儿园一个统一的机构，其目的是使学前教育制度统一，解决这两个机构的衔接问题。

(3)20世纪60年代——确保全面发展教育

1962年，制定了第一个统一的幼儿园教育大纲，改变重保轻教的局面，使学前教育前进了一步。先后经过了近十次的修改，1976年修定的《苏联幼儿园教育大纲》贯穿了“生活环境与教育条件起决定作用”这一思想，贯彻了“根据儿童生理心理发展

的特点以及在各个年龄阶段可能和必须形成的心理特点实施教育”这种思想，且重视各种教育活动，特别强调游戏的作用，以及加强了入小学的准备工作。1978 年，教育大纲第八次修订，对各年龄阶段幼儿德智体美等方面的发展提出了统一要求。

(4)20 世纪 80 年代——强调儿童个性的全面发展

1989 年，苏联国家教育委员会公布《学前教育构想》，与世界继续教育思潮和纠正偏重智力的发展趋势相一致，强调儿童个性的全面发展，提出了新的“个性定向式教育策略”。学前教育阶段被看作整个继续教育体系的第一个环节。

第二讲

幼儿园课程的建设与发展趋势

头脑风暴

在关于幼儿园课程建设的一次探讨中，有教师说：“这不是自己的事吗？自己说了也不算，只有专家和园长说了才算。”园长了解信息后却说：“我说了不算，一线教师天天与孩子在一起，他们才有话语权。”还有教师说：“不就是编教材吗？到处都有现成的，每个幼儿园不都一样吗？”……幼儿园课程建设究竟该怎样做？

导入语

幼儿园课程建设是积极推动幼儿园课程改革深入发展和不断提升幼儿园教育质量的重要举措。幼儿园课程的领导与管理是幼儿园课程建设的重要影响因素。幼儿园课程园本化是幼儿园课程建设的发展方向。幼儿园课程建设应遵循幼儿园课程发展的整体趋势。

一、幼儿园课程的建设

幼儿园课程建设的过程就是幼儿园课程改革与发展的过程，古今中外，概莫能外。基于幼儿园课程建设必须紧密结合时代背景、国情实际，并且受到各国政治经济文化以及具体的教育政策等方方面面的影响，这部分更多只是谈及我国幼儿园课程建设的情况。

我国《规程》《纲要》指出，幼儿园应当为幼儿提供丰富多样的教育活动，幼儿园的教育活动是有目的、有计划引导幼儿生动、活泼、主动活动的多种形式的教育过程。可见，区别于学科知识的小学课程等其他各阶段教育静态的课程，幼儿园课程是动态的。《纲要》《指南》进一步指出，幼儿园教育的目标是促进幼儿身心健康和谐发展，让幼儿度过快乐而有意义的童年。要使幼儿感受童年生活的快乐、童年的幸福，必须遵循幼儿身心发展的特点及规律，关注幼儿的兴趣、经验、需求，关注幼儿的个体差异，必须让所有幼儿在原有水平上得到提高。因此，幼儿园课程不能千篇一律，不能是普遍适用的，必须是个性化的、有差别的。《纲要》还指出，幼儿园教育活动的组织与实施过程是教师创造性地开展工作的过程。教师要从本地、本园的条件出发，结合本班幼儿的实际情况，制订切实可行的工作计划并灵活地执行。因此，幼儿园课程建构不是简单等同于“出”书面材料的过程，而是在书写基础上行动的过程。即使教师使用了可普遍适用的课程方案，也绝无可能照搬，也要表现出建构或改造的意识程度、主动程度和创新程度上的差别。

我国幼儿园课程建设必须是在《规程》《纲要》《指南》基本理念统一指导下进行的。幼儿园课程建设的健康发展离不开幼儿园课程的领导和管理，其建设的成效必须向幼儿园课程的领导和管理要质量。

（一）幼儿园课程的领导与管理

1. 幼儿园课程领导

“课程领导”的概念最早出现在哥伦比亚大学哈里·帕素教授1952年完成的名为《以小组为中心的课程领导》的博士论文中，不过当时并没有引起人们的重视。进入20世纪70年代，“课程领导”才以新的内涵面世，并受到人们的注目，涌现出一批课程领导研究的学者和文章，如比卡瑞的《在学校内部发展课程领导》等。

领导是指在一定的条件下，为实现既定目标，对所属组织和人员的活动施加影响的动态行为过程。美国课程专家兰姆博特提出课程领导的几点含义：①一个团体，而非个别的领导者(如校长)，且组织内的每一个成员都有成为领导者的潜能和权利。②团体内的所有成员一起学习、一起合作地建构意义和知识。领导是可以促使建设性转变的学习，学习具有共同的目的。③透过成员间的交谈，把观感、价值观、意念、信息和假设表面化；一起研究和产生意念；在共同信念和信息的情景下，反思工作并给工作赋予意义；促进有助于工作的行动。④要求权利和权威的再分配，共同承担或共享学习、目的、行动和责任。可以说，课程领导是一种持续变化、充满活力的互动过程，也是课程领导者和教师在校内围绕课程问题的互动过程，其间既关注教师和课程领导者的专业参与、决策和发展，也关注学校的情景因素对于教师参与课程领导的影响。因此，课程领导不再是校长、学校行政人员的专利，教师同样有机会参与课程领导。其策略就是学校成为“学习型组织”，构建“学习共同体”“发展共同体”。当前已成为世界各国研究课程改革问题的一个亮点。然而在我国相关研究还刚刚起步。

幼儿园课程领导关涉幼儿园课程的种种问题，是园长、幼儿园行政人员、教师以及家长、幼儿等共同参与、决策的互动过程。我国《幼儿园园长专业标准》指出，幼儿园园长应秉承先进教育理念和管理理念，突出其领导力和执行力。并在“领导保育教育”要求的专业能力与行为中提出“具备较强的课程领导和管理能力，指导幼儿园教师根据每个幼儿的发展需要，制定个性化的教育方案，组织开展灵活多样的教育活动”。随着我国幼儿园课程改革的不断推进，近年来关于幼儿园教师、园长的课程领导及其领导力的研究与实践越来越受到关注。具代表性的有深化上海市“二期课改”、为期三年的“提升中小学(幼儿园)课程领导力行动研究项目”，其主要成果有《幼儿园课程领导力在生长》。

2. 幼儿园课程管理

“课程管理”相对“课程领导”而言，是“比较陈旧的”。普遍认为课程领导在课程管理基础上发展而来。课程领导属于课程管理的范围。廖哲勋 1991 年出版的《课程学》一书中指出，课程管理是在一定的社会条件下，有领导、有组织地协调人、物资和课程的关系，开展课程建设与课程实施，并使之达到预定目标的过程。1999 年，我国颁布了《中共中央国务院关于深化教育改革，全面推进素质教育的决定》，明确提出建立“国家课程、地方课程和学校课程”三级课程管理体制。2001 年，国务院《关于基础教育改革与发展的决定》与教育部《基础教育课程改革纲要(试行)》两个重要文件先后提出“实行国家、地方、学校三级课程管理”，将“三级课程管理”由高中阶段推广到整个基础教育阶段，并对三级课程管理制度作出明确且详细的规定，至此，“三级课程管理”作为固定表达开始广泛使用，同时作为制度也正式确定下来。

幼儿园课程管理是指在一定法规和政策的背景下，由各级政府或幼儿园本身对幼儿园课程的建设和实践过程进行的规范、引导和帮助，也就是通过一定的方式介入并适度控制幼儿园课程的设计、实施和评价过程，其根本目的是提升课程的实效，更好地促进幼儿的发展，同时促进教育者自身的发展。我国幼儿园课程管理依照三级管理体制可以分为两个类别多个层次：一是政府职能部门的课程管理。包括：①中央政府层面的宏观管理。即在了解全国幼儿园课程基本状况和主要问题的基础上，通过制定并督促执行相关的法规和政策来实施管理。②省市教育行政部门层面的中观管理。即依据国家有关幼儿园课程的法规和政策，结合本地的实际，制定本地幼儿教育的政策、规划和实施管理等，确保国家相关法规和政策能与本地的实际相结合，并得到贯彻和落实。③县(市)、区层面的微观管理。主要是发现和解决一系列与幼儿园课程建设紧密相关的实际问题，如是否贯彻国家有关的法规政策、有没有从实际出发创造性地开展课程建设、幼儿园课程建设的成效如何、幼儿园课程建设的过程当中面临的主要问题是什么、各类课程实施人员培训的重点是什么等。二是幼儿园自身的课程管理，包括：①幼儿园层面的管理。即幼儿园作为一个组织，整体上对课程进行的管理。主要涉及课程的理念、课程的架构、课程实施人员的配备、课程实施成效的评价等方面。②班级层面的管理。即幼儿园各个年龄班对各自课程的管理。这个层面的管理往往与实施相交融，是在实施过程中进行的管理。通常涉及班级课程计划、一日活动的组织管理、具体的课程资源的管理、家园联系工作的管理等。③教师和保育员层面进行的自我管理。即根据班级的工作计划和常规，教师和保育员管理自己的课程实施行为。此外，在大部分幼儿园还存在年级层面或领域层面的课程管理，即同一年龄班级或某一课程领域为单位进行的课程管理。主要涉及课程的审议、课程的过程评价及课程实施理念和策略的分享等。与政府职能部门的课程管理不同，幼儿园自身的课程管理是直接与课程建设的水平和实施成效联系在一起的。当然，政府职能部门的课程管理和幼儿园自身的课程管理也是紧密相连的，假如二者出现不协调，则会对幼儿园课程管理的成效产生消极影响。

(二)园本课程建设

我国的幼儿园课程，从理论上说应该是园本的，幼儿园课程本就应该从幼儿园自身的实际出发，充分利用幼儿园所拥有的各种有益资源，系统地构建自己的课程。

1. 园本课程的概念

园本课程是借鉴校本课程的概念提出来的。园本课程是以法律法规及相关政策为指导，以幼儿园现实的环境和条件为背景，以幼儿现实的需要为出发点，以幼儿园教师为主体建构的课程。

很多时候，人们将园本课程理解为本园课程，即各幼儿园所开展的课程。事实上，本园之“本”仅是人称指代，意为“我”或“我们”。本园课程只是确定了“我”或“我们”所在的特定幼儿园正在使用或实施的课程，没有确定幼儿园课程的性质。本园课程可能是在多种课程中选择了其中一种或几种进行了组合，也可能是以借鉴为主，有自己开发和构建的成分。还可能主要是自己开发和构建的，即园本的。园本课程之“本”是对课程性质的限定，意为基点、基础、出发点，也可引申为条件、现状。园本课程是为了“本”幼儿园、在“本”幼儿园中、基于“本”幼儿园实际构建的课程。

2. 园本课程的特性

园本课程不能违背国家的法律法规和政策，必须坚决贯彻执行促进幼儿身心全面和谐健康发展的基本宗旨。园本课程应充分挖掘幼儿园自身以及所在社区的课程资源，充分与现实生活建立联系，充分关注所在幼儿园特定幼儿和教师的发展实际状况。园本课程追求的不是幼儿园要有自己的课程，而是要有适合幼儿园自身的课程。适宜性是园本课程的最为根本的特性。园本课程不仅仅意味着适宜于特定的“本”幼儿园自身实际，更意味着适宜于特定的“本”幼儿园中的幼儿自身实际。

同时，园本课程还体现以下特性：①独特性。园本课程不是我行我素，而是在遵循《规程》《纲要》《指南》的基础上，创造性地贯彻落实其精神的过程，基于幼儿园自身实际，自然彰显自身独特个性。②自主性。园本课程是以幼儿园自身为开发和构建主体的。在遵循幼儿一般发展规律基础上，由幼儿园自主决定的课程。③民主性。园本课程建设过程中，园长、教师、家长、幼儿等都参与其中，共同民主决策。④生成性。园本课程建设是一个不断创造的过程，是追寻最有益于幼儿全面成长，不断优化课程的过程，而不是预先设定的。

3. 园本课程的实践

园本课程从概念出现、思想产生来看，通常是20世纪70年代以来的新生事物，但从幼儿园课程实践以及存在形式来看，是早就有的，其历史几乎与幼儿园教育的历史一样悠久。20世纪二三十年代我国幼儿园课程改革就是在批判照搬照抄国外幼儿园课程基础上进行的，当时的幼儿园课程不但没有从幼儿园自身实际出发，也没有从地方实际出发，甚至没有从本国国情出发。陈鹤琴、陶行知等人着手进行了中国化、科学化的幼儿园课程实践探索，为园本课程建设积淀了良好的理论和实践基础。

如今，中国特色社会主义建设进入新时代，我国的幼儿园课程建设更具划时代的意义，中国化、本土化的幼儿园课程建设大背景积极推动园本课程建设的进一步发展。当然，园本课程是幼儿园经过长期的努力而达成的结果，是幼儿园课程理念变成了课程实践，是幼儿园的现实资源转化成教育过程中对幼儿的发展产生实际影响的因素。园本课程的真正形成，有待于园本课程建设的过程。园本课程的建设是一个漫长的过程，并不是只要开始建设了就有了园本课程。目前，幼儿园都在努力建设园本课程，但真正形成园本课程的幼儿园并不是很多，短期内真正具备建设园本课程条件的幼儿园并不多。尤其是对一些师资较弱的幼儿园而言，以具有普遍适用性的课程为基础，结合幼儿园自己的特点，适当做一些改造才是最好的选择。

二、幼儿园课程的发展趋势

(一)我国幼儿园课程的发展趋势

面对国际幼儿园教育发展的整体状况以及我国政治、经济、文化发展的实际状况，结合我国幼儿园课程改革与发展的历史和经验，未来我国幼儿园课程的发展应把握以下趋势。

1. 注重中华优秀传统文化的传承和发扬

习近平总书记指出，我们要坚持道路自信、理论自信、制度自信，最根本的还有一个文化自信。文化自信是一个民族、一个国家以及一个政党对自身文化价值的充分肯定和积极践行，并对文化的生命力持有坚定的信心。我国博大精深的优秀传统文化正在浸润每一个中国人的心灵，成为日用而不觉的价值观，构成了中国人的独特的精神世界。

在经济全球化和多元化的社会大背景下，在坚持改革开放的政策下，从文化建设和文化安全的视角出发，我国的幼儿园课程在吸取国外幼儿教育中诸多有价值的东西的同时，最终不可能与西方国家的课程趋同，而应更多关注传承和发扬中华优秀传统文化，将能够反映中华优秀传统文化的教育教学内容编入幼儿园课程。从而培养认同和适应自己文化的中国未来一代合格的公民，培养合格的中国特色社会主义的建设者和接班人。

2. 关注生命教育

从终身教育的视角看，儿童的生命质量决定着国家和民族的前途和命运。从整体提高国民素质的基本要求出发，我国幼儿园课程改革应更多关注对幼儿进行生命教育。以适合幼儿的方式，让幼儿认识生命、体验生命、珍惜生命、尊重生命和热爱生命，提高生存和自我保护能力，促进幼儿身心健康发展。

对幼儿实施的生命教育，课程内容包括情绪表现表达、人际沟通、冲突的解决、应付环境的变化等。生命教育体现在幼儿园课程的方方面面，包括显性的和隐性的，与幼儿的日常生活和活动紧密结合。通过幼儿园各种各样的活动，在教师和家长的合作中，解决幼儿在现实生活中所面对的各种问题。

3. 在强调课程有效性前提下走向课程平衡化

大凡一场变革，在高潮过后，就会逐渐回归理性，幼儿园课程改革同样如此。幼儿园课程的价值取向取决于幼儿教育的目的、社会的现状和社会变革的需求。

在人们享受幼儿园课程改革成果带来的欢乐时，也会面临种种困扰。此时，人们就会改变“非此即彼”的思维模式，而采用“亦此亦彼”的方式，在儿童本位与社会本位、儿童经验与知识逻辑、儿童主体与教师主导、注重结果与注重过程等之间进行协调、平衡。当然，幼儿园课程走向平衡化不是没有原则和标准的，其原则和标准就是幼儿园课程实施的有效性，即既有益于幼儿的发展，又有益于有效地将幼儿的发展纳入社会需要的轨道。

4. 在倡导教育公平原则下走向课程多元化

党的十八大以来，我国特别注重培育和践行社会主义核心价值观，大力建设和谐社会，消除社会目前所存在的一些不和谐因素(比如城乡差距、地区差距、公共教育资源分布不公平不平衡等)。在倡导教育公平的原则下，我国的幼儿园课程变革应将天平更多地倾向于处境不利群体，更关注缺少幼儿教育机会的幼儿及其家庭。

为处境不利群体提供的幼儿园课程，并不是按照普遍适合的原则发展而来的“高质量”课程，而是适合这些幼儿及其家庭情况的有所差别的课程。换言之，对经济发达地区可行的课程，往往不适合经济欠发达、不发达的地区；即使是同一个地区，对一些家庭条件较为优越的幼儿适用的课程，经常也并不适合那些处境不利的幼儿。因此，不同的课程，包括不同取向的课程，分别能适用于不同的幼儿。课程的多元化可减少幼儿教育不公平现象，相反，强调以某些理念为依据的幼儿园课程规划则会扩大幼儿教育的不公平。为有差异的幼儿群体分别提供适合的幼儿园课程，而不是要求所有幼儿教育机构完全按照一种所谓合乎理想的幼儿教育理念和合乎标准的幼儿园课程行事，这是未来幼儿园课程发展的走向。

5. 0～6 岁学龄前儿童教育课程一体化

幼儿园课程历来被认为是为 3～6 岁在幼儿园接受教育的儿童设计的课程。近些年来，幼儿园接收的儿童呈现年龄趋小的态势，逐渐向 0～3 岁延伸，为 3 岁前儿童和家长服务，使 0～6 岁儿童的教育出现了一体化的趋向。

0～6 岁学龄前儿童教育一体化，使原本以养育为主的 0～3 岁儿童教育模式转化为保育和教育相整合的教育模式，也使 0～3 岁和 3～6 岁这两个年龄段教育对应的课程之间产生了自然的衔接，0～6 岁学龄前儿童教育课程趋向一体化。

6. 幼儿园课程与社区教育和服务融合化

我国幼儿园的发展有逐渐依托社区的发展趋向。社区的服务功能正在扩大和加强，社区资源的综合运用正在受到关注。幼儿园依托社区、融入社区，其价值不只是限于运用社区资源，更重要的是在宏观层面上加强对幼儿及其家庭的教育和服务，而这种教育和服务是全方位的、多层次的和多功能的。幼儿园课程与社区教育和服务相融合，会给我国幼儿园课程变革带来新的思路和发展契机。

(二)国外幼儿园课程的发展趋势

面对未来的挑战，国外幼儿园课程的发展主要呈现如下趋势。

1. 幼儿园课程多元化

随着科学技术的发展、社会关系的变化以及人口流动等因素的影响，社会人际关系、生活方式、政治运作、经济运行和文化意识形态等方方面面呈现多元化的发展趋向，同样也反映在教育方面，反映在幼儿园课程发展上。

当今，世界各国都在努力创造反映不同地域不同经济社会发展需求的幼儿教育机构，都在努力使幼儿园课程反映不同种族、民族、阶层、群体的不同文化、利益和需求，以及不同儿童个性发展的选择与诉求。例如，重要的节假日受到重视，并成为课程的组成内容，以促进多种文化背景的儿童之间的相互了解和尊重。

幼儿园课程多元化是幼儿教育质量优质化的一个重要前提。多元化意味着多样性和不同的选择。但是也不能盲目地追求多元化，在幼儿园课程的组织与实施过程中，课程的多样性或多元化可能导致出现很多冲突，并对幼儿园教育质量的进一步提升产生消极影响。例如，一味照顾各方面的局部利益，不仅会造成课程的庞杂，也会削弱教育的正确政治导向。

2. 幼儿园课程全纳化

全纳教育的幼儿园课程教学观认为，教育原则应该是向所有儿童提供相同的教育，接受普通课程，而不是不同的课程；如果儿童有特殊的需求，就应该提供额外的帮助和支持。全纳教育反对为儿童设置特殊课程，认为他们都能学好普通课程。最重要的是我们的教育要在儿童遇到困难、有问题时给予及时的帮助和支持；要在儿童取得成绩和进步时给予赞赏和鼓励。

全纳教育又称融合教育，其终极目标是让所有儿童都受益。全纳课程的目标是创造出一个所有儿童和成人都能够学习并体会自己价值的全纳社会，使所有儿童确信自己会获得成功。一个有效的全纳课程整合了儿童发展的所有层面：身体、社会情感、语言和认知技能。全纳幼儿园课程强调每个儿童都有其独特的特性、兴趣、能力和学习需求。幼儿园课程应该适应儿童的需要，而不是让儿童去适应课程的需要。

美国 1975 年通过的 PL94-142 号《所有残疾儿童教育法案》(1990 年重新命名为《残疾人教育法》)充分体现了以上教育理念。该法案提出：①所有儿童应该入学；②残疾儿童应能得到适合他们个体需要的教育；③这种教育应该基于对儿童公平的评价；④残疾儿童应尽可能和正常儿童一起接受教育；⑤家长应积极、有效地参与自己子女的教育。

3. 幼儿园课程整合化

幼儿园课程整合的主要原则是：将所有的学习领域纳入整个课程，考虑儿童在各方面均衡的发展，适应不同年龄、不同发展阶段，使儿童获得完整的有意义的学习。全美幼教协会主张儿童的需求是课程设计的主要依据，提出适合儿童发展的整合课程。教师观察儿童活动时的身体、社会、情绪与认知表现，发现适合儿童发展的学习内容和活动，以便能照顾到不同年龄、性别、社会经济地位或不同种族的所有儿童。

整合还体现在幼儿园课程与社区教育和服务相融合。幼儿园的发展有逐渐依托社区的发展趋向，社区的服务功能正在扩大和加强，社区资源的综合运用正在受到关注。幼儿园依托社区，融入社区，其价值不只是限于运用社区资源，更重要的是在更宏观的层面上加强了对幼儿及其家庭的教育和服务，而这种教育和服务是全方位、多层次和多功能的。

4. 幼儿园课程个性化

未来社会的人才应具备何种品质？模仿、注重数量和整齐划一的时代已经终结。创造力、重视质量，以及个性的发展是新时代的要求。社会分工将越来越细，越单一，越专门化，它要求人的发展更重视知识和技能的专门化。因此，专业性、创造性就成为未来社会对人才的基本要求。而专业性、创造性归根到底就是一种个体个性的弘扬。因为创造性总是寓于独特的个体之中，这种个体的基本品质就是要具有个性。这样，发展个性也就成为现代教育研究的一个不可回避的重要课题。个性的发展成了当今教育的出发点和归宿点，强调发展个性，是“以人为本”理念在教育中的具体体现。

个性化的儿童，需要接受个性化的课程。国际社会一致公认，为每个孩子，尤其是残疾孩子的发展提供适合的教育，是最公平、最好的教育。幼儿园课程的个性化，就是保证让每个儿童在原有基础上得到发展，挖掘每个儿童的天赋和潜能，帮助儿童做最好的自己。

课程个性化的发展趋势并非只是意味着去适应儿童在发展水平上所存在的个体差异。相反，越来越关注儿童所处的社会文化对儿童的影响，越来越趋向使每个儿童在一定的学习背景中，以自己的方式建构知识，并作用于外部环境，也强调课程对儿童与成人共同建构文化的作用。

5. 幼儿园课程科技化和信息化

进入信息社会后，教育改革正面临着新的挑战和新的机遇。传统教育模式已经不能适应现代社会的需要，因此，幼儿教育的改革也迫在眉睫。未来幼儿教育将显示科学化、信息化、革命化和多元化的时代特征。

信息技术与幼儿园课程的整合是当前幼儿园课程发展的一个趋势。这个整合是运用系统方法，在教育理论和学习理论的指导下，协调教学系统中诸因素的作用、联系和相互之间的影响，使整个教学系统保持协调一致，维持整体的过程或结果，是一个动态的有机渗透的过程。既要把信息技术作为幼儿园课程的工具和手段，作为幼儿获取知识与能力的认知工具，又要在幼儿园课程教学中渗透信息技术知识与技能的学习，在促进幼儿认知能力发展的同时培养和提高幼儿的信息素养。

利用现代教育特有的艺术形式和技术手段，在幼儿园教育教学中创设情境，优化教学过程，提高教学效果、效率和效益，培养、开发幼儿的情智和能力，必将对改变现行的幼儿园传统教育模式、推动幼儿教育在信息化背景下向纵深发展起着至关重要的作用。这是对幼儿进行现代信息技术启蒙教育的良好方式，也是提高教师现代化教学素质的有效手段。

互联网是科技化和信息化的聚合产物。可以这样说，互联网思维及理念与幼儿教育的理念不谋而合。首先，互联网资源是整合的，不仅是学科领域之间的整合，而且还包括情感、个性等心理的整合，符合幼儿园课程的整合理念；其次，互联网资源是不断快速生成的，迎合了幼儿园课程的生成需要；最后，互联网弘扬人的主体性，为人们提供了一个没有时间、地点、年龄、性别、民族限制的交流展示平台，亦体现了幼儿园教育的主体性理念——幼儿教师在活动的过程中不断关注幼儿的主体体验，教育的重点是使儿童获得积极的情绪体验，而不仅仅是知识技能获得。

随着信息技术的革命，网络化教育所具备的教育教学资源共享、信息交流、网上教学和远程教育等功能，打破了传统教育在时间和空间上所受的限制，它能使分布在不同地方的每一个教育机构和家庭得到丰富的教育教学信息资源，能使每一位教师、教育对象和家长受益。毋庸置疑，信息技术发展必将引起教育领域的深刻变革，使教育体制与教学模式产生新的重大飞跃。

· 幼儿园课程改革的反思 ·

学以致用

结合国内外幼儿园课程改革与发展历史，讨论二者的差异，并结合实际提出我国幼儿园课程改革的思路和举措。

本讲要点

我国幼儿园课程的发展呈现出以下趋势：注重中华优秀传统文化的传承和发扬、关注生命教育、强调在课程有效性前提下走向课程平衡化、在倡导教育公平原则下走向课程多元化、0～6岁学龄前儿童教育课程一体化、幼儿园课程与社区教育和服务融合化。

国外幼儿园课程的发展呈现如下趋势：幼儿园课程多元化、幼儿园课程全纳化、幼儿园课程整合化、幼儿园课程个性化、幼儿园课程科技化和信息化等。

模拟练习

(1)简述我国幼儿园课程的萌芽与改革历程。

(2)简述美国幼儿园课程的改革历程。

(3)简述英国幼儿园课程的改革历程。

(4)简述日本幼儿园课程的改革历程。

(5)简述俄国幼儿园课程的改革历程。

(6)什么是幼儿园课程领导？

(7)什么是幼儿园课程管理？

(8)何谓园本课程？有何特性？

(9)我国幼儿园课程的发展趋势是怎样的？

(10)国外幼儿园课程的发展趋势是怎样的？

课外拓展

调查西方某幼儿园经典课程方案在国内实践的状况。

· 第五单元检测题 ·

参考答案

·模拟练习参考答案·

·单元检测题参考答案·

后　　记

为适应学前教师教育发展的需要，我们从2011年开始研究和编写这套学前教师教育系列教材。2012年陆续完成第一轮编写和出版，2016年基本出齐。随后，我们根据教育部印发的《教师教育课程标准（试行）》和《中小学和幼儿园教师资格考试标准及大纲（试行）》，分析了教材使用情况，调研了毕业生参加幼儿园教师资格证考试和就业之后的情况，从2018年开始对本套教材进行修订，到2021年基本完成。本套教材包括本科、三年制和五年制高专三个系列，每个系列又包括综合素质类课程（不含思政课）、教育类课程、艺术类课程。作者来自40余所开设有学前教师教育类专业的高中专骨干院校，共计473人；主审专家来自26所本科院校和科研院所，共计42人。全套教材设立了编委会，总编为彭世华，副总编为皮军功、郭亦勤，成员为开设有学前教师教育专业的高中专骨干院校领导和专业负责人。特别感谢庞丽娟教授对本套教材编写和审订工作的精心指导与专业引领。

本套教材修订过程是与对学前教师教育的系统研究结合进行的。全体编写人员认真学习了教育部颁布的《3～6岁儿童学习与发展指南》《教师教育课程标准（试行）》《幼儿园教师专业标准（试行）》《中小学和幼儿园教师资格考试标准（试行）》《普通高等学校师范类专业认证实施办法（暂行）》等文件精神，充分吸纳学前教师教育学科的新成果，改革课程设置、调整教学内容，进一步提高教材的科学性、时代性和丰富性，以适应学前教师教育发展的迫切需要。

为确保教材的编写（修订）质量，全体编写人员严格按照“研制人才培养方案→确定册本→研制大纲→讨论修订内容→确定体例和样章→撰写初稿→主编审核反馈→修改二稿、三稿→主编统稿→主审审稿”的程序进行，完善了综合素养类课程、教育类课程以及艺术类课程的课程设置，梳理确定了各课程知识点，对课程学时进行了科学安排。

北京师范大学出版社出版教育类教材。包括本、专科共用的《学前儿童发展心理学》《学前教育概论》《学前儿童卫生保健》《幼儿游戏与玩具》《幼儿园课程》《幼儿健康教育与活动指导》《幼儿语言教育与活动指导》《幼儿社会教育与活动指导》《幼儿科学教育与活动指导》《幼儿数学教育与活动指导》《幼儿音乐教育与活动指导》《幼儿美术教育与活动指导》《幼儿园班级管理》《学前教育研究基础》《幼儿园教师道德修养与专业发展》《幼儿园教育技术》。

高等教育出版社出版综合素养类教材，包括三年制、五年制专科共用《信息技术》《幼儿教师口语》《幼儿美术赏析与创作》；三年制高专《大学体育》《美术基础》；五年制高专《美术》《历史》《地理》《数学》《物理》《化学》《生物》《体育》；五年制高专《英语(一、二、三、四)》；三年制、五年制高专共用《英语(五、六)》。

语文出版社出版综合素质类语文课教材，包括三年制、五年制高专共用《大学语文(上、下)》《幼儿文学(上、下)》；五年制高专《语文(一、二、三、四)》。

上海音乐学院出版社出版艺术类教材，包括三年制、五年制高专共用《基本乐理》《视唱练耳(上、下)》《音乐赏析》《儿童歌曲钢琴即兴伴奏》《幼儿歌曲弹唱》《幼儿歌曲赏析与创编》《幼儿舞蹈创编与赏析》；三年制高专《钢琴基础(上、下)》《声乐基础》《舞蹈基础》；五年制高专《钢琴(一、二、三)》《声乐(上、下》《舞蹈》。

为支持教师使用本套教材，各出版社还建设了相应的教学资源。编委会认真开展教学研究，并不断征求教材使用意见，定期开展教材修订。为服务教师教学与学生学习，编委会组织研发了学前教师教育课程试题库、《幼儿园教师资格证》、考试复习试题库和在线课程，详见“幼学汇”网站(www.06yxh.com)。

《幼儿园课程(第2版)》分册由张晓辉担任主编。具体编写分工如下：第一单元由长沙师范学院张晓辉编写，第二单元由合肥幼儿师范高等专科学校周君红、长沙师范学院崔玉芹编写，第三单元由陇南师范高等专科学校何惠丽、长沙市教育科学研究院薛婷婷编写，第四单元由焦作师范高等专科学校宗秀秀、川北幼儿师范高等专科学校徐晓燕编写，第五单元由长沙师范学院周冉编写。彭世华、李家黎、喻韬文参与了前期总体规划和编写组织工作。

本套教材在编写和修订过程中得到了许多专家的帮助和指导。编者参阅了有关幼儿教师培养方面的资料，因各种原因无法联系到全部的原文作者，未能一一注明。在此，谨向原文作者表示诚挚的谢意。

由于时间紧张，加上编者能力水平有限，书中难免存在不足之处，恳请各位读者批评指正。

学前教师教育系列教材编写委员会